김재근 선생의 핵심종합통변 上

들어가는 글

본 필자가 쓴 〈핵심통변〉, 〈기문둔갑 핵심포국〉,
〈추명명리학 강의〉, 〈핵심통변 상담실례〉를 출판 후에
독자님들의 성원 전화에 힘과 용기를 얻어
이번에 〈핵심종합통변 上〉을 다섯 번째 다시 출간하게 되었다.
이미 출판한 4권의 역학서적을 다시 돌이켜 생각하여 보면
항상 부족한 부분과 일부의 문맥에 오류가 있는 것을 보면서
미안한 생각을 가지게 되며 이해를 바라는 마음이다.
역학서적을 출판한다는 것은 많은 어려움과 많은 두려움을 감수하면서
다시 본 〈핵심종합통변 上〉을 출판하게 된다.
본 〈핵심종합통변 上〉은 각각의 사주에 격국과 용신을 결정하였으며
각 사주 내에 일간과 각 육친(육신)의 결점과 장점을 통변하고
대운과 연운 등에 대입하여 통변하였다.
또한 모든 신살과 운성 지장 간을 활용하여 육친(육신)과 종합하여
각 사주마다 종합적으로 풀이통변 추단하였다.
이번 〈핵심종합통변 上〉은 각각의 사주마다 부부인연 띠를
각 사주마다 가깝게 원인을 찾아 적용 해석하였다.
사주팔자의 풀이는 어느 몇 가지 이론만으로 간단하게
풀이 통변되는 것이 아니라고 생각한다.
한 사람의 사주팔자를 감정 상담함에 있어서
단순하게 몇 가지 이론으로 풀이되고 통변이 되면

많은 역학인들이 지금까지 열심히 배우고 공부하고 익히고
시간과 금전을 낭비하지 않아도 될 것이다.
그러나 사주팔자와 운명을 추리 판단하여 운명의 맞는 확률을 높이고
용신과 통변을 가깝게 접근하기 위하여 과거와 오늘 내일도
더욱더 공부하는 길 밖에 없는 것이라 생각한다.
필자 또한 부족한 점을 많이 느끼면서 먼저 조금 알고 있는 것을
아직 부족한 사람을 위하여 본 서적을 쓰게 된 것이다.
우리 역술 인들이 떳떳하게 자신감과 확신을 가지려면
상담이 아닌 감정 쪽으로 생각을 많이 해야 할 것으로 생각한다.
1984년부터 하원갑자로 여성시대, 신과 영의 시대, 정신시대,
물의시대, 흑인시대 등에 사는 시대로 본 필자는 생각한다.
앞으로 예상하건데 역술인은 더욱 배출되어 철학관 간판은
더욱 늘어나게 되므로 역술인으로써 유지하려면 사주감정에
어떠한 독창적이고 전문적인 지식이 필요하게 될 것으로 예상한다.
아무쪼록 본 〈핵심종합통변 上〉과 인연되시는 분들이
본 서적을 통하여 많은 학문발전과 공부한 성과가 있기를
진심으로 기원하면서 다음 출판할 지면에서 다시 만나 뵙기로 하겠다.

己丑년 겨울

운관철학관에서

죽림 운관 김 재 근 씀

차 례

1) 乙未생 처 사별, 丙申생 재혼자 길 띠, 재산 다 ················ 10
2) 체육임용고시 준비, 부친 이복형제 ···························· 17
3) 고시합격 불가, 내 것과 남의 것 ································ 20
4) 부친의 건강, 캐디 ·· 25
5) 상기 사주 모친 사주, 보험이나 방문판매 ················· 30
6) 위암으로 위 절제 ·· 33
7) 부친 사고사 (외국에서), 흉운 ···································· 37
8) 미혼, 의류점원, 화상 ·· 41
9) 종강격, 공인회계사 ·· 46
10) 섬유무역, 딸 2, 아들 무 ·· 52
11) 애인문제, 가족 액화예상 ·· 55
12) 己卯년 소방공무원 합격 ·· 59
13) 미혼, 사범대, 금전 길 ··· 63
14) 미용실 원장 ·· 69
15) 水상, 午火대운 손재 ·· 74
16) 庚대운 관재 및 손재 ·· 78
17) 아들 무, 교사남편 바람, 가출 이혼 원 ···················· 81
18) 여자 문제로 직장 사퇴 ·· 85
19) 경찰공무원 합격 불가능 ·· 88
20) 보증으로 재산 손실, 아들 무 ···································· 91
21) 미혼, 용신 및 통변 ·· 96
22) 충과 합 육신통변 손재판단, 인테어업 ···················· 100

23) 己酉대운에 부모 형제의 재산 잃다 ·················· 105
24) 길신 합을 풀면 육신의 길한 일이 생긴다 ·················· 109
25) 아가씨 외모중시, 甲戌년 부친사망, 제강회사 ·················· 114
26) 丙戌생 남편 외국 떠나 생활, 음식업 ·················· 118
27) 丙戌년 49세 남편사망 ·················· 122
28) 남편 바람 이혼, 합 불리, 형제 액화 ·················· 126
29) 壬辰생 사별, 2번 재혼 실패, 아들 무 ·················· 132
30) 丁亥년 전기공무원 사퇴 ·················· 136
31) 이혼, 고독지명, 이용원 동업 ·················· 140
32) 30대 丙戌생, 유부남과 딸 1, 여장부 ·················· 145
33) 庚辰년 남편 사별, 운 흉 ·················· 150
34) 42세 戊土대운 중 乙丑년 남편 사별, 운 길 ·················· 155
35) 이혼, 사용할 관성이 없다 ·················· 159
36) 丁亥생 남편 이혼, 화장품 방판, 예능 소질 ·················· 164
37) 은행원, 부친 군에서 사망, 유복자, 화상 ·················· 169
38) 합과 충 작용 남편 바람, 고독지명 ·················· 175
39) 이혼, 일어번역 통역, 부친 덕, 甲寅생 재혼택일 ·················· 179
40) 癸未대운 戊辰년 남편 사별, 유흥동업 ·················· 183
41) 丙午대운 중에 의대 교수예상, 피부 전공 ·················· 189
42) 정형외과 간호사 ·················· 192
43) 독일 예능 유학 대학교수 원 ·················· 196
44) 미혼, 충과 합 육신통변, 공인중개사, 철학관 가 ·················· 199

차 례

45) 이혼, 재혼 이혼, 중년 운 흉, 가족통변 ················· 205
46) 초혼 이혼, 재혼, 금전 길, 영업직 ···················· 213
47) 출생 시?, 辛亥생과 재혼, 이복형제, 씨 다른 형제 ········· 221
48) 甲己합화土격, ◇◇중앙회장 ·························· 229
49) 甲午시?, 庚子생 쥐띠가 남편이면 乙未시 ··············· 235
50) 己丑년 처와 이혼 예상, 자식 무, 주류배달 ·············· 238
51) 합작용 화물차 지입, 己丑년 사고 ······················ 243
52) 비천록마 격 ······································· 247
53) 역학서적에 자주 등장하는 거지 사주 ·················· 251
54) 의사 남편 바람, 이혼 ······························· 257
55) 나이 차이 나는 유부남과 결혼, 이혼, 형제 뒷바라지 ······ 261
56) 巳火대운 중 남편 사망, 종재 격 ······················ 265
57) 신경성 질병, 부친 액화 ······························ 269
58) 남편은 유흥가 여성이나 유부녀와 바람 ················· 273
59) 50대 유방암으로 사망, 장애인 자식 ···················· 276
60) 자영업 사주, 부모관계, 대운 길 ······················· 279
61) 고등학교 때 집단 성폭행으로 구속 ····················· 284
62) 처 바람 이혼, 무자식, ◇◇회장 己丑년 낙선 예상한다 ···· 286
63) 모친과 의가 나쁘다, 丁亥년에 결혼 ···················· 289
64) 비천록마격, 戊戌대운 사시낙방 ······················· 293
65) 木火상 사주, 土재성 길, 육 고기 칼질 ················· 299
66) 31세 丙子년 남편 사별 ······························ 302

67) 식도암 수술, 점술가, 남편 사별, 애인 ································· 307
68) 저서 추명명리학 강의에서 자식액화를 예상한 사주 ············· 311
69) 庚金대운 부친조사, 卯木대운 모친조사, 항해사 ················· 314
70) 통관용신. 戌土대운 관재구설, 각 천간과 지지 요점 ············ 316
71) 자식수액 사, 치과원장 ·· 319
72) 미혼, 은행원, 부친 행방불명 ·· 323
73) 연상의 여자만 좋아하게 된다 ··· 328
74) 탐합 망중, 申金대운 이혼, 시모와 남편이 폭행 ················· 333
75) 종재 격 사주, 합과 충의 길흉통변, 처와 풍파 ··················· 338
76) 18세 어린나이에 자식 낳다 ·· 343
77) 신체가 비대하면 건강에 이상 ··· 348
78) 남자의 고통, 부전자전, 종교에 심취 ·································· 351
79) 남편 사별 후 재물이 생기지 않는 사주 ······························ 356
80) 남편 사별 후 재물이 생기는 사주 ······································ 360
81) 庚戌대운 흉, 남편 고위공직자, 未土대운 부친 조사 ··········· 367
82) 丁亥년 선박사고로 남편 사별 ··· 369
83) 일찍 이성에 눈뜨게 된다 ·· 372
84) 격국 용신, 수입가전제품 사업, 부친 암 투병 ····················· 375
85) 남편 암 투병 ··· 380
86) 귀문 원진작용, 조모 2, 부친 이복형제 ······························· 383
87) 水식상태과 자식 기신, 교사 ··· 389
88) 재혼이혼, 크게 화상 흉터, 이용원 ······································ 394

차 례

89) 수술 후 다리 장애, 공인회계사 원 ················· 398
90) 申金용, 유흥, 이복형제, 부모 형제한테 지출 ············· 402
91) 움직임으로 수액고비, 이복형제, 이혼 ··············· 407
92) 처 바람으로 이혼, 이용원, 아들 신기 ··············· 412
93) 빙의 현상과 모친사항 통변 ··················· 417
94) 처의 건강 사고우려 ······················ 420
95) 종관 격, 공무원, 부부갈등 ··················· 423
96) 미혼, 외국여성 결혼 가, 큰 화상 흉터 ·············· 428
97) 음력 8월, 9월에 횟집 매도, 모 2, 이복형제 ··········· 432
98) 己丑년 음력 8월, 9월에 횟집 매도 ················ 436
99) 辛金대운 戊辰년에 남편 사별 ·················· 439

1) 乙未생 처 사별, 丙申생 재혼자 길 띠, 재산 다

庚 乙 甲 戊　남
辰 丑 寅 子

68　58　48　38　28　18　8
辛　庚　己　戊　丁　丙　乙
酉　申　未　午　巳　辰　卯

본 사주는 己丑년에 본인이 상담한 사주이다.
乙木일간 1월 출생으로 월지 寅중戊土가
연간에 투출하여 戊土정재 격이다.
용신은 정재격인 戊土를 용신한다.
기신은 甲木겁재와 木비겁이 기신이며
시간庚金 정관과 火식상이 희신이 된다.
정월에 乙木은 火식상을 보아야 아름다움이 있는 법이며
土재성을 만나야 생활이 안정되는 것이다.
월간甲木 겁재가 연간戊土 정재 격을 木극土하여
시간庚金 정관이 길신인데 일간과 乙庚합하여
일간 자기 스스로 시간庚金이 길신역할을 못하게
잡아 묶어두고 있는 현상이다.
木비겁 형제 친구는 土재성을 탈재하고 그늘만 만들게 되므로
기신이 되며 水인성은 火식상이 없어서 한기가 있으므로
乙木을 자양할 수가 없어 기신이 된다.
火식상이 없으니 재물을 만드는 방법은 부족하나

재물을 지킬 수는 있으므로 재물은 있게 되는 사주이다.
본 사주에서 부족한 것은 재물을 만드는 그릇이
조금 적은 것이 결점이며 많이 베풀어
그릇을 키우는 것이 재산을 가지게 되는 한가지의 방법이 된다.

직업은
1. 희신 火식상은 전기 전자 화공 등에 인연이며
2. 길신 庚金정관은 기계금속, 자동차, 철 등에 인연이고
3. 戊土정재는 토목건축, 부동산, 땅, 건물에 인연이 있다.

따라서 1항과 2항을 참작하면
금속을 녹이는 철강회사에 인연이 좋은 사주이다.
철강회사는 일지丑土 편재로 인하여 사업을 하는 사주이다.
처는 일시 辰丑파하고 정 편재 혼잡하며
월지寅木 겁재 고신으로 초혼의 본처로
평생 해로하기는 어려운 사주로 추단한다.
28세丁巳 대운부터 48세己未 대운까지
사업의 길로 나서게 되어 재산은 가지게 되었겠으며
노력의 결과는 있었겠다.
그러나 다른 여인과 접촉은 많았을 것으로 생각한다.

○ 철강이나 주물사업을 합니까?
● 그런 계통에 사업을 하고 있습니다.
○ 돈도 좀 벌었겠으며 여자들과 관계가 많았던 것으로 보입니다.
● 여자들이 많이 따르고 많이 있었습니다.
　돈은 좀 벌었는데 쓰임이 많아서 많이 모이지 않았습니다.

58세庚申 대운 중 63세 이전 庚金정관 대운 중에
재산이 불어나게 되었던 것으로 추단한다.
庚金정관 대운은 乙木일간 시간庚金과 乙庚합으로 인하여
월간甲木 겁재 기신을 제거하지 못하다가
대운庚金이 월간 甲木겁재 기신을 제거하게 되어
연간戊土 정재가 살아나게 되어 재산이 불어나서
일생 중에 최고의 길운으로 작용하게 된다.
따라서 58세 이후 현재 己丑년 62세까지 많은 재산을
축적하게 된 것으로 추단한다.
즉 기신인 甲木겁재를 충 극하면 戊土정재 금전이
길하게 작용하여 재산이 일어나게 되는 것이다.

○ 그전에도 많이 벌었겠지만 58세 이후 현재까지 더욱 많이 벌고
  재산을 가지게 되었다고 봅니다.
● (웃으면서) 그전에도 좀 벌었으나 나가는 데가 많이 있어서
  많이 모이지는 않았는데 한 5~6년 동안
  평생 먹고 살 만큼 돈을 벌었습니다.

63세 이후 申金대운은 申子辰삼합 水국하여
甲寅木 기신을 돕고 申金정관은 기신 대운으로 변하게 된다.
천간庚金 정관과 지지申金 정관은 다 같은 金정관이라도 다르며
운의 대입통변은 차이가 난다하겠다.
내년63세 庚寅년 寅木은 대운지 申金과 寅申충하여
일신상의 변화가 있을 것으로 예상하며 건강과 사고를

특히 주의해야 하고 관재구설 또한 주의해야 할 것으로 예상한다.

62세 己丑년은 편재의 해이며
연지子水 편인과 子丑합土하여 매도로
돈이 들어오게 되는 것으로 추단된다.
그러나 복음의 해가 되어 성사가 쉽지 아니하고 손해를 보게 되겠다.
己丑년 丑土편재는 월간甲木 겁재인 동료 친구의
천을 귀인이 되나 일간乙木의 귀인은 아니므로
동료가 본인의 사업을 인수하여 덕을 보려하게 된다.
일간乙木의 연지子水 편인 천을 귀인을
동료甲木의 귀인인 丑土와 子丑합하여 甲木동료가
乙木일간의 子水편인 문서를 가져가 이익 보려하게 된다.
따라서 己丑년에 사업체를 동업종인 동료에게 양도하게 될 것으로
추단한다.

○ 문서의 변화가 잘 안되고 있습니까?
● 사업하고 있는 일과 장비를 같은 업종에 있는 사람한테
  넘기려고 하는데 매도하는 것이 좋겠습니까?
○ 올해 신수와 앞으로 운을 본 결과 매도하는 것이 좋겠습니다.
● 마음먹은 만큼 받을 수는 있겠습니까?
○ 2자, 4자, 7자, 9자 중의 숫자를 섞으면 계약 성사가 될 것 같습니다.
  이 중에서 9자를 넣으면 더 좋겠습니다.

2010년 庚寅년 연운이 길하지 못하므로
정리하는 것이 이익이 될 것으로 추단한다.
부인은 69乙未생 양띠 38丙申생 원숭이띠 중에 처 인연으로 추단한다.

乙未생양띠는 시주庚辰의 시간庚金이 乙木과 乙庚합하고
정 편재 혼잡으로 일지丑土 편재를 未土가 丑未충하면
戊土정재만 남게 되어서 乙未생 양띠 처가 인연되어
들어오는 사주가 되므로 乙未생 양띠를 응하게 된 것이다.
그러나 乙未생 양띠는 원진 띠가 되므로
전생의 업으로 만났을 것으로 추단하며 재산상 손실을 남기게 된다.
丙申생 원숭이띠는 재산 발전시키고 재산을 지키는 띠가 된다.
丙申생 원숭이띠가 처로 나타나게 된다.
丙申생 원숭이띠의 丙火는 월간甲木 겁재를 순화시켜
연간 戊土정재격 용신을 생하여 재산 증식시켜 주어서 길하게 된다.
정월 봄에 乙木은 丙火를 보면 꽃이 피게 되고
丙火는 태양과 새로 보게 되므로 봄 나무에 꽃 피고
새가 날아 들어오는 형상이 되어 기쁨이 가득하게 된다.
丙申생 원숭이띠는 본 사주의 재산을 지키게 되어서
길한 것으로 추단한다.
연지子水와 시지辰土가 申子辰삼합을 이루어
申金원숭이띠를 불러들이게 되어 丙申생 원숭이띠를 응하게 된 것이다.
따라서 丙申생 원숭이띠를 배우자로 택해야
처와의 풍파를 조금이나마 면할 수가 있는 사주로 추단한다.
戊土정재 처는 火인성이 없으며 극설 교과로
처는 건강이 좋지를 못하겠다고 추단한다.
정 편재 혼잡으로 초혼의 처와는 풍파를 면하기가
어려웠을 것으로 추단하게 된다.

○ 부인이 원숭이띠 입니까?
● 원숭이띠와 현재 살고 있습니다.

마누라 띠도 사주에 나옵니까?
○ 원숭이띠나 양띠가 부인인 것으로 보입니다.
● 처음에 처인 양띠 마누라는 아들하나 놓고 내 나이 46세에
  사별하고 지금 원숭이띠와 재혼하여 살고 있습니다.
  지금 살고 있는 원숭이띠와는 잘 살 수 있겠지요.
○ 丙申생 원숭이띠는 재산 만들어 주고 재산 지켜주는 귀인
  띠로서 보이지 않는 덕이 되는 부인으로 판단합니다.
  사장님의 운도 좋았지만 현재 부인하고 재혼 후에 재산이
  불어나게 되었던 것으로 봅니다.
● 현재 마누라 만나고 난 후에 돈을 많이 벌었습니다.
  사업하던 것 올해 정리하고 이제는 쉬면서 편하게 살아도 되겠습니까?
○ 예, 정리하는 것이 좋겠습니다.

午火식신 대운은 연간戊土 정재 처의 정인으로
戊土정재를 생하게 되어 일반적으로 戊土정재가 좋아져
戊土정재 처의 불상사는 없어야한다.
그러나 戊土정재 처가 앉아있는 연지子水와 子午충하여
연지子水가 대운午火에 절지가 된다.
또한 일지丑土와 원진 귀문 탕화 해살을 이루어
午火식신 대운은 처 궁에 나쁘게 작용하는 것으로 추단하게 된다.
다시 말하면 戊土정재 처의 앉은 지지가 움직이게 되면
연간戊土 정재 처가 역시 움직이게 된다는 것이다.
또한 처 궁은 일지가 되므로 연운을 일지와 대입 통변한다.
46세 癸酉년 연간戊土 정재 처는 戊癸합하므로
戊土정재 처는 묶이게 되고
戊土정재 처는 연운酉金 사지에 해당하게 된다.

午火식신 대운에 戊土정재 처는
일지丑土 처 궁에 丑午귀문과 원진 탕화이다.
자체 사주원국이 일월 丑寅합으로
처가 암이 발생하게 되어 있는 사주이다.
따라서 물혹(암)을 앓게 되므로 처는 암 사망으로 추단한다.

○ 돌아가신 처가 암으로 사망하였습니까?
● 내 사주에 마누라가 암으로 죽은 것도 나옵니까?
○ 사주마다 다 나오는 것은 아니지만 사장님 사주는
 처의 암 비중이 크게 나타나 있어서 맞추어진 것 같습니다.

본 사주 壬辰년은 子水인성 모친이 입묘되어
5세 壬辰년에 일찍 모친 여의고 어려운 환경 속에서 자라게 된다.
19세이전 乙卯비견 대운은 재살(수옥살)에 해당하여
사춘기에 들어서 가지 않아야 할 곳까지 갔다 오게 되었던 것이다.
丙午년 19세 寅午로 월지寅木 겁살 역마가 움직이니
寅중戊土 부친이 나와 월간甲木에 木극土를 당하게 되며
월간甲木은 부친의 행동신이 되므로
甲木은 午火사지에 임하여 부친의 사망이었다.
일주 자기 자신인 일지丑土와 丑午원진 귀문하여
자기 본 마음 아니게 생활하게 되었던 것이다.
중년에 사업으로 돈을 많이 벌어보기도 하였으나
환자인 乙未생 전처를 지극정성으로 보살피느라
소비가 많이 생기게 되었던 것으로 추단한다.
현재 평생 먹고 살 만큼의 재산은 가지고 있는 사주이다.

2) 체육임용고시 준비, 부친 이복형제

```
己 丙 壬 辛   남
丑 寅 辰 酉
```

```
44  34  24  14   4
丁  戊  己  庚  辛
亥  子  丑  寅  卯
```

본 사주의 부탁으로 이종사촌 누나가 상담한 사주이다.
丙火일간 3월에 출생으로 월지辰土 식신이 辰酉합하여
연간에 辛金정재를 투출시켜 정재 격이다.
용신은 일지寅木 편인으로 용신한다.
丙火일간 밤 丑시에 출생하고 土식상과 金재성이 왕하여
일지寅木 편인으로 용신하게 된다.
천간 木인성 운과 지지 水관성 운이 최대 길운으로 작용하게 된다.
일지寅木 편인이 월지辰土에 뿌리하고 寅辰 木방합하며
또한 일지寅木 편인은 시지丑土와 丑寅합하고
시지丑土 상관이 움직이었다.
본 사주의 생각은 辰土와 丑土 식상의 공부에 생각이 가게 된다.
따라서 용신인 寅木공부는 일반적인 공부가 아닌 예체능이다.
寅木편인 공부와 土식상 제자가 있는 사주로
인성과 식상이 움직이고 일주와 합하여
교사를 원하게 되는 사주이다.
그러나 24세 己丑 상관 대운은 용신 운에 적합하지 않으므로 마음과 뜻대로 이루기가 어렵겠다.
39세 戊子 대운은 寅木편인이 움직이게 되며 대운지지 子水
정관이 일지寅木 편인을 생하게 되어 아름다움으로 추단한다.
49세 丁亥 대운이 일생에 최고의 길운으로
명리를 모두 가지게 될 것으로 예상한다.
결혼은 31세 辛卯년에 결혼할 것으로 예상 추단한다.
101辛酉생 닭띠 동갑이나 연상으로 2살 연상인
93己未생 양띠 중에 처의 인연배필로 예상 추단한다.
辛酉생 닭띠는 일간丙火가 辛金정재를 丙辛합과
酉金천을 귀인으로 辛酉생 닭띠를 응하게 된 것이다.
2살 연상인 己未생 양띠는
辛金정재가 연간 酉金건록에 좌하여
연상으로 己未생 양띠를 응하게 된 것이다.
이중에 동갑인 辛酉생 닭띠가 70%정도
처 인연배필이 될 것으로 예상 추단한다.
식상인 辰土 己土 丑土가 할머니 또는 장모가 되겠으며
辛金과 酉金이 부친과 부친형제가 된다.
월지辰土 식신은 辰酉합하여 연간辛金을 투출하여
辰土가 연간辛金 정재를 생산하게 되고
시지丑土가 己土를 시간에 투출하여 丑중辛金 정재를 생산하게 된다.
또한 寅辰합 辰酉합 丙辛합 丑寅합하여
일주 자신까지 합하는 형상이 되며
辰土와 己土 식상이 전부 움직이고 있다.
따라서 조모 2분이며,
부친 이복형제가 있는 것으로 추단한다.

앞으로 장모 2분이며
처의 이복형제가 있게 될 것으로 예상 추단한다.
건강은 신체의 손상이 따르게 되는 사주이므로
항상 골절과 사고를 주의해야 하며 또한 암을 평생에 주의해야 한다.
己丑년 29세 丑土상관 대운 중이므로
직장이 마음에 들지 않겠으며 갈등이 있겠다.
연운이 좋지 못하여 바라는 뜻은 이루기가 어렵겠다고 본다.

○ 궁금한 것 있습니까?
● 올해 임용고시에 합격하겠습니까?
○ 운이 부족하여 합격하기가 어렵겠다고 봅니다.
  예체능과목에 임용고시하려고 합니까?
● 체육교사 하겠다고 합니다.
○ 내년 庚寅년에 합격하겠다고 장담은 못하겠으나
  합격 운이 있으니 올해 열심히 준비 잘하라 하세요.
  체육학과를 졸업하였습니까?
● 체육학과대학원 재학 중입니다.
○ 조모가 두 분이라 하였으며 부친의 이복형제가 있겠다고 하였는데
  두 분으로 알고 있습니까?
● 예, 할머니가 두 분으로 알고 있습니다.
  부친형제 역시 배다른 형제가 있다고 들었습니다.
○ 그렇군요. 바로 판단한 것 같습니다.
● 결혼을 31살에 결혼하겠다고 하였는데 그때 결혼하겠지요.
  알고 지내는 아가씨가 선생님이 말한 대로 닭띠입니다. 觀

3) 고시합격 불가, 내 것과 남의 것

己 丙 丙 甲　남
亥 戌 子 寅
　　　子丑

49	39	29	19	9
辛	庚	己	戊	丁
巳	辰	卯	寅	丑

필자한테 재수강하면서 역학에 자부심을 가지고
철학관을 운영하는 혜공 선생이 용신과 통변을 문의한 사주이다.
丙火일간 11월 겨울에 월지子水 정관 격이다.
용신은 일지 戌중戊土 식신으로 용신한다.
천간은 金재성 운과 土식상 운이 길하게 작용하겠으며
지지는 火비겁 운과 土식상운 金재성 운이 길운으로 작용한다.
丙火일간 11월 동짓달에 亥시에 출생하여
억부 용신과 조후 용신으로 생각하면
연간甲木 편인이 용신이 되겠다.
그러나 연지寅木 편인 중에서 연간甲木 편인과
월간에 丙火비견을 각각 투출시켰다.
연주 甲寅木 편인은 丙火일간 자신의 편인 학문보다
월간丙火 형제 친구의 편인 학문이 된다.
丙火일간 자신은 연간甲木 편인보다 일지戌土 식신을
더더욱 좋아하고 따르게 되고 의지하게 된다.

따라서 甲寅木 편인 학문은 친구 형제의 편인 학문이 되며
일간丙火의 편인학문이 되지 않는다.
丙火일간 자신은 일지 戌中辛金과 丙辛합하여
戌中辛金을 원하고 좋아하게 되어
일지 戌中戊土를 용신한다.
보통 상기와 같은 사주는 같이 공부하고 있는 친구는
시험에 합격이 되는 것을 많이 보게 되나
丙火일간 자신은 합격이 잘되지 않는 것을 경험하였다.
일반적으로 시험이나 선거에 출마하게 될 경우
경쟁자가 많은 곳에 응시하거나 출마하는 것을 많이 보게 된다.
친구인 월간丙火 공부는 일간丙火 보다 뛰어나고
월지子水 정관 관직을 월간丙火가 가질 수가 있게 되나
子丑공망되어 월간丙火 비견 친구 역시 여의하지 못하게 된다.
나의 것과 남의 것을 구분해야 한다는 것이다.
사주팔자나 인생살이 또한 내 것이 아닌 것을 나의 것으로
착각하여 생활하다보면 항상 어려움에서 풀리지 않게 된다.
이 세상에 영원한 내 것은 없는 법이나
내 것 만이라도 잘 지키고 잘 발전시켜 나가야 할 것이다.

정리요약하면
1) 연간甲木 편인이 丙火일간 자신의 편인 공부가 아니라
   월간丙火 비견 타인의 편인 공부가 된다는 점
2) 월지子水 정관 관직 역시 월간丙火의 것이 된다는 점
3) 일간丙火 자신은 일지 戌中辛金과 丙辛합하여 辛金정재에
   생각이 가게 되고 좋아하고 따르고 의지하려 하며

연주甲寅편인 공부는 일간에서 멀리 있다는 점
4) 29세 己卯대운에 卯木인수 도화가 일지戌土와 卯戌합하여
여자한테 마음이 가게 되어 공부에 지장을 초래하게 된다는 점
5) 卯木정인이 卯戌합火로 11월에 火의 따뜻하고 포근한
기운이 좋고 이롭게 느껴지므로 戌中辛金과 연애하게 된다.
아가씨한테 빠지게 되어서 卯戌합으로 戌中辛金은
대운卯木에 절이 되며 乙辛충 극으로 손재가 크게 생긴다는 점
6) 卯木대운에 木克土로 일지戌土 용신을 극하게 되어
丙火일간 용신이 극을 받게 된다는 점

따라서 상기 사항들로 미루어 공부에는 진전이 없고
잡생각만 많게 되어 고시에 합격이 되지를 않는다.
일시지 戌亥천문을 가지게 되어 사법고시에 인연을 두나
합격의 좋은 결과는 어려운 것으로 추단한다.
실제로 서울에서 고시공부하고 있으나
몇 차례나 계속 낙방하고 지금은 포기하려는 중이다.
혜공 선생의 말을 빌리게 되면 대학졸업 후에
서울에서 고시 공부하는데 부모는 지금까지 기대하면서
오직 뒷바라지를 하였다한다.
본 사주가 서울에서 교통사고로 병원에 입원중이라 하여
부모가 병원에 가서보니 지금까지 공부는 하지 않고
오토바이에 사귀는 아가씨를 태우고 사고를 낸 것을 알게 되었다.
또한 신용카드를 발급받아 아가씨한테 사용하도록
맡겨두게 되어서 아가씨가 수천만 원을 사용하게 되었다.
신용불량까지 가게 될까봐 부모가 변제하여 주게 되었다.

부모의 말은 다른 여러 유명한 철학관에서 전부다
고시에 합격하여 금의환향한다하여 믿고 있었다.
용신을 木인성으로 판단하여 木인성 운으로 흐르고 있으니
사주와 대운을 통변하게 되면 금의환향하게 된다고
장담하는 것도 무리는 아니라 생각한다.
본 필자가 용신이나 통변을 잘못 판단하여
오류로 다르게 생각한 부분도 있을 수가 있을 것이다.
그러나 용신이란 일간이 제일 필요하고 바라는 오행육신이라
생각하며 내 것과 남의 것을 구별해야 한다고 생각한다.
앞전에 출판된 본 필자의 저서인 〈핵심통변 상담실례〉에서
언급하였으나 통상적인 용신결정 방법은
격국용신 억부용신 조후용신 통관용신 병약용신 전왕용신 등등
여러 가지를 사용하고 있는 것이 현 역학계의 현실이다.
본 필자는 자연용신과 생활용신 기운용신 세 가지를 더하여
더더욱 중요하게 사용하고 있는 실정이다.
평생 용신을 찾아도 백퍼센트 전부다 보이지를 않고
통변 역시 족집게처럼 찾아내려 하나
많은 어려움이 따르는 것이 현실이므로
지금도 많이 고민하고 공부하고 노력하고 있는 실정이다.
결혼은 37세 庚寅년, 38세 辛卯년 중에 결혼할 것으로 예상한다.
처는 51辛酉생 닭띠, 77乙卯생 토끼띠 중에
결혼할 것으로 예상 추단한다.
辛酉생 닭띠는 寅酉원진 띠이나 丙火일간이
辛金정재와 丙辛합하고 酉金천을 귀인이다.
金재성이 약하므로 辛金재성의 건록인 酉金으로

辛酉생 닭띠를 응하게 된 것이다.
辛酉생 닭띠 처는 재산을 이루는데
도움이 되므로 제일 길한 띠가 된다.
乙卯생 토끼띠는 卯木도화로 일지戌土와 卯戌합하며
토끼띠 여성은 본 사주를 좋아하게 되고
본 사주 역시 마음에 들어 하게 되므로
乙卯생 토끼띠를 응하게 된 것이다.
39세 이후 庚辰편재와 식신 대운에 자영업으로
재산가지고 어려움 없이 안정된 생활이 된다.

직업은
1. 자동차 매매, 창고업, 유통업이 돈이 된다.
2. 일시 戌亥천문을 얻고 亥水천을 귀인과 활인을 얻어
   역술, 토속 종교, 도가 등에 인연이 있으며 정신수련하게 되면
   이치를 깨닫게 될 것으로 예상한다.

월일시 戌亥천문과 귀인을 두면 역술이나 종교가, 한의사,
생살지권 등의 사주에 보통 많이 나타난다.
戌亥천문이 움직이고 어느 육신이 되느냐에 따라
그 육신 통변이 가능하다 하겠다. 観

4) 부친의 건강, 캐디

```
戊 己 丁 壬   여
辰 亥 未 戌
```

```
43  33  23  13   3
壬  癸  甲  乙  丙
寅  卯  辰  巳  午
```

본 사주는 모친이 딸 이름을 개명하러 와서 상담한 사주이다.
己土일간 6월 여름 출생으로 일지 未중丁火 투출하여 편인 격이다.
격은 편인 격이 되나 일지亥水 정재에서 투출한 연간壬水가
丁壬으로 합하여 편인 격으로 사용하기가 어려움이 따르게 되어
일지亥水 정재로 정재 격으로 한다.
이렇게 편인이 정재와 합하게 되면 자기의 생각은
남자와 돈벌이를 목적으로 하는 경우가 많게 된다.
용신은 水재성으로 용신한다.
월지未土 중에서 투출한 丁火편인이 일지亥水에서 투출한
壬水정재와 丁壬으로 합하고 己土일간은
일지 亥중甲木 정관과 합하게 된다.
따라서 공부보다는 재물과 남자에 먼저 마음이 가게 되는 사주이다.
또한 재물에 집착과 연연하게 되고 돈을 모으려는 생각과
지출을 잘하지 않는 경향이 있다.
대운 또한 丙午와 乙巳대운으로 지나오게 되어
공부는 많이 하지 않았겠으며 학생시기에

공부를 잘하지 않았을 것으로 추단한다.
일시지 辰亥귀문 원진이 움직이고 있어서 영리하기는 하나
그 영리함은 재물과 노는데 머리를 굴리게 되었다고 생각한다.
직업은 일지亥水는 未戌土 화개와 亥未 戌亥합하여
움직이고 연지戌土 화개를 지시하고 있다.
따라서 예체능계통에 인연이 있을 것으로 추단한다.
신경이 예민하고 까다롭고 흑백논리가 강한 성격으로
신경성 질병을 평생에 주의해야 한다.
또한 33세 癸卯대운 중에 자궁질환을 매우 주의해야 하며
상골을 주의해야 할 것으로 생각한다.
재산은 가지게 되는 사주이나 지키기가 힘든 점이 있으므로
재산은 임야(낮은 산)나 물가 땅에 간수해야 하며
현금은 가지고 있지 않는 것이 이롭다.
알뜰하고 야물다는 소리를 좀 듣는 것이
재물을 지키는데 도움이 되겠다.
따라서 보증, 금전대차, 동업은 평생에 일체하지 않아야 한다.
본 사주가 가족 중에 부친의 액화가 있는 사주로
통변하게 되며 형제 역시 액화가 있었을 것으로 생각한다.
23세 이전 乙巳대운은 乙木편관 도화남자이며
대운巳火 인수 망신 역마 운으로 일지亥水 지살 겁살과
巳亥충하여 亥중甲木 정관이 튀어나와 일간己土와 甲己합한다.
따라서 가출하게 되었다고 보며 일찍이 남자와
사권 경험이 있었을 것으로 추단한다.
연간壬水와 월간丁火가 丁壬합木 관성으로
亥未와 戌亥로 일주와 합하게 되므로

일찍이 남자와 연애이며 남자와 관계되는 직업을
가지게 되었다고 추단한다.
23세 甲辰대운에 직업전선에 나갔을 것으로 생각하며
辰土는 亥水정재의 묘 고지가 되므로
금전에 애착을 가지게 되며 알뜰하게 생활하여
돈을 좀 가지게 되었으나 지출 또한 많았을 것으로 추단한다.
결혼은 29세, 30세에 원숭이띠나 1살 연하인 돼지띠,
동갑인 개띠 중에 인연배필이 될 것으로 예상한다.
18癸亥생 돼지띠, 庚申생 원숭이띠, 99壬戌생 개띠 중에서
남편 배필인연으로 예상한다.
癸亥생 돼지띠는 일지 亥中甲木 정관이 있으므로
甲木정관의 장생지인 亥水돼지띠로 癸亥생을 응하게 될 것이다.(70점)
庚申생 원숭이띠는 일지 亥中壬水가 甲木남편을 대신하여
壬水가 연간에 투출하여 壬水의 장생지인
申金원숭이띠 천을 귀인을 응하게 될 것이다.(60점)
壬戌생 개띠는 일지 亥中壬水가 연간에 투출하여
壬水는 戌土에 좌하고 辰亥원진을 辰戌충으로 해소하고
지시 신의 사항으로 壬戌생 개띠를 응하게 될 것이다.(50점)
33세 癸卯대운에 부부간에 화목하고
재산 좀 가지고 즐겁게 생활할 것으로 생각한다.
丁壬으로 합한 기신丁火를 대운癸水가 丁癸충하면
묶여있던 壬水정재가 풀려나게 되므로
癸水편재 대운 중에 재산을 좀 가지게 된다.
癸水편재 운으로 자영업 역시 잘되게 된다.
그러나 43세 이전 癸卯대운 중에

남편의 건강과 사고는 주의해야 될 것으로 예상한다.
43세 壬寅대운 역시 재산가지고 자영업하면서
남편발전이며 부부간에 아름다움이 되겠다.

- 딸이 이름을 바꿔 달라고 하는데 현재 이름이 안 좋습니까?
- 이름을 감정해본 결과 본 이름은 철학관에서 작명하지
  않고 집에서 누군가가 지은 이름인 것 같습니다.
  이름이 여러 가지로 잘 맞지를 않습니다.
  개명하도록 하는 것이 좋겠습니다.
  개명은 지금 바로 되지는 않으니 내일 모래까지 작명되는 대로
  연락드리겠습니다.
- 예, 잘 좀 지어주세요.
- 따님의 직업이 예능계통의 일을 하고 있습니까?
- 골프장에서 일하고 있습니다.
- 직업은 사주대로 잘 택한 것 같습니다.
  (丁火는 깃발 土는 산 亥水와辰土는 웅덩이 亥未중 날아온
  卯木은 골프공으로 캐디가 맞는 직업으로 본다.
  또한 壬水정재 행동신이 연지戌土 화개를 지시한 원인이 된다.)
- 따님이 장녀입니까?
- 예, 큰딸입니다.
- 따님의 사주에서 부친(상담인의 남편)이 안 계시던지
  건강이 좋지 않는 걸로 보입니다.
  어떻습니까?
- 조금 전에 말을 하던데 아버지에 대한 것도 나옵니까?
  아버지(상담인의 남편)가 위암에 걸려서 위를 전부 절제하고
  호스로 음식물을 공급하고 있습니다.

아무래도 오래 살지 못할 것 같은 생각이 듭니다.
좀더 살았으면 합니다.

○ 본인과 남편의 사주를 봐야 대답을 할 수가 있으나 따님의
사주로 보아서 2011辛卯년, 2012壬辰년에는 위험할 것으로 생각합니다.
그러나 조금 전에 이야기하였지만 따님은 운이 좋아서
잘살게 될 것입니다.

● 그렇잖아도 저거 아버지가 돌아가시기 전에 딸을
결혼시키려고 생각하고 있었습니다.
29살이나 30살에 결혼한다고 하던데 내년에 결혼이 되면
좋겠습니다.

○ 내년 29살에 개띠보다는 돼지띠, 원숭이띠 중에 결혼하면 좋겠습니다.
따님은 돈을 여물게 해야 돈을 지킬 수가 있는 사주입니다.
33세 이후로 재물에 어려움 없이 잘 살 것으로 봅니다.
28세부터 33세 이전에 손재수가 있으니
돈 관리 잘하라고 주의시키는 것이 좋겠습니다.

● 돈을 벌기는 좀 버는 것 같은데 너무 많이 지출하는 것 같습니다.

己丑년 올해 월지未土와 丑未충하고 丑戌未삼형을 이루어
비겁들이 발동하게 되어 친구 간에 구설을 주의해야 한다.
土충과 형으로 지지戊己土가 나와 水재성을 극하여 탈재하게 되며
손재와 실물이 있게 될 것으로 예상하니 주의해야 한다.
다음은 상기사주 모친의 사주이다.

5) 상기 사주 모친 사주, 보험이나 방문판매

庚 己 乙 己 여
午 亥 亥 亥

48 38 28 18 8
庚 己 戊 丁 丙
辰 卯 寅 丑 子

상기사주 모친의 사주이다.
己土일간 10월 출생으로 亥중甲木을 대신하여
월간乙木 편관이 투출하여 편관 격이다.
용신은 시지午火 편인으로 용신한다.
己土일간 10월에 재다 신약 사주이며
여명에 木관성 남편을 보존하려면 火인성이 절실히 요구되고
시간庚金 상관이 木관성을 극하므로 火인성으로 용신한다.
용신은 火인성이지만 천간 火인성운과 지지 木관성운이
최길 운으로 작용하게 된다.
辰土와 丑土가 제일 흉신이며 巳火정인 역시 길운이 아니다.
辰土와 丑土 巳火 亥水 酉金 子水 戌土운이 오게 되면
남편의 액화가 따르게 되는 것으로 추단한다.
乙木관성이 亥水에 부평초처럼 물에 불어
둥둥 떠 있는 상이 거슬리게 된다.
또한 월간 乙木관성 남편이 亥水사지에 좌하여
있는 것 또한 좋은 현상이 아니다.

木관성 남편은 겨울에 火식상도 부족하고
木이 뿌리를 내리고 水인성을 제압할 土재성도 부족하다.
보통 이런 사주는 남편의 건강이 좋지 못하게 된다.
앞의 딸 사주와 본 사주로 남편의 직업은
선원, 운수업, 유통업 계통의 직업으로 추단한다.
시지 午중丁火 편인과 일지 亥중壬水 정재가 丁壬합한다.
丁火편인 문서를 들고 亥중壬水 정재 돈을 만들기 위하여
亥水지살로 쫓아다니는 형상이다.
따라서 본인 직업 역시 활동적인 직업인
방문판매, 보험 등에 직업으로 추단한다.
다행히 28세부터 48세까지 戊寅과 己卯대운
동방 木운으로 흘러오게 오게 되어서 남편의 발전이며
가정이 편안하고 정답고 안정된 생활이다.
그러나 48세 庚辰대운에 월간乙木 편관은 대운천간 庚金상관과
乙庚합하고 시지午火 편인 용신은 대운지지 辰土겁재에 설기가 심하며
일 월 연지 亥중壬水 정재 왕신이 辰土에 입묘된다.
따라서 庚辰대운중에 남편의 액화가 예상된다 하겠다.
앞의 딸 사주와 본 사주로 추단하게 되면
壬辰년에 남편의 액화가 있게 될 것으로 예상한다.

- 저는 신규카드 영업하고 있는데 장사가 잘되겠습니까?
○ 49살 이후로 운이 좋지 못하니 노력을 많이 해야 하겠습니다.
- 남편 건강이 좋지 못하여 걱정이 많이 됩니다.
○ 아저씨 건강관리를 잘해주도록 해야 되겠습니다.

남편은 71甲午생 말띠, 37丁酉생 닭띠 중이다.
甲午생 말띠는 일지 亥중甲木 정관을 응하며
己土일간 午火 건록 길신을 응하고
己土일간 정관인 甲木을 甲己합으로 甲午생 말띠를 응하게 된 것이다.
丁酉생닭띠는 시지 午중丁火 길신으로 丁酉생 닭띠를 응하게 된 것이다.
다음 사주는 남편의 사주이다. 觀

6) 위암으로 위 절제

戊 庚 丁 甲　남
寅 辰 丑 午

55　45　35　25　15　5
癸　壬　辛　庚　己　戊
未　午　巳　辰　卯　寅

상기사주 남편의 사주이다.
庚金일간 12월 출생으로 土인성 격이다.
용신은 甲木편재로 용신한다.
12월 겨울에 庚金일간이 한랭하고 불 약하며
연간甲木이 木生火 火生土 土生金으로
일간庚金에 오행기운이 집결되어 火관성이 길신이 된다.
월간丁火는 丑土에 좌하여 설기되고 일지 辰중戊土
편인이 투출하여 甲木편재가 용신으로 고귀하다하겠다.
일지 辰중戊土 편인이 시간에 투출하여
시지寅木 편재를 지시하고 시간戊土 편인은 나의 행동신이 된다.
시지寅木 편재 역마가 움직이고 지시받게 되며
寅卯辰합으로 庚金일간 자기의 재물이 되는 것이다.
따라서 寅木편재 역마 직업으로 운수업, 유통업, 무역업 등에 인연이 된다.
처는 26戊戌생 개띠, 85己亥생 돼지띠 중에 배필인연이 있다.
처는 辰중乙木 정재를 부인으로 하지 않고
시지 寅중甲木 편재가 투출하여 甲木편재를 처로 한다.

己亥생 돼지띠 시지寅木 편재는 亥水와 寅亥합하고
亥水는 甲木재성의 장생지가 된다.
시지寅木 편재는 연간에 甲木을 투출시켜
연간甲木은 연지 午중己土와 甲己합하고 있다.
따라서 午중己土를 응하게 되어 처를 己亥생 돼지띠 처로
추단하게 된 것이다.
戊戌생 개띠는 乙木정재가 암장된 일지 辰중戊土를 응하고
시지寅木 편재와 연지午火 정관이 寅午戌삼합으로
戊土를 응하여 戊戌생 개띠를 처로 추단하게 된 것이다.
건강은 상골, 디스크, 암, 화재, 신경성 질병을 주의해야 한다.
본 사주 암은 丑午귀문 원진이 움직이고
丑寅합으로 암이 발생하게 된 것이다.
55세 癸未대운은 癸水가 월간丁火 정관 길신을 丁癸충하여
길신인 丁火가 상하고 월지丑土와 丑未충으로
丁火길신의 丑土묘지가 열리게 되며
寅木편재 용신이 未土에 입묘 운으로 흉하게 작용한다.
따라서 본 사주와 상기 처 사주 그리고 딸 사주를 종합하여
판단하면 癸未대운 중에 본 사주의 액화가 있을 것으로 예상 추단한다.
59세 壬辰년이 위험할 것으로 예상한다.
직업은 시지寅木 편재 역마가 돈이 되어 운수업에 종사한다.
재성처가 용신이 되고 움직이며 일지로 寅卯辰합하고
지시하게 되어 처를 대단히 아끼고 사랑하는 사주이다.
처 또한 남편을 잘 따르고 보좌하고 본 사주 남편밖에 모르게 된다.
본 사주 처 사항 통변은 재성의 길신과 재성 움직임
지시 신 합 등으로 추단한 것이다.

사주와 운의 통변은 내 것과 남의 것 오고가고 움직이고
지시 죽고 살고 육신 신살 등을 종합하여 본 필자는 판단하게 된다.

앞에서도 서술하였지만 이 세상은 한 가지만으로
이루어진 것이 아니라 복잡다양하게 이루어진 것이다.
며칠 전 필자를 잘 아는 분한테 전화를 받게 되었다.
자기의 아는 보살 아들이 문제가 발생하여
월령도로 사주를 보아줄 수 있는가를 질문 받게 되었다.
본 필자는 월령도를 독학으로 시작해 보았으나
마땅한 서적이 없고 아직 아는 것이 없어서 못 봐주게 되었다.
운명을 추단하는 학문은 본 필자의 저서에
여러 가지를 언급하였지만 그중에 월령도 또한 오묘하고
차원이 대단히 높은 하나의 학문이라 생각한다.
서점에 월령도는 마땅하게 출판된 서적이 없어
15년여 전에 한 서적을 구입하여 보관하던 것을 이번에 조금 보았다.
시간이 되면 공부해 볼 생각이나 마땅한 서적이 시중에 없어
공부하기가 어렵겠다고 생각한다.
월령도는 토정 이지함 선생께서 체계적으로
배우자 성씨, 본인 성씨, 처자식, 부모 형제, 운세, 질병,
재산, 직업 등을 족집게로 찾아낼 수 있는 학문으로
잘 수록되어 있다고 생각한다.
우리 역학인한테는 특수한 전문서적이라 하겠다.
나중에 알게 된 사실이지만
서울에서 어느 월영도 도인을 찾아서 부산으로 모시고 상담하였으나
상담과 상담결과는 반대로 되었다는 것을 듣게 되었다.

필자 또한 몇 가지의 학문을 알고 있지만
깨우치지 못하고 아직 헤매고 있는 실정이다.
추명명리는 많은 서적과 대가들 그리고
이름이 알려지지 않고 나타나지 않는
무명 술사들이 많아서 많은 것을 전해오게 되었다고 생각한다.
그러나 기문둔갑 태을수 육임 월령도 자미두수 하락이수
매화역수 주역 관상 구성기학 등등 다른 여러 학문들은
깊이 있는 것은 전해지지 않아 운용하는데 어려움이
많은 것이 사실이며 빛을 못 보고 외면당하는 것이 현실이라 생각한다.
각각 학문 나름대로 장단점이 있는 것은 사실이다.
본 필자가 〈기문둔갑 핵심포국〉을 이미 출판하여
포국을 독학으로 공부 할 수 있도록 정리하였으나
기문의 오묘한 해단이치는 아직 헤매고 있는 실정이라 생각한다.
역학하시는 선후배 여러분들의 포국하는데 조금이나마
공부에 도움 되기를 바라는 마음에서
〈기문둔갑 핵심포국〉을 출간하였던 것이다.
〈기문둔갑 핵심포국〉을 보고 젊은 사람들로부터
문의 전화오는 것을 보며 미래에 그나마 이 학문이
빛을 보게 되었으면 한다.
추명명리가 오묘한 깊이가 있고 활용도가
매우 높은 학문이라 의심하지 않는다.

7) 부친 사고사 (외국에서), 흉운

```
丙 辛 甲 庚    남
申 巳 申 申
```

```
41  31  21  11   1
己  戊  丁  丙  乙
丑  子  亥  戌  酉
```

본 사주의 모친이 상담한 사주이다.
辛金일간 7월 출생으로 시간丙火와 丙辛합하고
일지 巳중丙火가 시간에 투출하여 丙火정관 격이다.
용신은 정관격인 丙火정관으로 용신한다.
丙火정관 용신이나 월간甲木 정재가 허약한 점과
丙辛합水와 申巳합水로 水극火 회두극 당하여
丙火용신이 허약한 것이 흠이 된다.
천간 水식상운과 지지 木재성운이 길운으로 작용하게 된다.
辛金일간이 지향하는 바는 시간丙火 정관을 바라게 된다.
따라서 직업이나 학과는 공직이나 전기, 화학, 전자,
통신 계통에 인연을 두고자하게 되는 것으로 추단한다.
그러나 공직은 丙辛합水 申巳합水로 丙火정관은
水극火회두극 당하며 甲木정재가 허약하고
水식상 운으로 흐르게 되므로 공직자는 어려움이 있다.
11세 丙戌대운 중 丙火정관 대운에 공부의 성과가 있어서
학업성적이 우수하였겠다.

21세 丁亥 대운부터 대운지 亥水상관이 용신 일지巳火 정관을
기신巳火가 巳亥충하여 마음의 혼란이 많은 시기이다.
마음의 중심이 잡히지를 아니하겠으며
마음과 뜻대로 이루기가 어려울 것으로 예상 추단한다.
결혼은 31세, 33세에 결혼할 것으로 예상 추단하며
88癸亥생 돼지띠, 庚申생 원숭이띠, 101辛酉생 닭띠 중에
처 배필인연이 있을 것으로 예상 추단한다.
사주팔자가 좋은 배우자 띠를 만나기는 어려운 사주로 예상 추단한다.
31세 庚寅년은 배우자궁 일지巳火가 움직이며 불급한 월간
甲木정재가 건록을 얻게 되어
31세 庚寅년에 결혼할 것으로 예상 추단한다.
31세 庚寅년에 결혼하지 않으면 33세 壬辰년은
申子辰삼합 水국하여 壬水상관이 甲木정재를 상생하며
월간甲木 정재는 辰土에 뿌리내리게 되며
甲木재성이 조력을 얻게 되어
33세 壬辰년에 결혼 할 것으로 예상 추단한 것이다.
癸亥생 돼지띠는 甲木재성이 약하여 亥水는 甲木재성의
장생지가 되며 길신이기 때문에 癸亥생 돼지띠를 응하게 된 것이다.
辛酉생 닭띠는 일간辛金의 건록 도화로 서로 좋아하게 될 것이며
申金겁재의 진신으로 辛酉생 닭띠를 응하게 된 것이다.
庚申생 원숭이띠는 일지巳火와 申巳합과
지시신의 영향으로 庚申생 원숭이띠를 응하게 된 것이다.
이중에 癸亥생 돼지띠가 조금 나은 띠로 보이나
좋은 띠는 만나기가 어려울 것이다.
결혼생활 중에 처의 액화나 풍파가 따르게 되는 사주로 예상 추단한다.

건강은 두통, 신경성 질병, 심장질환을 평생에 주의해야 한다.
부친은 월간甲木 정재를 보아야 하겠으며 월간甲木 부친은
연간庚金과 甲庚충되어 있으며 월지申金 지살 망신 절지에
좌하고 군겁쟁재가 되었다.
따라서 부친의 액화는 있게 되는 사주로 추단하게 된다.
庚辰년에 부친의 액화가 있었던 것으로 추단한다.
월간甲木 정재를 역시 처 성으로 보아야하겠으며
월지申金 겁재 고신 지살 망신 절지에 좌하여
결혼 후 처의 액화 역시 예상되며 처의 액화를 주의해야 하겠다.
己丑년은 마음과 뜻대로 이루기가 어려운 한해로 예상한다.

○ 전기 전자학과를 졸업하였습니까?

● 전문대를 졸업하고 4년째 전기학과로 편입했는데
   공부하기 싫다고 휴학하고 놀기만 하고 있습니다.
   자기외삼촌이 전기회사를 하고 있는데 외삼촌회사에 와서
   일해라 하여도 가지도 않고 있습니다.
   언제 취직되겠습니까?

○ 올해 음력 10월 이후로 취직이 가능하겠으나
   내년 庚寅년에 마땅한 취직자리가 생기겠습니다.
   아들 사주에 부친이 안 계시는 것으로 보이는데 아저씨가 안계십니까?

● 안계십니다.

○ 사고로 돌아가셨습니까?

● 오래 전에 외국에서 사고로 돌아가셨습니다.
   자기 아버지가 돌아가시고 난 후에 공부를 하지 않고 있습니다.

본 사주에서 부친과 인연이 박한 사주에다
庚辰년에 甲木정재 부친을 甲庚충하게 되고
월지申金 지살 망신 절지가 움직이게 된 원인으로 庚辰년이 된다.
차후로 처의 액화가 없었으면 하는 마음이다.
특히 삼재인寅卯년과 천간庚金 겁재 연운은
배우자궁 일지巳火가 움직이게 되므로 처의 액화 사고를 주의해야 한다.
본인과 처자식 및 가족 중에 수액을 많이 조심해야 할 것으로 예상한다.
일시 丙辛합과 申巳형 곤랑도화를 이루어 외간 여자는
멀리해야 하며 신장, 방광, 생식기의 질병을 주의해야 한다.

8) 미혼, 의류점원, 화상

丁 戊 壬 庚　여
巳 辰 午 戌
　戌亥　寅卯

44　34　24　14　4
丁　戊　己　庚　辛
丑　寅　卯　辰　巳

본 사주 모친이 딸을 상담한 사주이다.
戊土일간 5월 출생으로 월지 午중丁火 정인 투출하여 인수 격이다.
용신은 월간壬水 편재로 용신한다.
戊土일간 여름에 火土인성과 비겁으로 왕하며 조후용신으로
태 월이 전년도 壬申월이므로 월간壬水 편재를 용신한다.
남편은 연주庚戌에서 寅卯관성이 공망되고 연지와
월지가 움직이어 있어서 연일지 辰戌충이 성립된다.
따라서 辰중乙木 정관 남편은 辰戌충으로 인하여
辰중乙木 정관이 戌중辛金 상관에 손상을 받게 된다.
남편은 辰중乙木 정관이 남편이며 일주 戊辰백호에
암장되어 일주戊辰과 시주丁巳가 회오리가 일어나있다.
일지와 시지가 辰巳합하면서 지장 간에 乙庚으로 합하게 된다.
월지午火 가정 궁에서 정관이 암장된 일지辰土가 과숙과 백호가 된다.
辰중乙木 정관 남편은 연지戌土 묘지가 움직이어 있으며
辰戌충으로 辰중乙木 정관 남편은 손상을 받게 된다.

따라서 남편과 평생 해로하기는 어려운 사주로 추단하게 된다.
성격은 戊辰백호 일주와 월지午火 양인을 얻어
고집과 자존심 그리고 자기의 주장이 강한 성격을 가졌으나
戊土일간 정인 격으로 선비적이면서 보수적이고
정직한 성격을 가지고 있다.
戊辰일주가 시지巳火와 辰巳합하고 巳戌귀문 원진이 움직여
신경이 예민하고 까다롭고 철두철미하며 총명영리하다.
재산관계는 戊辰일주 辰중癸水 정재가 辰土묘고에
암장되어 있으므로 재물에 대한 집착이 강하겠으며
재물을 알뜰히 모으려는 마음이 강한 것으로 추단한다.
재산을 가진 남자라야 마음이 가게 되는 사주이다.
건강은 巳戌귀문 원진으로 물혹(암)과 辰巳합으로 인하여
담석, 결석, 신경성 질병을 평생에 주의해야 한다.
일월 辰午화재살이 움직여 가정에서 불조심해야 하고
화상을 주의해야 한다.
14세 이후 庚辰대운 학생시기에 희 신의 운이 되고
巳火편인 공부가 움직이게 되어 공부는 잘하였겠으며
학교도 남과 같이 괜찮은 대학을 졸업하였을 것으로 추단한다.
24세 己卯대운 천간己土 겁재는 연간庚金 식신을 생하게 되며
대운 卯木정관은 일지辰土와
卯辰으로 합하여 직장생활로 진출하였겠다.
대운지지 卯木정관 도화 운은 길운이 되지 않으며
卯木정관 공망 되어 남자와의 인연은 가지기가 어려웠겠다.
34세 戊寅대운 戊土비견은 일지辰土와 연지戌土가 움직여
辰戌중 戊土가 튀어나와 연간庚金 식신을 생하여

직장생활에 즐거움이며
알뜰히 돈을 모으게 되었던 것으로 추단한다.
대운지지 寅木편관은 寅午戌삼합 火국하여 희신庚金을 극하여
용신壬水를 생하지 못하게 하여 壬水편재를 말려버리게 된다.
태 월인 申金식신 역마 지살과 대운지지 寅木편관
역마 지살과 寅申충하게 된다.
남자인 寅木은 공망이며
寅午戌삼합 火국 기신으로 돌아가게 되어
결혼은 어려웠을 것으로 예상한다.
따라서 44세 이전 戊寅대운은 기신 운이므로 사고와
물혹(암 염증)을 특히 주의해야 하며
건강과 사고 역시 대단히 주의해야 할 것으로 예상한다.
44세 丁丑대운 중 47세 이후에 안정된 운으로
재산가지고 편안한 생활이 될 것이다.
戊子년 비견과 정재 운에 직장생활의 아름다움으로
직장에서 인정받고 재산 모으는 재미가 많을 것이다.
본 사주는 결혼보다는 직장인으로 생활하는 것이 이로움이 된다.
손님인 본 사주 모친한테 먼저 질문을 받게 되었다.

- 우리 딸이 나이 39살이나 되도록 아직 결혼하지 않았는데
  결혼은 하겠습니까?
  키도 크고 날씬하고 다른 사람들이 얼굴도 예쁘고 잘 생겼다고 합니다.
  아직까지 연애도 한번 해보지 못한 숫처녀인데
  선을 보라고 해도 싫다고만 합니다.
- 아주머니를 보니 따님이 잘 생겼겠다고 봅니다.
  딸의 사주와 운이 결혼할 운이 아니었으며 결혼을 하고자

하는 마음이 없었다고 봅니다만

43살과 44살 양해 간에 戊申생 원숭이띠, 辛亥생 돼지띠(1살연하)

壬子생 쥐띠(2살연하) 중에 결혼이 가능하겠습니다.

따님 사주가 늦게 결혼해야 하고 일찍 결혼하였으면

44살 이전에 남편과 풍파를 겪게 되는 사주로 생각합니다.

오히려 잘 되었다고 생각하는 것이 좋겠습니다.

- 나이가 많이 들어서 총각을 만나지겠습니까?
- ○ 총각이나 재혼하는 사람이나 가리지 않는 것이 좋겠습니다.

  남자에 대한 마음보다는 직장과 돈 모으려는 마음이

  강하다고 봅니다.
- 맞습니다.

  의류매장에 판매원하면서 돈을 잘 쓰지도 않고

  월급 받아서 돈만 모으고 알뜰하기만 합니다.

  시집가서 남편이 돈을 잘 벌어 오지 않으면 자기 고생만

  된다고 시집가지 않고 혼자 살겠다고 하고 있습니다.

  선생님 말대로 돈에 대한 욕심이 너무 많은 것 같습니다.
- ○ 너무 억지로 결혼하라고 서둘지 않는 것이 좋겠습니다.

  따님이 불에 한번 놀랜 일이 있습니까?
- 어릴 적에 한번 놀랜 일이 있습니다.

  뜨거운 물에 크게 화상을 입은 일이 있습니다.

  아직까지 흉터가 크게 남아 있습니다.

남편은 戊申생이나 辛亥생이 남편 인연배필로 예상한다.

65戊申생 원숭이띠, 辛亥생 돼지띠(1살연하),

21壬子생 쥐띠(2살연하) 중에 남편 인연배필로 예상한다.

戊申생 원숭이띠는 일지 辰중乙木

정관 남편이 암장되었으므로 원숭이띠 申金은 일지辰土와
申子辰삼합 水국하여 길신이 되며
申金은 월간壬水 용신 장생과 연간庚金 희신의 건록으로
戊申생 원숭이띠를 응하게 된 것이다.
辛亥생 돼지띠는 壬水용신의 건록과 연지 戌亥합으로
辛亥생 돼지띠를 응하게 된 것이다.
壬子생 쥐띠는 일지辰土와 申子辰삼합 水국하여 길신이 되어
壬子생 쥐띠를 응하게 된 것이다.
상기 종합적으로 생각하면 戊申생 원숭이띠, 辛亥생 돼지띠,
壬子생 쥐띠 중에 남편 인연배필로 예상 추단한다.
辛亥생 돼지띠는 亥水공망으로 戊申생 원숭이띠와
壬子생쥐띠 보다 조금 더 확률이 적게 되겠다.
본 사주가 남편과 인연이 없는 사주로 예상하나
본 사주가 음부에 있어야 할 것이 없던지
거의 없는 사주로 예상해 본다.
그렇지 않으면 화상 흉터로 마음에 부담감을 가지지 않나
생각도 하게 된다. 觀

9) 종강격, 공인회계사

乙 甲 癸 癸 남
亥 子 亥 卯

53　43　33　23　13　3
丁　戊　己　庚　辛　壬
巳　午　未　申　酉　戌

경기도에서 본 사주 모친이 己丑년에 전화 상담한 사주이다.
甲木일간 10월 출생으로 연 월간에 양癸水 인수가 투출하여
水인성 격에서 水종강 격이 된다.
용신은 水인성으로 용신한다.
甲木일간 10월에 水세 왕양하여 水세를 따르는 것이
이로우며 水인성을 극함은 불가하다.
따라서 기신은 土재성이 기신 되며 火식상 역시
水인성과 극전이 일어나게 되므로 기신이 된다.
金관성은 水인성으로 순화하여 길하게 되며
木비겁은 왕신을 설기하므로 길하게 작용한다.
따라서 운의 대입은 가려서 작용하게 되나
사주팔자는 水木 인성과 겁재로 오행이 깔끔하게 생겨
사람 또한 지혜를 갖추었겠으며 깔끔한 성격을 가졌겠다.
종격 사주는 길흉의 고저가 크게 나타나는 것이
종격 사주의 장단점이 된다.
건강은 심장질환과 비위질환을 평생에 주의해야 하며

남자이지만 水火가 순환되지 않아 기의 순환이 잘되지 않는다.
처인 土재성은 기신이 되며 대운이 火土기신 운으로
흘러왔으므로 처와 풍파를 면하기가 어려운 사주로 추단한다.
처는 38乙巳생 뱀띠, 壬寅생 범띠 중 처 배필인연이다.
乙巳생 뱀띠는 시간乙木을 응하고 亥중戊土 정재를
巳亥충으로 충발하여 戊土정재를 끌어내야 하고
연간癸水의 천을 귀인으로 乙巳생 뱀띠를 응하게 된 것이다.
32壬寅생 범띠는 비견의 퇴신인 寅木을 응하며
시지亥水 寅亥합과 亥중壬水를 응하여
壬寅생 범띠를 처로 추단하게 된 것이다.
재산은 土재성이 기신이므로 재물에 연연하지
않는 것이 이로우며 지식을 쌓으면 재물은 따라오게 되니
전문 지식인이 되어야 한다.
따라서 본 사주는 재물과 처 그리고 부친은 기신이므로
재산손실과 처의 풍파와 부친의 액화가 있는 사주로 추단한다.
직업은 천의성과 亥水 천문으로 의사 水인성 국으로
언론 출판계, 방송국, 법조계 등에 인연이 있을 것으로 추단한다.
13세辛酉 대운과 23세庚申 대운金관성 운에
水용신의 희신 운으로 용신에 부합하여 길한 작용하게 된다.
따라서 학생시기에 공부가 뛰어났겠으며
수도권에서 일류대학 졸업으로 원하는 목적달성은
33세 이전에 이루게 되었으리라 추단한다.
33세己未 재성 기신대운에 대운천간 己土정재는
시간乙木이 극하고 대운지지 未土정재는
亥卯未삼합 木국하여 왕신水를 설기하여

기신土 재성 운이나 무방하여 무난하였던 것으로 추단한다.
43세 戊午 대운은 戊土편재는 기신이고
일지 子水와 子午충하여 용신 癸水가 午火에
절지가 되며 午火상관이 재살과 육해이다.
甲木일간은 午火사지에 임하고 水인성은
午火절지에 임하게 되어 최대 흉운으로 추단한다.
午火상관 기신은 일지 子水를 충 극하여
고요한 물을 子午충으로 출렁이게 한다.
따라서 戊午대운 중에 처와의 풍파가 있었던 것으로 추단한다.
일지 子水 정인 연살과 장성을 기신인 午火상관이
子午충하게 되면 문서나 아랫사람으로 인하여
재산손실과 관재구설, 건강을 특별히 주의해야 하겠다.
午火상관 대운 중 53세 이전 50세, 51세, 52세 건강에
큰 불상사 없기를 간곡히 바라는 마음이다.
53세 丁巳대운 역시 최대 악운으로 亥水바닷물을
巳亥충하면 해일과 파도가 일어나게 되어
풍랑을 면하기가 어렵게 되어 생활에 어려움이 따르게 된다.
특히 낙정을 보게 되어 水오행 태과로 수액을 주의해야 한다.
己丑년은 戊土편재 대운이 길하지 못한 중에
己丑년으로 명예와 재물에 타격이 따르므로
사업 확장, 투자, 투기 등은 하지 않아야 한다.
己丑년은 丑土정재 천을 귀인 되어 재물과
여자가 덕이 되는 것 같으나 도움이 되지 않는다.
본인의 판단이나 타인의 말에 현혹되지 않아야하며
수입이 좋아 보이는 일은 함정이 있으므로

삼가는 것이 손해를 적게 당하는 것이 되겠다.
본 사주내용을 듣고 있던 모친한테 먼저 질문을 받게 되었다.

- 선생님 이야기는 들었는데 아들이 몇 년 전부터
  사업이 어렵고 건강이 많이 좋지를 못합니다.
  언제쯤 괜찮아지겠습니까?
○ 운이 부족하게 되면 사업이나 건강이 좋지를 못하게 되는 것이 운입니다.
  54세까지 가진 것 지키는 것이 손실을 적게 보는 것이며
  건강 또한 잘 지켜야 하겠습니다.
  무슨 사업하고 있습니까?
- 공인회계사하고 있습니다.
○ 워낙 직종이 많다 보니 제가 직업을 잘 못 판단하였습니다.
  고시의 하나인 공인회계사로 훌륭한 자재 분을 두었습니다.
  조금 전에 말했지만 올해는 업무상 주의해야 하고
  투자나 투기는 하지 않아야 됩니다.
  며느리와 풍파가 있었겠다고 말했는데 지금 어떻게 지내고 있습니까?
- 며느리하고는 헤어졌습니다.
  어디 땅에 투자한다고 하고 주식도 하여서
  많이 손실도 본 것으로 들었는데 운이 안 좋다니 어찌합니까?
  괜찮아지는 무슨 좋은 방법이 없습니까?
○ ……
  학생시기에 공부도 잘하였겠으며 좋은 대학도 나와서
  부모님은 기대를 하였으리라 보여 집니다.
  전에는 잘 살았을 것으로 생각하나 운을 비켜가기가
  쉽지 않는 것이 운인 것입니다.
  자중하고 노력하고 앞에 나서지 말며 신규 확장하지 말고

현실에 만족하는 것이 나쁜 운을 비켜나가는 하나의 방법이 됩니다.

등등 이야기하다가 종료하게 되었다.
54살 이전 午火대운은 어려운 대운이나 불상사 없이
잘 넘어가기를 바라는 마음이며 午火대운 중
壬辰 癸巳 甲午년을 잘 넘겨야 할 것으로 예상한다.
巳火대운 戊戌년에 액화가 없기를 바라는 마음이다.
현재 戊午대운에 몸과 마음 건강이 대단히 편안하지 못한 상태이다.
종격 사주가 있다 없다하면서 시간 낭비하지 말아야 한다고
일부 역술인은 말하고 있으나 어떤 사주가 내방할지
모르기 때문에 착실히 알아두어야 한다고 생각한다.
종격사주로 명명하나 오행기세가
한쪽으로 치우쳐 쟁 관이나 쟁 재로 전투는 일어나게 되어
기세를 거역하게 되면 용 희 기신과 격을 떠나 흉운으로
필자는 통변하게 되는 것이다.
이름만 다를 뿐이지 통변은 같은 원리가 되는 것이다.
필자가 〈핵심통변〉을 처음 출간하고 난 후에 부산에 사는 나이가
한 60대 되는 아주 훌륭한 분한테 6백 단위 전화번호로
전화를 받게 되었다. 훌륭한 분 왈
'〈핵심통변〉을 육십갑자나 알고 책을 썼는가?' 하고 묻는다.
어처구니없는 몰상식하고 무지한 사람의 전화를 받게 되었다.
자기와 생각이 같지 않다고 그렇게 말하니
수준을 알 수 있지 않겠는가.
필자가 짐작하건대 저서에서 일부 역학인 중에
신살과 외격을 사용 할 가치가 없다. 라고 하나
그렇지 않다고 한 부분에 대한 불만이 있지 않았나 생각한다.

그러나 대다수 역학인은 어렵게 독학으로 공부한 것을
이렇게 출간해주어 고맙고 유익하다는 전화 찬사를 받게 되어
용기를 얻어 이번 5권째 〈핵심종합통변 上〉을 출간하게 된다.
필자가 조금 알고 있는 부분을 서적으로 출간하여
글로써 남긴다는 것은 심히 어려움과 두려움을 감수하고
쓰게 되는 것이다. 觀

다음은 본 사주 형님의 사주이다.

10) 섬유무역, 딸2, 아들 무

丙 甲 己 辛　남
寅 寅 亥 丑

43　33　23　13　3
甲　乙　丙　丁　戊
午　未　申　酉　戌

甲木일간 10월 출생으로 편인 격이며 편인용식신격이다.
용신은 시간丙火 식신으로 용신한다.
甲木일간 일지寅木 비견 간여지동과 시지寅木 비견으로
신왕하고 월지와 연지 亥丑으로 시간丙火로 조후 용신한다.
사주가 월간己土에서 辛金을 생하고 辛金은 亥子丑한 水를
생하고 亥水는 寅木을 생하고 寅木은 시간丙火를 생한다.
사주가 상생부절 이루고 시간 丙火식신 용신으로
기운이 집결되어 사주팔자가 좋아 보인다.
지지申金 편관 운이 기신(흉)운으로 작용하게 되며
천간 水인성운이 흉운으로 작용하게 된다.
다른 오행육신은 무난하게 지나가게 된다.
성격은 甲寅일주 간여지동이며 일지寅木 비견이 움직이고
寅亥합과 亥丑합 丑寅합으로 지지전부 합으로 이루어져
고집과 주장이 강하면서
대인관계가 좋으면서 융화를 잘 하는 성격이다.
직업은 寅木비견이 지살과 겁살 고신이 움직이고 있으며

연지 丑土 정재가 화개 천을 귀인으로 움직이고 있다.
따라서 寅木비견 지살의 영향으로 무역, 유통, 전기, 전자,
의류에 인연이 있겠으며 학과는 상대계열로 추단한다.
평생에 화재를 특히 주의해야 하겠다.
처는 88乙巳생 뱀띠, 101癸卯생 토끼띠 중
인연배필로 예상 추단한다.
처는 월간己土 정재가 되며 연간辛金은 자식이 된다.
연간辛金 정관은 딸이 되고 辛金딸은 寅木에 태지가 된다.
庚金아들은 사주에서 나타나지 않을 뿐만 아니라
庚金아들은 시지寅木 비견에 절지가 되고
寅木절지가 움직여 있다.
庚金아들은 연지丑土에 묘지가 되며
丑土묘지도 역시 움직여 있다.
따라서 딸은 있으나 아들은 없는 사주로 추단한다.
시주丙寅으로 자식의 액화나 근심이며 자식의 덕이 없으며
자식은 재산을 지키지 못하는 사주로 예상 추단한다.
13세 丁酉대운 천간丁火 상관은 무방하고
대운지지 酉金 정관은 상생으로 돌아가게 되어
학생시기이므로 酉金정관운은 무난하게
학생시기를 마치게 되었을 것으로 추단한다.
23세 丙申대운 천간丙火 식신은 길운으로 작용하게 되며
대운 지지申金 편관 운에 어려움을 겪게 되었다고 추단한다.
申金대운 중에 사고나 직장생활에 어려움 부부갈등 등
여러 가지로 편안하지 못하였을 것으로 추단한다.
33세 乙未대운 乙木겁재는 연간辛金이 乙辛충하여 무방하고

대운지지 未土는 연지丑土와 丑未충하면
월간己土 정재가 역시 움직이게 된다.
따라서 남방火운으로 재산에 길한 작용이 나타난다.
43세 甲午 대운부터 53세까지 용신 남방火운으로
길한 작용이 나타나게 되어 사업발전이며
마음과 뜻대로 이루어 편안하고 즐거운 생활이 된다.
己丑년 47세 금전에 길하고 하는 일에 발전이 된다.
그러나 화재 화상은 주의하는 것이 좋겠다.

- 사주 여러 이야기는 많이 들었는데
  앞으로도 계속 운이 좋겠습니까?
  53살 이후는 운이 좋지 못합니까?
○ 아직 나이가 되지 않아서 이야기는 하지 않았으나
  그 뒤에 운도 좋아서 사업 잘되고 건강하게 생활합니다.
- 먼저 이야기하던데 아들이 없고 딸만 둘이 있는 것도
  아들의 사주라 생각해야 되겠습니다.
○ 그렇게 생각해주셔서 고맙습니다.
  사주팔자는 예측추리 판단하는 학문으로서 백퍼센트는 아니지만
  사주에 비중이 크게 나타나있는 부분은 맞는 확률이
  높게 되는 것입니다.
- 다음에 일이 있으면 연락하겠습니다.

본 사주와 앞의 동생 사주를 종합하면 부친의 액화를 추단한다. 觀

11) 애인문제, 가족 액화예상

甲 癸 己 庚　여
寅 卯 丑 子

42　32　22　12　2
甲　乙　丙　丁　戊
申　酉　戌　亥　子

본 사주는 본 필자한테 수강한 여성분(혜심)과 동행한 사주이다.
癸水일간 12월 출생으로 월지 丑중己土 편관 투출하여 편관 격이다.
용신은 火재성으로 조후 및 통관 용신하며 金인성은 희신 운으로 한다.
癸水일간 12월丑土월에 己土편관 투출하고 일시지 甲과
卯중甲木이 투출하여 시지寅木 상관에 건록을 얻어 木상관이 강하다.
癸水일간 겨울丑월에 연지子水 건록을 얻어
亥子丑으로 연간庚金의 조력을 얻어 여명에 불 약하다.
따라서 木상관이 왕하여 土관성을 보호해야 하며
12월에 조후가 절실히 요구되므로 火재성으로 통관 및
조후 용신하고 金인성을 길신으로 한다.
水木 비겁과 식상이 기신으로 작용한다.
직업은 일지 卯중甲木 상관이 시간에 투출하여
시지寅木 상관 건록 역마에 좌하여 寅卯로
일주와 합하게 되어 직업을 가지게 되는 사주이다.
따라서 직업은 활동적인 직업인 방문판매, 보험,
유통업, 금융계 등에 인연이 있을 것으로 추단한다.

남편은 월간己土 편관이 투출하여 己土편관이 남편이 된다.
남편은 99乙未생 양띠, 18丙申생 원숭이띠 중에
남편 인연배필로 추단한다.
남편은 실제는 戊戌생 개띠가 남편이다.
癸水일간에서 위로 가까운 정관은 戊戌생 개띠이며
일주癸卯와 戊戌생 개띠는 천지 합이 된다.
따라서 본 사주는 필자가 찾는 부부인연 띠 방법으로는
맞지 않아 종합적으로 추단하지 못하고
추명명리로 추단하는 것이 확률이 있는 사주이다.
아직 공부가 부족하여 부부 인연 띠를 찾아서
맞추기가 아주 어려움이 많으며 한계가 있게 되는 것을
가끔 실감하게 된다.
그러나 지금까지 손님을 임상한 결과 100%는 아니더라도
배우자 중 어느 한쪽은 70~80%정도 맞게 되고
양쪽 다 맞는 경우는 60~70%정도 확률이 된다.
본 사주 戊戌생 남편의 사주는 庚子생 쥐띠 처로 나타난다.
건강은 디스크 상골이 따르게 되므로
사고를 평생에 주의해야 한다.
자식은 시주甲寅으로 甲木아들은
寅木건록 역마에 좌하여
훌륭한 아들자식이 있겠으며
외국생활이나 외국회사 근무 혹은
외교관 등에 인연을 가질 것으로 예상한다.
22세 丙戌 火土운은 길운으로 작용하게 되며
壬戌년이나 甲子년에 戊戌생 개띠 남편과 결혼하여

행복한 가정생활 하였을 것으로 추단한다.
32세 乙酉대운은 乙庚합하고 庚金이 酉金양인에
뿌리를 얻어 계약 성사하고 자신은 발전의 운이 된다.
그러나 대운 지지酉金 편인 도화 재살이 일지 卯木식신
육해 장성과 卯酉충하여 가정생활을 잘하다가
직장을 가지거나 자신의 변화가 일어나게 되는 운이다.
癸卯일주 나체도화가 움직이게 되어
乙酉대운 중 외간 남자와 연분이 일어나게 된다.
42세 甲申대운 서방 申金운으로 연간庚金 정인이
건록을 얻어 자신의 일은 발전이 되겠으나
시지寅木 상관 역마 망신이 움직이게 된다.
시지 寅중甲木 상관자식과 寅중戊土 정관남편과
寅중丙火 정재시모나 친정부친 등이 다같이 움직이게 된다.
따라서 寅중丙火와 戊土 즉 丙火시모나 친정 부친
그리고 戊土남편은 대운申金 병지에 임하게 되고
寅중甲木 상관자식은 절지에 임하게 된다.
따라서 53세 이전 申金대운 중에 자식 남편 중에
건강 혹은 사고가 잠재되어 있는 대운이므로
사고나 건강을 주의해야 할 것으로 예상 추단한다.
申金대운은 정인 망신 역마의 대운으로
寅木상관이 움직이게 되어 寅중丙火 정재가
타격을 받게 되며 酉金대운에 만났던 애인으로
인하여 금전과 심적 고통을 겪게 되었다.
그러나 본인의 계약관계나 직장에서 발전의 운은 되나
남편과 자식의 근심은 따르게 되는 것이

각각 육친의 길흉을 찾아내는 것이 통변인 것이다.
癸卯일주와 甲寅시주가 회오리가 일어나 있으며
木상관이 왕하여 남편과 자식은 떨어져있는 것이 이롭다.
남편은 몇 년 전에 시골고향에 들어가 농사짓고 있으며
자식 또한 서울에서 전부 공부하고 있는 중이다.
앞으로 가족의 불상사가 없으려면 떨어져있는 것이
이로울 것으로 예상한다.
52세 癸未대운은 재산가지고 생활에는 어려움이 없을 것이다.
그러나 자신과 남편의 건강과 사고는 주의해야 하겠다.
본 사주 남편의 사주

戊 庚 壬 戊　남
寅 午 戌 戌

46　36　26　16　6
丁　丙　乙　甲　癸
卯　寅　丑　子　亥

처는 93辛丑생 소띠, 庚子생 쥐띠 중에 처가 나타나게 되므로
庚子생 쥐띠가 처가 된 것이다.

12) 己丑년 소방공무원 합격

庚 甲 丁 丁　남
午 戌 未 巳

43　33　23　13　3
壬　癸　甲　乙　丙
寅　卯　辰　巳　午

본 사주는 본인이 戊子년에 상담한 사주이다.
甲木일간 6월 출생으로 월지 未중丁火 투출하여 상관 격이며
상관 태과하여 상관생재로 순세함이 이로우므로
상관생재로 종재 격이다.
용신은 土재성으로 용신한다.
甲木일간 뿌리가 전혀 없는 상태이다.
甲木일간 6월에 火식상 태과하여 제살태과 사주가 되었다.
6월 여름의 甲木일간은 火식상으로 열매를 여물게 하고
土재성으로 庚金열매를 도우고 자양하면
甲木일간의 소임을 다하게 되는 것이다.
6월 여름의 甲木은 果木(과목)의 용도로 사용하게 된다.
따라서 생활용신과 통관용신을 종합하여 土재성을 용신한다.
태 월이 전년도 亥월되어 水인성을 기다려 水행운용신으로
잡으려하였으나 水인성은 사주에 극전과 분란만 일으키게
되어 태 월 亥水편인을 용신으로 잡지 못하겠다.
억부용신만 고집하게 되면 오류가 발생할 소지가 많은 사주라 하겠다.

추명명리는 용신을 아무리 찾아보아도
용신이라는 것이 확실하게 결정하기가 어려운 것이 사실이다.
일부 사주는 실제로 용신 찾기가 어려움이 따르는 것이
추명명리의 난해함이며 통변 역시 어려운 과제라 생각하겠다.
성격은 丁火상관 격으로 영리하면서 불의를 참지 못하고
조급한 성격을 가지고 있다.
사주팔자를 추단하기 위하여 크게 분류한다면
용신과 통변 그리고 격국의 어려움이 많은 학문이라고
본 필자는 항상 생각하게 된다.
피부는 붉은색과 청색이 혼합되어 검은색이 나타나게 된다.
학과는 전기 또는 토건을 전공하였으리라 추단한다.
丁巳식상 고란과 丁未홍염 戌土편재 화개가 움직여 있어서
할머니 두 분에 부친 이복형제가 있을 것으로 추단한다.
조모나 자식 없는 백부나 작은아버지 제사를 잘 모셔드리면
본 사주에 도움이 되겠다.
또한 앞으로 장모 두 분이 될 것으로 예상 추단한다.
23세 이전 丙午대운과 乙巳대운 남방 火식상 운은
길운이 되어서 안정되게 공부가 되었겠다.
23세 이후 甲辰대운 辰습土 재성 운을 만나
庚金편관을 생하게 되어 직장을 가지게 되었던 것으로 추단한다.

○ 결혼했어요?

● 아직 안했습니다.

辰土편재 대운에 결혼한 것으로 보았는데

시작 처음부터 빗나가게 되어 불안한 마음을 가지게 된다.
보통 시작 첫 말이 빗나가게 되면 부담을 느끼게 되는 것이다.
간혹 '아닌데요.' 하면서 뻣뻣하게 구는 손님을 만나게 되면
철학관을 집어치우고 어디 조용한 산속이라도 도피해서
자연이나 벗 삼아 공부나 할까하는 생각을 본 필자는 가끔씩 하게 된다.
한 10년 이내에는 꼭 가게 될 것으로 필자 사주로 예측한다.
결혼은 33세 己丑년이나 34세 庚寅년에 己未생 양띠,
壬戌생 개띠, 辛酉생 닭띠 중에 배우자로 맞이할 것으로 예상한다.
93己未생 양띠, 69壬戌생 개띠, 5-辛酉생 닭띠 중에
처 배필인연으로 예상한다.
己未생 양띠는 일간甲木의 정재己土와 甲己합과
未土정재 천을 귀인으로 己未생 양띠를 응하게 된 것이다.
壬戌생 개띠는 巳戌원진이 되나 일지戌土가 움직여 있으므로
壬戌생 개띠를 응하게 된 것이다.
辛酉생 닭띠는 지시신의 영향으로 연지巳火와
巳酉합과 연간丁火의 酉金천을 귀인으로 전생 인연이나
윗대 조상이 점지하게 되는 띠로 辛酉생 닭띠를 응하게 된 것이다.
戊子년 32세 천간戊土 편재는 무방하나 지지 子水인수 운은
흉운으로 작용하게 되어 마음과 뜻대로 이루기가
어려움이 따르게 되겠다.

- 제가 소방공무원 시험에 응시하는데
  올해 소방공무원 시험에 합격되겠습니까?
- 올해는 소방공무원 시험에 합격하겠다고 말하기가 좀 어렵습니다.
- 포스코 건설에서 그만두고 열심히 공부하였는데
  작년에도 실수하여 떨어졌는데 언제 합격되겠습니까?

○ 내년(己丑년)은 연운이 길하므로 수도권이나
  영남지방에서 합격될 것으로 봅니다.
  열심히 공부하면 합격되겠습니다.
  노란 속옷을 입고가거나 노란 손수건을 가지고
  시험에 응시하면 합격에 도움이 될 것입니다.
  내년을 넘기지 않아야하겠습니다.
● 꼭 노란손수건을 가지고 가도록 하겠습니다.

합격 불합격을 분류하게 되면
1) 어느 정도 실력은 있으나 운이 부족하여 불합격하는 경우
2) 어느 정도 실력은 부족하나 운이 좋아서 합격하는 경우
3) 실력도 있고 운도 좋아 합격하는 경우
4) 실력도 없고 운도 없어서 불합격하는 경우
등으로 분류하여 본다.

본 사주는 내년 33세이지만 아직 辰土대운과 연운己丑년으로
대운과 연운이 길하므로 합격으로 추단하게 된 것이다.
癸卯대운과 壬寅대운은 水木火土로 상생하여
자영업하지 말고 직장생활로 안정된 운이 되겠다.
그러나 친구나 동료의 일에 연관되는 일은 없어야 하겠다.
본 사주 삼재인 亥子년에는 계약 업무 상사의 갈등과
말썽을 주의해야 한다.
가족 중에 화재와 질병을 주의해야 한다.
건강은 신경성 질병과 물혹을 특히 주의하며
상골, 디스크 역시 평생에 주의해야 한다.
앞으로 재물에는 어려움이 없을 것으로 예상한다.

13) 미혼, 사범대, 금전 길

戊 甲 甲 乙　여
辰 辰 申 巳

47　37　27　17　7
己　戊　丁　丙　乙
丑　子　亥　戌　酉

甲木일간 7월 출생으로 시간戊土 편재 격이다.
용신은 水인성과 편재격인 일시지辰土 편재를 길신으로 한다.
7월甲木으로 천간 丙丁火 식상과 庚辛金 관성이
길운으로 작용하며 지지 巳午火식상 辰土편재와
子水인수가 길운으로 작용하게 된다.
편재 격으로 甲木일간이 바라고 지향하는 바는
土재성 재산을 바라게 되며 木비겁은 주체성 연지巳火 식신은
배려하고 가르치는 직업인 교육자에 마음이 많이 가게 된다.
또한 辰土화개가 움직여 있으므로 보수적이며
재산 그리고 오래 된 옛 것과 종교에 관심이 많이 가게 된다.
따라서 옛 것을 좋아하며 보수적이면서 주체성이 강하고
흑백이 분명하고 합으로 이루어져 주위 사람과 융화를 잘하는 성격이다.
건강은 물혹(암)과 담석, 결석을 주의해야 한다.
월지申金 편관은 申巳합과 월간에 甲木비견이 개두하였다.
월지 申中庚金 편관 남자와 연지 巳中庚金 편관 남자는
본 사주의 남편이 되지 못하고 연 월간 甲木과 乙木의

남편이 되는 것으로 추단한다.
월지 申중庚金 편관 남자는 일지辰土와 申辰합과
연지巳火와 申巳합하고자 한다.
따라서 申金편관 남자는 甲木여자와 巳火자식있는 남자가 되며
한번 실패한 남자이거나 유부남이 된다.
己丑년 45세 현재까지 미혼으로 생활 중이다.
모든 사주를 감정 혹은 상담함에 있어서 용신은
두말할 필요 없이 가치가 높은 것이 사실이나
일간이 지향하고 바라는 바를 잘 찾아내어 통변 역시
잘해야 사주감정이나 상담을 잘하게 된다고 생각한다.
용신은 성패양단이며
각 육신의 길흉화복은 통변의 묘미에 있게 되는 것이다.
용신과 희신 그리고 기신의 운에 일간 외
각 육신의 길흉화복 또한 나타나게 되는 것이다.
용신과 희신 운이란 일간자신의 길한 작용은
육신과 종합적인 통변에 따라서 일어나게 되는 것이
용신과 희신 운이 되는 것이다.
기신 운 역시 일간자신의 흉한 작용은 육신과
종합적인 통변에 따라서 일어나는 것이 기신 운이 되는 것이다.
따라서 각각 육신의 용신은 있게 되는 것으로
일간의 용신 운이라도 각 육신의 길한 작용이 일어나는 것은 아니다.
용신 운이라도 길한 작용이 일어나지 않는 경우는
여러 가지 요인이 있겠으나 용신이 움직이고
내 것과 남의 것을 구별해야 한다고 생각한다.
남의 용신을 일간 나의 용신인양 잘못 판단하여 사주감정에

오류를 범한 일이 제법 있었다고 본 필자 자신은 생각한다.
일간이 지향하고 바라는 용신이 무엇인가가 중요하다고 본다.
사람마다 생각하고 바라는 바는 각자가 다른 것과 마찬가지로
그 사람이 원하고 있는 것을 이루게 되며 실제로
자기 스스로 편안하고 즐겁고 운이 좋다고 생각하게 되는 것이다.
따라서 본 필자는 일간의 용신만을 찾아서 대입하여
감정 혹은 통변상담이 전부가 아니라고 감히 말하고 싶다.
17세이전 乙酉대운에 乙木겁재 기신은 酉金에 좌하여
기신인 乙木겁재의 흉한 작용을 발휘할 수가 없으며
지지酉金 정관은 학생시기에 길한 작용을 하게 된다.
따라서 17세 이전 공부가 우수하게 되었다.
27세이전 丙戌대운에 연지巳火 식신 문창이 움직이고
丙火가 시간戊土 편재를 생하게 되어서 길하게 작용하게 된다.
그러나 戌土편재 대운은 일지辰土 길신을 辰戌충하면
辰중癸水 인수 길신이 타격을 받게 된다.
연지巳火 식신 제자와 巳戌귀문 원진하여
원하는 일이 마음과 뜻대로 되지 않게 된다.
27세이전 戌土대운은 기신 운으로
일간 자신이 바라는 교육자 길은 어려움이 있다.
월지申金 편관이 움직이지 않으므로
관직과 결혼에는 인연이 부족하게 된다.
申金편관 관직은 연 월간 甲乙木 친구의 관직이 되는 것이다.
따라서 자기보다 공부가 뒤떨어진 동기와 친구들은
巳火식신 제자들을 가르치는 교육자로 진출하게 되는 것이다.
그러나 공부가 우수한 본인은 교육자로 발령을 받지 못하여

교육자로 진출하지 못하게 되었다.
27세 丁亥대운 역시 천간丁火 상관은 戊土편재를 생하여
길하게 작용하나 辰중戊土 편재 길신이 대운지 亥水편인
절지에 임하게 된다.
연지巳火 식신 문창과 巳亥충하게 되고
巳火식신 제자 문창이 亥水편인 절지에 임하게 되어서
마음과 뜻대로 이루기가 어렵게 되었겠다.
亥대운은 월간甲木 비견이 움직여 수입이 부족하고
일지辰土와 辰亥원진 귀문하여 마음이 안정이 되지 않았을 것이다.
대운 亥水편인 학당으로 학문은 우수하나
원국의 巳火식신 제자를 충하여 제자가 없는 형국이 되었던 것이다.
丁亥대운은 마음의 갈등으로 안정되지 못하여
심적인 어려움을 많이 겪게 되었을 것이다.
그러나 37세이전 亥水편인 학당으로 출판업에 종사하게 되었겠다.
37세이후 戊子대운 편재가 움직이게 되어
직장생활로 안정을 찾게 되었겠다.
戊子대운은 辰土편재 길신이 움직이고
申子辰삼합 水국하여 壬水인성한다.
辰土재성 돈이 움직여 申金편관 관청과
水인성 문서가 합을 이루게 되어 47세 이전에
가옥을 매입하게 되는 시기이다.
다시 표현하면 辰土편재 돈이 나가서
申金편관 관청 문서를 만들어오게 되니 월지申金은 집이 되는 것이다.
따라서 시기는 戊子년 44세에 가옥을 매입하게 된다.
己丑년 45세 丑土정재가 甲木일간의 천귀이나 甲木일간은

丑土정재에 뿌리를 내릴 수가 없으며 천간己土는 火식상이
없으므로 군겁쟁재를 하게 되어 기신의 해가 된다.
따라서 己丑년 45세 부동산매입은 이익이 될 것 같으나
후회만 생기게 되고 손해만 있게 되니 현혹되지 않아야 한다.
친구나 지인 간으로 금전에 손재가 들어오니
동업, 보증, 금전대차를 않으면 손재는 따르지 않는다.
그러나 이성친구 간에 어려움이 따르므로 갈등을 느끼게 된다.
남자는 15己亥생 돼지띠, 12癸巳생 뱀띠,
71甲午생 말띠 중 인연이 될 것이다.
己亥생 돼지띠는 일간己土와 甲己합하고
亥水는 甲木일간의 장생으로 응하게 될 것이다.
그러나 巳亥충과 일시지 辰土와 辰亥원진으로
다투는 일이 있겠으며 오래 지속되지 않으며 길한 띠가 아니다.
癸巳생 뱀띠는 일지 辰중癸水가 움직이고 일지辰土와 辰巳합하고
월지申金 집안과 申巳합으로 癸巳생 뱀띠를 응하게 된 것이다.
甲午생 말띠는 남자가 좋아하고 본인 역시 길하게 작용하여
甲午생 말띠를 응하게 된 것이다.
종합적으로 판단하면 癸巳생 뱀띠나 甲午생 말띠 중에
인연이 있을 것으로 예상한다.
그러나 일시 양辰土 쌍 과숙이 움직여 있으며
일주甲辰 백호와 시주戊辰 백호이며 형을 이루어
남편과는 인연이 없을 것으로 예상 추단하게 된다.
따라서 가정생활을 하지 않는 것이 마음에
고통을 겪지 않을 것으로 예상한다.
46세 庚寅년에 월지申金 편관이 움직이게 되어

이성 간에 일이 생기겠으니 월지申金과 寅申충하고
월지申金 편관 망신 지살이 움직여 이성 간에
편안하지는 않으나 우려할 정도는 아니겠다.
직장에 갈등을 느끼게 되겠으며 마음에 새로운 변화가 일어나게 되겠다.
본인의 사고를 조심해야 하며 물혹(암)과 결석, 담석 수술이나
건강을 특히 주의해야 한다.
47세 이후 己丑대운은 본 사주가 금전에 알뜰한 사주이니
보증이나 금전대차, 과욕, 무리, 현혹만 되지 않으면
어려움이 없는 생활이 될 것으로 예상한다.
己丑대운 중에 변두리 생활이 길하며 상가나 오피스텔 등의
적은 수입이지만 고정수입을 만들게 될 것으로 예상한다.
돈은 땅에 묻어두면 길하겠으며
말년에 변두리 주택생활이 양생의 길이 되겠다.
일시에 화개 2개이면 고독하고 외로운 사주이니
말년에 자연 생활, 수양하면서 지내게 될 것으로 예상한다. 觀

14) 미용실 원장

壬 丙 甲 壬　여
辰 戌 辰 戌

39　29　19　9
庚　辛　壬　癸
子　丑　寅　卯

己丑년에 본 사주가 상담한 사주이다.
丙火일간 3월 출생으로 월지辰土 식신 격이 변하여 상관 격이 된다.
용신은 甲木편인으로 용신한다.
상관 격에 상관이 투출하지 않은 것이 다행이며
金재성이 없는 것이 최대 결점으로 나타나게 된다.
여명이 양 8통 사주이고 연월일주 전부 백호 살을 이루며
시주 壬辰괴강이고 4개의 辰戌 묘 고지가 전부 충으로 이루어져
고집과 자존심, 주장이 강하면서 남에게 뒤떨어지기를 싫어하는 성격이다.
丙火일간 3월 출생이나 4월 입하를 4일정도 남겨두고
辰시출생이며 식신태과로 식신이 상관으로 변하게 되어
제살태과 사주이다.
따라서 金재성이 없으므로 甲木편인으로 용신한다.
여명에 壬水편관 남편이 허약하고 金재성이 없으므로
壬水관성을 보호는 甲木편인이 용신이며 지지 金재성이
土왕신을 설기하여 壬水편관을 보호하게 되어 金재성이
길신으로 작용하게 된다.

천간 甲木용신으로 金재성이 기신이나 金재성이 기신으로
작용하지 않으며 水관성이 길운으로 작용하게 된다.
지지 金재성과 水관성이 길운으로 작용하게 된다.
일간丙火는 일지 戌중辛金 정재와 丙辛합하여
金재성을 바라고 원하게 되는 사주이다.
따라서 본 사주는 용신木 인성은 길하게 작용하겠지만
지지 金재성운이 제일 길운으로 작용하게 된다.
丙火일간 학문과 공부보다 금전에 관심과 집착이 많이 가는 사주이다.
직업은 지지 전부 화개를 이루어 예능계통에
소질이 있는 것으로 추단한다.
그러나 화개 예능에 큰 발전은 없겠으나
29세 辛金 대운 중에 직업에 발전이 따르게 되며
수입이 많아질 것으로 예상한다.
丑土상관 대운 중 37세에 남편과의 갈등과 풍파를 주의해야 하겠다.

○ 직업이 예능계통하고 있습니까?

● 미용실하고 있습니다.

19세 이전 癸卯대운 癸水정관이 卯木정인 도화와 동주하였다.
일지戌土 식신이 卯木정인 도화와 卯戌합하게 된다.
나의 식신戌土가 남자의 식신卯木 도화와 卯戌로 합하여
남자 친구로 인하여 공부가 되지를 아니하고 공부에 지장을 받았겠다.
본 사주에 壬水바다 역마가 있으므로 직업상
외국에 갔다 오게 되었던 사주로 추단한다.
19세 壬寅대운 중에 壬水는 바다요 寅木편인 지살 대운에

타향생활이며 해외에서 공부나 직업으로
외국생활 하였던 것으로 추단한다.

○ 외국에 나갔다 왔습니까?
● 예, 일본에 몇 년 있다가 왔습니다.

사주원국에서 壬水역마가 움직이고 있는데
대운 壬水역마가 다시 움직이게 된 원인이다.
그러나 寅午戌삼합 火국으로 이로운 운이 되지 아니하여
자기 스스로 발전을 적게 만들게 된다.
결혼은 늦게 하는 것이 이로우며 29세 이후
辛金대운이 되어야 성가도 하겠으며 직업의 발전으로
수입이 괜찮아 재산 축적이 된다.
결혼은 30세, 31세, 36세에 庚申생 원숭이띠나 1살 연하인
癸亥생 돼지띠, 戊午생 말띠 중에 성가할 것으로 예상 추단한다.
68癸亥생 돼지띠나 62庚申생 원숭이띠, 54戊午생 말띠 중에
남편 인연배필이 될 것으로 추단한다.
癸亥생 돼지띠는 辰중癸水 정관과 壬水편관 남편이
亥水 건록과 丙火일간 亥水편관 천을 귀인으로 1살 연하인
癸亥생 돼지띠를 응하게 된 것이다.
庚申생 원숭이띠는 壬水편관의 장생으로 庚申생 원숭이띠는
약한 壬水를 상생하므로 庚申생 원숭이띠를 응하게 된 것이다.
戊午생 말띠는 寅午戌삼합 궁합으로 戊午생 말띠를 응하게 된 것이다.
그러나 戊午생 말띠는 인연배필 띠로 맺지 않아야 될 것이다.
庚申생 원숭이띠는 본 사주의 재산을 만드는데 도움이 되고

남편으로 제일 길하게 작용하며 癸亥생 돼지띠 역시 길하게 작용하나
사주자체가 길한 띠를 만나기가 어려울 것으로 예상 추단한다.
사주팔자로 예상 추단하면 흉한 배필인연 띠인 동갑인
壬戌생 개띠가 나타나게 될 것으로 보나
壬戌생 개띠는 피하는 것이 좋겠다.
여명에 壬水편관 남편이 자좌辰土 묘지에 관성입묘이며
상관 태과로 남편의 액화나 풍파가 비치니 항상 주의해야 하겠다.
39세 庚子대운 역시 직업의 발전이며 재산가지고 안정된 생활이 되겠다.
직업과 금전에 좋은 운이라 하겠다.
그러나 庚子대운 중에 남편의 액화가 있을 것으로 예상하니
특히 주의해야 한다.
49세 己亥대운 역시 길운으로 어려움이 없는 사주라하겠다.
사주의 격은 좋지 않으나 대운의 흐름이 좋아 금전에는
어려움이 없으며 발전이 있다하겠다.
본 사주에 辰습土와 甲木이 없었다면 水관성운에
상관 견관하여 많은 어려움을 당할 수가 있는 것이다.
金재성운을 만났다면 부자로 살아갈 사주가 된다.
성명이나 상호에 金을 넣으면 도움이 되고 金씨, 辛씨,
申씨, 車씨 등의 성씨가 도움이 되어 배우자나 직원으로 길하다.
己丑년 28세 아랫사람(직원)으로 어려움이 따르나
수입에는 어려움 없이 무난하게 된다.
己丑년 올해 음력 7월, 8월부터 수입증대가 된다.
본 사주의 최대 결점은 남편의 결점이 있는 사주이므로
결혼 후에 남편의 건강과 사고를 특히 유의해야 할 것이다.

남편의 결점

1. 상관태과인 점
2. 관성입묘인 점
3. 관성의 묘지인 辰土를 辰戌충하여 개묘 한다는 점
4. 여명에 지지전부 화개이며 백호로 이루어진 점
5. 태 월 또한 乙未월로 도움이 되지 않는다는 점

따라서 본 사주 남편의 문제가 발생할 여지가 많으며
외롭고 고독한 사주로 추단하게 된다.
가능하면 자식은 많이 두지 않아야 액화를 면하게 되겠다.
(생자별부 격) 觀

다음은 본 사주 부친의 사주이다.

15) 水상, 午火대운 손재

庚 丁 癸 癸　남
子 丑 亥 巳

55　45　35　25　15　5
丁　戊　己　庚　辛　壬
巳　午　未　申　酉　戌

앞 사주가 부친을 상담한 사주이다.
丁火일간 10월에 亥子丑 水방국하고 연 월간에
양癸水 편관이 투출하여 癸水편관 격이다.
용신은 편관격인 水편관으로 용신한다.
丁火일간 왕신인 水상에 따르는 것이 편하게 된다.
金재성이 희신이 되며 태 월이 甲寅월로 水왕신을
설기하는 木인성 또한 길하게 작용한다.
火비겁과 土식상은 사주를 극전과 분란만 일으키게 된다.
따라서 火비겁과 土식상이 흉하게 작용한다.
편관 격으로 부지런하고 재물을 가지고자 하는
마음이 강하면서 알뜰한 성격을 가지고 있겠다.
평생에 보증, 금전대차, 동업은 절대하지 않아야
재산을 지킬 수가 있는 사주이다.
亥子丑 水방국에 癸水가 투출하여 망망대해 한가운데에
丁火등불을 켜놓고 있는 형상으로
고기를 잡는 어업에 종사하는 것으로 생각한다.

丁丑일주 백호와 겁각이 움직여 있으며
역마 지살이 巳亥충으로 사고와 상골을 주의해야 하겠다.
처는 19乙未생 양띠, 44庚子생 쥐띠 중에 처 인연배필이다.
추명학으로 丁火일간 뿌리가 없으므로
丁火의 건록인 午火를 응하여
甲午생 말띠가 인연배필이 되었다.
본 사주는 본 필자의 방법으로 처 인연을 찾게 되면
오류가 나타나게 되는 사주이다.
부부 인연 띠는 남자사주에서 해당 띠를 만나지 못하면
여자사주에서 남편의 해당 띠를 만나게 되는 것을
종종 있게 되는 것을 경험하게 되었다.
부부 양쪽 다 인연 띠를 만나는 경우가 있게 되고
어느 한쪽에서나마 인연 띠를 만나게 되는
경우를 종종 경험하게 되었다.
본 사주는 甲午생 말띠 처가
본 사주 인연 띠를 만나게 되었다.
15세부터 辛酉대운 용신 水상에 부합하여 아름다움이
있어서 원하는 학교를 진학하게 되었겠다.
25세부터 庚申대운 역시 水상에 적합하여 직장생활과
성가함에 어려움이 없고 아름다움이 많아 재산의 축적이다.
35세부터 己未대운은 대운천간 己土식신은 일지丑土 식신의
움직임이며 庚金정재가 생으로 받아주어서 무난하며
재산의 축적으로 추단 통변한다.
대운지지 未土식신은 일지丑土와 丑未충으로 일지丑土가
움직여 시간庚金 정재를 생하여 외국으로

활동이 되겠으며 붕 충으로 큰 화는 당하지 않으나
丑土겁각을 충하여 움직여 신체상의 손상은
따랐던 것으로 추단한다.
45세부터 戊午대운은 겁재가 움직이고
水용신에 戊土상관이 癸水용신을 戊癸합하여
직업상에 발전이 적으므로 사업에 어려움을 당하였겠다.
대운지지 午火비견은 癸水편관격 용신이 午火비견 절지에
임하고 용신癸水 편관의 뿌리인 시지子水와 子午충한다.
따라서 戊午대운은 기신 운으로 친구나 아랫사람으로
관재구설 및 손재가 따르게 된다.
따라서 56세 이전까지 戊午기신 운으로 관재 및
재산상 손재가 따르게 되어 어려움이 있었던 것으로 추단한다.
己丑년 현재 57세 丁巳대운 火비겁 운으로 들어와 水용신괴
극과충이 일어나게 되어 손재와 구설이 많을 것으로 생각한다.
따라서 친구나 동료로 어려움이 많을 것으로 생각하니
보증, 금전대차 동업은 절대하지 않아야 할 것이다.
己丑년 57세 올해 중 7월 이후에 어려움은 조금 해결될 수가
있을 것으로 생각한다.

● 아버지의 운이 그렇게 좋지 못합니까?
○ 50세 이후로 큰 불상사 없는 것이 다행으로 생각해야 될 정도로
  운이 좋지를 못합니다.
● 법원에 소송이 걸려 있는데 어떻게 잘 해결되지도 않겠습니까?
○ 운이 나빠서 좋게는 말을 할 수가 없으나 어떻게 소송을 당하였습니까?
● 아버지 사업체 사업자등록을 엄마 앞으로 해서
  엄마재산에 소송이 걸리게 되었습니다.

○ 부친의 운이 나쁜 중에 모친까지 재산상 피해를 보게 될 것 같습니다.

● 잘 해결될 방법이 없겠습니까?

○ 부친이 무슨 사업을 하였습니까?

● 배 사업을 하였습니다.

○ 모친의 사주를 보아야 하겠습니다.

부친은 신체상에 상골이 있었을 것으로 생각한다.
57세 己丑년에 본 사주가 건강을 특히 주의해야 하겠다.
55세 丁巳 대운과 65세 丙辰 대운은 악운이 된다.
따라서 55세 丁巳 대운이나 65세 丙辰 대운은 水용신에서
丁丙 火재성에 쟁재가 붙게 되고 왕신 水용신이 辰土에 입묘하게 된다.
丁巳대운 丙辰대운 중 연운에 따라 일간丁火 촛불이
깜빡이게 될 것으로 예상 추단한다.
사주 중에 어느 한 오행의 쟁재와 오행왕신이 입묘하게 되는
운은 최 흉운으로 본 필자는 보게 된다.
사주 어느 한 오행육신이 극 왕하면 병이 된다. 觀

다음은 본 사주 처의 사주이다. (상담자 모친)

16) 庚대운 관재 및 손재

戊 辛 丙 甲　여
戌 丑 寅 午

53　43　33　23　13　3
庚　辛　壬　癸　甲　乙
申　酉　戌　亥　子　丑

辛金일간 1월 출생으로 월지 寅중甲木 투출하여 정재 격이다.
용신은 월간丙火 정관으로 용신한다.
辛金일간 1월에 寅午戌삼합 火국하여 월간에
丙火정관이 투출하여 조후의 역할은 살하고 있다.
시간戊土 인수가 투출하여 甲木정재로 용신하려하였으나
월간丙火 정관이 일간辛金과 丙辛합하고 丙火정관의
뿌리가 튼튼하며 여명에 월간丙火 정관으로 용신한다.
성격은 외강내유의 성격을 소유하고 있으며
가족간에 융화를 잘하며 보수적인 성격으로 추단한다.
午寅丑戌 지지 전부 움직이고 있으므로
각 육신의 길흉역할은 제대로 활동하고 있게 된다.
희신 甲木정재의 뿌리인 월지寅木 정재가 겁살과
동주하여 움직이고 있는 것이 거슬리게 된다.
따라서 기신대운이나 기신세운에 따라서 외부나
다른 사람에 의하여 재산상 손실이 따르게 되는 것이
결점으로 나타난다.

재산은 丙火정관 남편이 寅木에 좌하여 일간辛金과
丙辛합하여 좋게는 보이나 寅중甲木 정재는
일지丑土와 丑寅합하여 껄끄러운 일지丑土에
뿌리를 내리고자 한다.
또한 월지寅木 정재는 연지午火와 寅午로 합하여
연지午火 사지로 들어가려한다.
따라서 寅木정재 재산 천을 귀인은 火관성 남편으로
인하여 재산에 손재가 암시되어 있다하겠다.
木재성이 길신이지만 사주원국에서 운이 나쁠 시에
재산상 손실이 일어나게 되는 것이다.
가족은 친정이나 시가 가까운 가족 중에 자살, 화상,
암으로 좋지 못하게 돌아가신 분이 있을 것으로 추단한다.
남편은 62癸巳생 뱀띠, 99乙未생 양띠 중에 남편 인연배필이다.
癸巳생 뱀띠는 연 월지 寅午중丙火 정관이 일간辛金과
丙辛합하여 뱀띠를 응하고 巳丑합하면 일지 丑중癸水
식신 마음은 巳중戊土 남자의 식신 마음과 戊癸합하여
각자 바람이 일어나게 되어 만나자마자
서로 좋아하고 마음이 가게 된다.
따라서 巳火와 癸水를 응하면 癸巳생 뱀띠 남편이 인연배필이다.
乙未생 양띠는 午未합으로 乙未생 양띠를 응하게 될 것이다.
48세 이후 대운지지 酉金비견 운은 기신 운으로
辛酉대운부터 어려움을 당하게 된다.
丙火남편이 대운지지 酉金사지에 임하며
寅酉원진으로 寅木정재 재산상 손실이
따르게 되었던 것으로 생각한다.

53세 이후 庚金겁재 기신 망신 운에 월간甲木 정재를
甲庚충하여 재산에 관재구설로 어려움을 당하게 된다.
2008년 戊子년은 월주丙寅 가옥과
회오리바람이 불게 되며 월지寅木 정재 겁살과
戊土인성이 움직이게 된다.
丙火정관 남편의 묘 고지인 戌土인수가 움직여
남편으로 인한 관재구설이 된다.
따라서 자신이 만든 것이 아닌 본 사주 남편의 잘못으로
집문서에 관재를 당하여 빼앗기게 된다.
己丑년 丑土편인 기신이 움직이게 되며 복음으로
문서와 재산으로 인한 관재의 어려움은 해결되기가 어렵겠다.
남편과 본 사주를 보면 재산상 손실은 당하게 되겠다.
본 사주와 앞의 남편 사주를 종합하여 예상 추단하면
申金대운이나 己未대운 중 연운에 따라 본인이나
남편의 액화는 일어날 것으로 예상한다.
재산손실만으로 가족에는 액이 미치지 않기를 기원한다.
역술인 중에 수명을 운운하면 흔히들 천기누설로
화를 당하게 된다고 한다.
세상천지 모든 만물이 오고자한다고 오는 것이 아니며
가고자한다고 가는 것이 아니니 오는 것은 전생인연 따라 오게 되며
가는 것 또한 타고난 사주팔자 운명 따라 가는 것이다.
오는 것은 전생인연 따라 순서가 있으나
가는 것은 순서가 없는 것이니
이 세상사는 동안 복과 선업을 지으면
먼저 가고 나중 가고를 뭐 그리 집착하고 연연 하겠는가. 觀

17) 아들 무, 교사남편 바람, 가출 이혼 원

```
辛 甲 庚 辛    여
未 辰 寅 卯
   寅卯   午未
```

```
51  41  31  21  11   1
丙  乙  甲  癸  壬  辛
申  未  午  巳  辰  卯
```

己丑년 3월 시외에서 온 손님이다.
甲木일간 1월 출생으로 월지寅木 건록 격이다.
용신은 월지 寅중丙火 식신으로 용신한다.
甲木일간 寅월 출생으로 寅卯辰 木방국을 이루고
卯未합으로 곡직인수 격이 되려다
연 월 시간에 庚辛金 관살이 투출하여
곡직인수 파격이 되었다.
일반적으로 격으로 성격하려다 파격이 되면 파격을 만든
육신의 덕은 없게 되는 것을 본 필자는 여러 번 경험하였다.
甲木일간 천간 水인성과 火식상운이 길운으로 작용하며
지지 火식상이 길운으로 작용하게 된다.
성격은 寅卯辰 木방국을 이루고 甲辰일주 백호로
고집과 자존심, 주장이 강하면서 火식상의 배설구가
없으므로 이해심이 적으며 외유내강의 성격이다.
건강은 寅卯辰 木방국으로 풍과 폐 대장 상골을 주의해야 한다.

남편은 寅卯辰 木방합하여 辛金정관을 남편으로 한다.
연간辛金 정관 남편은 卯木도화 재살에 좌하였으며
천간에 庚辛金 관살혼잡이며 寅卯와 午未공망으로
연월시간 庚辛金 관살이 모두 공망에 좌하였다.
관살혼잡으로 남자가 많은 것 같으나 실제 나의 남편은
없는 것과 같은 형상을 하고 있으며 남편의 덕이 없게 된다.
또한 여성사주로서는 건록과 양인에 寅卯辰 木방합하여
甲木일간이 너무 강하다.
따라서 남편과의 갈등은 내포되어 있는 사주라하겠다.
자식은 未중丁火가 아들이 되겠으며 寅중丙火가 딸이 되겠다.
시지未土가 공망 되고 일주甲辰과 시지辛未가
회오리바람이 일어나게 되어 未중丁火 아들이 없는 것으로 추단하게 된다.
월지寅木이 공망이 되나 寅卯辰 木방국하여 공망의 역할이
해소되었으므로 寅중丙火 딸은 있게 된다.
31세甲午 대운부터 10년간 남방火 길운을 만나서
즐겁고 안정된 생활이 되었겠다.
41세 乙未대운 몇 년 간에 아름다움이 적었을 것으로
추단하며 남편 역시 지체됨이 있었겠다.
辛金남편이 좌한 연지卯木 도화가 움직이게 되어
辛金남편의 편재 卯木도화 유부녀를 만났을 것으로 추단한다.
월지방안 寅木과 寅未귀문을 하게 되어 집안에서
본 사주와 남편과는 짜증스럽고 시끄러운 대운으로 추단한다.
辛金남편의 卯木재물과 여자가 도화 장성과
재살이 움직이게 되어 남편의 여자관계나
금전관계로 직장문제가 생기게 된다.

그러나 본인은 자영업만 하지 않았으면 큰 어려움은 당하지 않았겠다.
51세 丙申대운 丙火식신은 자기 자신한테는
길하게 작용하나 천간 庚辛金과 극전이 일어나며
대운 申金편관 겁살과 지살이 월지寅木 집안을
寅申충하고 卯申귀문하여 남편의 여자문제나
돈 문제로 남편과 갈등 풍파가 있었을 것으로 추단한다.
申金대운부터 길운이 전무하다하겠다.
丙申대운이 아닌 丙午대운이었다면 관살혼잡인 연간辛金을
잡아주어 남편과 어려움은 없었을 것이다.
61세 丁酉대운 역시 길운이 아니므로 수분하고 자중해야
건강과 풍파를 적게 겪는 방법이라 하겠다.
연주辛卯와 시주辛未 현침이 합으로 인하여
자식 중 병원에 직업을 가지게 된다.
친정모친이 본인 이십오륙 세 이전에 돌아가셨을 것으로 생각한다.
己丑년 59세 남편의 구설 또는 사고가 따르게 되는 해이니
남편으로 마음고생이 있을 수가 있겠다.

- 남편으로 갈등과 시끄럽겠다고 하던데
  남편과 이혼하려하는데 이혼이 되겠습니까?
○ 남편이 바람을 피웠습니까?
- 10년 전에 여자문제로 직장인 학교까지 말썽이 생겨
  학교도 그만두고 지금까지 여자만 만나고 나한테는 폭언만 일삼고
  생활비도 주지 않아서 도저히 살 수가 없어
  2년 전에 집을 나와서 시집 안 간 딸과 함께 있습니다.
○ 지금 나이도 있고 하니 웬만하면 이혼은 하지 마십시오.
- 십 몇 년 동안 나를 못살게 애만 먹이고 자기 정신이 아닌 것 같은데

어떻게 살 수가 있겠습니까?

- 연지卯木이 움직이고 월지와 寅未귀문으로 인하여
  남편 본 마음이 아니게 여자문제가 발생되는 것이다.

○ 가정이 있는 가정주부를 만나고 있습니까?
● 자식 남편이 다 있으면서 둘이 좋아서 미쳐 있습니다.

- 연간 辛金정관 남편은 卯木도화 여자에 좌하였기 때문에
  유부녀이며 유흥가 여자가 되는 것이다.

○ 본인 운이 좋지 못하여 이혼하지 말고 자식 의지하고 사는 것이
  좋겠습니다.
  따님이 병원에 근무하고 있습니까?
● 큰 딸은 간호원이고 작은 딸은 의사 인턴중입니다.
○ 그래도 딸 두 명은 공부를 잘 시켰네요.
  남편이 범띠입니까?
● 예, 1살 많은 범띠입니다.

65庚寅생 범띠가 남편 인연배필이다.
연주辛卯와 월주庚寅 시주辛未가 공망이 되어
연월 시간 庚辛金 관살은 공망이다.
관살혼잡이지만 지지 공망으로 인하여
월지 집 방안인 庚寅생 범띠를 응하게 된 것이다.

다음 사주는 본 사주 남편의 사주이다.

18) 여자 문제로 직장 사퇴

丙 戊 癸 庚　남
辰 午 未 寅

　子丑　　午未

56　46　36　26　16　6
己　戊　丁　丙　乙　甲
丑　子　亥　戌　酉　申

戊土일간 6월 출생으로 일지午중 丙火편인
투출하고 火기가 강하여 편인 격이다.
용신은 木관성으로 용신한다.
성격은 일지 午중丙火 편인이 시간에 투출하여
학문을 추구하며 성질이 급하고 즐거움과 기쁨을 추구하는 성격이다.
戊土일간 6월에 木관성을 익히고 庚金열매를 여물게 하는
火인성이 요구되므로 시간丙火가 희 신으로 작용하게 된다.
통상적인 조후 용신으로 水재성이 필요하나 대서절기에
많은 水재성은 필요하지 않는 것이 자연의 이치가 되므로
많은 水인성은 필요하지 않는다고 본다.
6월에는 만물이 익어 성숙되는 시기이므로
많은 비가 내리면 만물이 익어 가는데 지장을 초래하게 된다.
7월이 되면 열매를 맺는 시기로 열매를 여물게 해야 하며
8월이 되면 열매가 축소되어서 씨앗으로 변하는 시기이며
9월이 되면 씨앗이 땅으로 떨어지는 시기이다.

따라서 甲木은 9월에 12운성으로 양지라 명명하여
붙이게 되며 火는 9월에 묘지라 명명하여 붙이게 되는 것이다.
앞전에 출판된 본 필자의 저서인 〈추명명리학〉 강의에
각각의 천간과 각각의 지지에 대한 설명은 되어있으니
참고하면 될 것으로 생각한다.
사람의 사주팔자 역시 소우주로서 자연의 이치와
생활의 이치를 벗어날 수가 없는 것으로 생각한다.
앞전에 출판된 본 필자의 저서인 〈핵심통변 상담실례〉에서
언급하였지만 격국용신 억부용신 조후용신 병약용신 통관용신
전왕용신 외에 많은 용신 법이 있으나 자연용신과 생활용신
기운용신을 추가해야 한다고 이야기한바가 있으며
또한 사주팔자의 용신은 성패양단이며
통변은 사주팔자의 길흉화복을 찾아내는 것으로
설명되어 있으니 참고하면 될 것으로 생각한다.
본 필자의 경험에 의하게 되면 자연용신과 생활용신의
확률이 높으며 용신과 통변이 대단히 중요하며
사주상담 및 감정의 궁극적인 목표라고 생각한다.
처는 일지午火와 월지未土가 합하고 일간戊土와
월간癸水가 합한 월간 癸水정재가 처가 된다.
처는 93辛卯생 토끼띠가 처로 인연배필이다.
癸水정재가 있는 월지未土와 卯未합으로
辛卯생 토끼띠를 응하게 된 것이다.
월간癸水 처는 재살태과이고 월지未土 자좌 묘지에
앉았으며 寅未귀문을 놓았고 시지辰土 고지가 움직이었다.
따라서 본 사주 처는 까다롭고 신경이 예민하다.

26세 丙戌대운 중에 火인성의 움직임으로 교직자로
진출하였겠으며 결혼하여 안정된 생활로 추단한다.
그러나 火인성 학문은 갖추었겠으나 庚金식상 제자가 약하다.
庚金식상 제자와 寅木편관 관직이 동주하여
일지午火와 寅午합으로 교직자는 맞으나
평생 교직생활은 어렵겠다.
36세 丁亥대운은 연지寅木 편관 용신과 寅亥합으로
교육가로 직무에 충실하고 진급하여 편안한 생활로
추단하게 된다.
46세 戊子대운에 寅木편관과 辰土비견이 움직이게 된다.
대운子水 정재가 일지午火 인수를 子午충하고
癸水정재 처가 좌한 월지未土와 子未원진하여
처와 갈등이며 여자와 금전문제로 명예손상,
직장문제가 따르게 되는 것이다.
56세 己丑대운부터 처의 건강이 좋지 못하겠으며
처와 갈등으로 어려움과 본인의 관재구설로
고통이 따르게 되며 명예손상을 유의해야 한다.
앞의 처 운이 흉운이므로 처의 불상사가 염려된다.
丑土겁재 대운부터 길운이 아니므로 어려움을 당하게 되겠다.
자식 중에 딸은 丙辰백호 중에 乙木딸이 되므로
본 사주 역시 자식은 의사나 간호원 예능하게 된다.
연지寅중 甲木아들은 연간庚金이 개두하여
극하게 되므로 아들 두기가 어려울 것으로 볼 수가 있으나
寅木아들이 시지辰土에 뿌리내리게 되므로
본 사주는 아들이 없는 사주로 볼 수가 없다.

19) 경찰공무원 합격 불가능

```
癸 戊 乙 丁   남
丑 寅 巳 巳
        子丑
```

```
45  35  25  15   5
庚   辛   壬   癸   甲
子   丑   寅   卯   辰
```

己丑년 3월 본 사주 모친이 상담한 사주이다.
戊土일간 4월 출생으로 월지巳火 건록 격이며 건록용재 격이다.
용신은 시간癸水 정재를 용신한다.
4월에 戊土일간은 水재성으로 조후하고
木관성을 키워야 가을에 수확을 할 수가 있게 되는 것이다.
따라서 水재성을 필요하나 癸水가 허약하다.
태 월이 전년도 酉월 절기로 巳酉丑삼합 金국하여
水재성을 도우므로 水재성으로 용신한다.
金식상 운이 최 길운으로 35세 辛丑대운 이후
재산과 사업에는 발전이 많을 것이다.
戊土일간 월지 건록으로 일지寅木 편관과 寅巳형하며
일지寅木 편관과 월지巳火 편인 건록이 자기 자신으로
움직이므로 생살지권인 경찰관에 인연을 두고자 하는 것이다.
운이 길할 경우에 생살지권 계통에 인연을 가지게 되겠으나
운이 부족 할 시에는 무역, 유통업, 영업 등의 직업이 된다.

따라서 본 사주 35세까지 寅卯辰 木운으로
운이 부족한 중에 戊土일간 자신은 木관성을 바라게 된다.
그러나 길운이 아니므로 직장이 어려웠을 것으로 추단한다.
水기본머리가 부족하여 공부가 뛰어난 사주는 아니다.

● 아들이 경찰공무원 하겠다고 지금까지 공부만하고 있습니다.
  시험에 합격이 되겠습니까?
○ 제가 합격하겠다고 말해주면 좋겠지만 운이 부족하고
  공부도 열심히 하지 않은 것 같아서 합격하겠다고 말을 하지 못하겠습니다.
● 선생님 말이 맞는 것 같습니다.
  몇 번이나 떨어져도 경찰시험만 본다고 하는데
  제가 볼 적에도 실력이 안 되는 것 같아서 답답하여 죽겠습니다.
  어떻게 하면 좋겠습니까?
○ 상대를 졸업하였으니 무역회사에 취직하면 좋겠습니다.
● 상대를 졸업했습니다. 올해 취직이 되겠습니까?
○ 올해 7월, 8월경에 수도권에 취직이 될 것입니다.
● 부산에 취직이 되면 좋겠는데
○ 아드님은 서울 쪽에 인연이 좋습니다.

戊土일간 시간癸水 정재와 戊癸합하고
시지丑土와 丑寅으로 합하여 재물에 집착이 있겠으며
여자에 대한 집착 또한 많게 된다.
결혼은 35세에 辛酉생 닭띠나 壬戌생 개띠 중에
결혼할 것으로 예상 추단한다.
처는 69壬戌생 개띠, 51辛酉생 닭띠가 처 인연배필로 예상한다.

寅木대운 중에 결혼하면 壬戌생 개띠 처가 될 것으로 예상한다.
壬戌생 개띠는 巳戌원진으로 좋은 띠는 아니나
배필인연으로 들어올 것으로 예상한다.
그러나 壬戌생 개띠는 서로 다투고 시기하고 원망하게 된다.
辛酉생 닭띠는 巳酉丑합에 酉金을 응하게 되며
壬戌생 개띠보다 인연이 더 좋은 띠가 된다.
辛丑대운에 결혼하면 辛酉생 닭띠 처로 예상한다.
辛酉생 닭띠는 재산보관 그릇이 되어 생활에 안정이다.

● 펄떡 뛰면서 아들이 닭띠 아가씨하고 연애하고 있는데
  닭띠 아가씨하고는 절대 결혼시킬 수가 없습니다.
○ 현재 사귀고 있는 아가씨가 아니더라도
  닭띠 중에 처 인연 배필이 될 것으로 생각합니다.

연주에서 子丑공망으로 시주癸丑의 水氣가 공망 고갈되어
여름에 일지甲木 편관이 시들고 마르게 되어서
관직에 인연이 부족한 사주이다.
모친인 월지巳火 편인이 酉金과 巳酉丑으로
巳火모친이 酉金 사지에 들어가는 것이 싫게 된다.
따라서 닭띠와 결혼 후에 모친과 불화, 액화가 없기를 바란다.

20) 보증으로 재산 손실, 아들 무

```
庚 己 己 癸   여
午 卯 未 巳
       午未
```

```
54  44  34  24  14  4
乙  甲  癸  壬  辛  庚
丑  子  亥  戌  酉  申
```

己丑년에 귀부인 티가 나는 본 사주가 상담한 사주이다.
己土일간 6월 출생으로 巳午未방합한 인성 격이다.
용신은 태 월이 전년도 10월亥월로서
여명에 일지卯木 편관으로 용신한다.
6월에 己土일간 土비견과 火인성으로 신왕하여
여명에 木관성을 용신하며 지지전부 난조하나
태 월이 전년도 10월(亥)에 해당하여
水재성을 길하게 작용하는 사주가 된다.
재산관계는 월지 未중己土와
시지 午중己土 비견이 월간에 투출하였다.
따라서 평생에 보증 금전대차 동업은 하지 않아야
재산의 손실을 적게 보겠으며 재산을 지키는 데
많은 노력이 필요한 사주이다.
연간癸水 편재 돈은 연지 巳중戊土 겁재와 戊癸합하고
월간己土 비견이 土극水하여 빼앗기게 되므로

癸水편재는 남의 돈이 되기 때문에
보증 금전대차는 절대하지 않아야 한다.
가족문제는 연간癸水 편재 시어머니는
첫 남편과 풍파가 있었던 후에 재혼하여
다른 가문으로 시집갔던 것으로 추단한다.
戌土대운 35세 이전에 시어머니의 액화가 있었던 것으로 추단한다.
또한 친정부친 역시 35세 이전에 사별의 기운으로 추단한다.
건강은 디스크, 신장, 방광, 위장 질환(위하수)을 주의해야 한다.
자식은 시주 공망에 火기 충천하여
시간庚金 상관 아들을 극하기 때문에 아들이 없는 사주이다.
34세 이전 戌土겁재 대운은 卯戌합하고
卯木편관이 戌土에 입묘되고 卯木고인 월지未土를 戌未형한다.
따라서 남편의 바람이나 남편의 사고, 관재,
불상사가 있었던 것으로 추단한다.
35세 癸亥대운 水재성운에 용신 木관성을 상생하여
남편사업 직업발전이며 본 사주 또한 재성 운으로 직업을
가졌을 것으로 추단한다.
따라서 본인과 남편의 발전으로 재산을 가지게 되어서
최길 운으로 추단한다.
희 용신의 운으로 안과 밖으로 즐거운 생활이다.
45세 甲木정관 대운 역시 남편의 활동이 왕성하였겠다.
그러나 子水편재 대운은 앞 亥水정재 대운과는
많은 차이가 있게 된다.
子水편재 대운은 癸水용신이 子水건록에 뿌리를 얻게 되지만
시지午火 편인과 子午충하고 일지卯木 편관과

子卯형하여 己卯일주와 곤랑도화를 이루고
己土일간이 절지에 임하게 된다.
따라서 문서와 돈으로 재산손실이나
건강에 이상이 있었던 것으로 추단한다.
시지午火를 子午충하면 火기가 폭발하여
시간 庚金자식을 극하게 되어 자식의 액화나 근심으로 추단한다.
따라서 아들이 없는 사주로 추단한다.
남편은 103壬辰생 용띠를 남편으로 추단한다.
壬辰생 용띠는 관성과 인성의 진신과 퇴신이며
卯辰巳午未로 순차적으로 돌아가게 되므로
壬辰생 용띠를 응하게 된 것이다.
55세 乙丑대운 길한 운은 아니나
본인의 적은 수입으로 만족해야 하겠다.

○ 50후에 보증이나 금전대차로 손해를 보았던 것으로
  보이는데 손재가 있었습니까?
● 51살, 52살에 전에 보증을 잘못하여 10억 이상 재산이 없어져
  지금은 아무 것도 없는 상태입니다.
○ 본인 사주에 보증 금전대차를 주의하라 하였는데
  본인 사주에 손재 운이 있기 때문에 잃게 된 것입니다.
  너무 많은 돈을 잃었지만 돈을 잃지 않았으면 본인이나
  남편, 자식 중에 건강이나 수명에 크게 지장을 받았을 것으로 생각합니다.
  전에 장사를 하였습니까?
● 남편이 공직에서 퇴직하기 전에 나는 의류점하여 돈을 좀 많이 벌었습니다.
  지금은 생선가게를 하고 있는데 잘되지 않아서 넘기고
  구포나 덕천동에서 장사를 하려하는데 옮기는 것이 좋겠습니까?

○ 본인은 북구가 길하고 구포나 덕천동은 길한 지역이므로
  옮기는 것이 좋겠습니다.
  올해 57살, 음력 8월이 되면 옮기는데 무리가 없겠으며
  이후로 수입은 무난할 것입니다.
  지금부터 아저씨보다 본인이 수입을 만들어야하겠습니다.
● 아저씨 건강이 조금 좋지를 못한데 괜찮겠습니까?
○ 아저씨보다 본인 건강을 주의해야 하겠습니다.
  아들이 없는 것으로 보이는데 아들이 없습니까?
● 없습니다.
○ 친정부친과 시어머니는 이야기를 하였는데 어떻습니까?
● 선생님이 말한 그대로입니다.
  시집가고 얼마 안 있다가 시어머니 돌아가시고
  친정 아버지도 일찍 돌아가셨습니다.
○ 운이 부족하여 전에 많이 가졌던 때는 생각하지 말고
  적은 가운데 만족하는 것이 좋겠습니다.
● 지금은 욕심 안내고 마음 비우고 살고 있습니다.

壬午년과 癸未년은 본 사주에 土비겁 기신이
태과한데 또 다시 비겁 운이며 壬癸재성은 지지비겁을
달고 왔으므로 보증으로 돈을 잃게 되었던 것이다.
癸未년은 월지 未土비견이 움직여 癸水편재를 쟁재 탈재하게 된다.
壬午년은 시지午火 편인문서가 움직이고 壬水정재는
쟁재 탈재가 되며 대운 子水편재와 子午충한다.
따라서 보증은 壬午년에 이루어지고
경매는 癸未년에 이루어지게 된 것으로 추단한다.
대운마저 子水재성 대운으로 불리한 가운데

연운마저 흉운에 당하게 된 것이다.
다 그런 것은 아니지만 본 사주는 희 신인 亥水와
子水의 대입 통변에 차이가 나타나게 된다.
6월에는 많은 水재성을 원하지 않게 되며
亥水는 亥卯未삼합으로 본인이나 남편의 발전이 되나
子水는 子卯형과 子午충하게 되어
대입 통변에는 차이가 나게 된다. 觀

21) 미혼, 용신 및 통변

甲 辛 乙 甲　남
午 未 亥 寅

44　34　24　14　4
庚　己　戊　丁　丙
辰　卯　寅　丑　子

본 사주는 여성분(혜당)이 철학관하고 있으면서 소개받아
본 필자에게 재수강 중에 주위의 사람을 풀이하게 된 사주이다.
辛金일간 10월 출생으로 金水상관 격에서 상관생재 격으로
木재성 천 월덕 귀인과 천을 귀인으로 木재성 귀인 격이다.
용신은 火관성으로 용신하며 희 신은 土인성과 木재성으로
길신 한다.
火관성 용신은 왕신인 木재성을 설기시키고
10월에 조후용신으로 木재성이 火관성을 좋아하기 때문이며
오행의 기세는 시지午火에 모이게 되어 火관성이 용신이다.
천간 丙火정관 운은 木재성을 조후하고 木재성을
보존 할 수가 있기 때문에 丁火편관 보다 길하게 작용한다.
겨울 사木의 丁火편관 작용은 庚金겁재가 대운 세운에
대동해야 벽갑 인정으로 길하게 작용하게 된다.
土인성은 왕신木이 뿌리를 내릴 흙이 부족하기 때문에
土인성을 희 신으로 삼게 되며 사주중화를 이루게 된다.
지지 戌土 未土 辰土 인성은 길하게 작용하며

丑土는 10월 겨울에 木이 凍(동)土인 丑土편인을
원하지 않기 때문에 丑土는 길하게 작용하지 않는 것으로
판단한다.
일반적으로 10월에 辛金일간이 木이 왕하고
일지未土 편인이 亥卯未삼합 木국으로
木의 극을 당하여서 木종재격으로 볼 수가 있겠다.
木재성 종재 격으로 보아도 10월에 木재성이 왕하고
木재성이 왕신이므로 火관성으로 설기하는 것이
이롭게 작용한다.
10월에 木종재격 역시 土에 뿌리를 내려야
木이 자랄 수가 있게 된다.
따라서 두 가지 이론으로 종합하면 火관성운과 土인성운이
최 길운으로 작용하며 木재성 역시 길운으로 작용한다.
천간은 庚辛金 비겁이 흉운으로 작용하며 지지 子水식신과
申酉비겁 丑土편인이 흉하게 작용하게 되는 것으로 판단한다.
직업은 일반직종인 토건 전기 전자가 길하며 병원직종인
방사선 임상병리 원무행정에 인연이 좋은 것으로 추단한다.
그러나 24세 이전 丙子와 丁丑대운으로
간지의 길흉이 상반되게 흘러와서 학창시기에
공부가 잘 안 되었던 대운으로 판단한다.
사주에서 甲寅재성이 먼저 나타나고 土인성은
木재성의 극을 당하여 학마 재가 작용하게 된다.
따라서 공부보다 돈과 여자에 먼저 마음이 가게 된다.
용신과 희 신이 연월일시에 있으므로
조상과 부모 자식의 덕과 중년 이후로 발전이 되겠다.

24세 이후 戊寅대운은 연지甲木 정재 천을 귀인이 움직이게
되므로 여자가 따르게 되고 이성관계가 많게 되며
헤어지는 일 또한 많게 되는 대운이다.
그러나 戊寅대운 중에 결혼 할 상대를 만나지 못하게 되었다.
34세 己卯대운 일지未土 편인이 움직이고 배우자궁으로
卯木편재 도화가 亥卯未삼합으로 들어오게 되고
정 편재가 혼잡한 중에 대운己土가 甲木을 甲己합한다.
따라서 하나의 甲木정재를 제거하므로 결혼으로 추단한다.
결혼은 己卯대운 중에 36세 己丑년, 37세 庚寅년 중에
결혼할 것으로 예상 추단한다.
27乙卯생 토끼띠, 51壬子생 쥐띠 중에 처 인연배필이 될 것이다.
乙卯생 토끼띠가 더 길하고 2살 연상인 壬子생 쥐띠는
상대가 본인을 좋아하나 피하는 것이 좋겠다.
처의 직업은 예능계통 교사나 병원에 종사하는 처를 구하면 길하다.
44세 庚辰대운 중에 辰土정인이 길하게 작용하므로
자영업으로 진출하여 사업발전이 크겠으며
안정된 생활이 될 것으로 추단한다.
43세, 44세 삼재 중에 보증 금전대차 동업으로
수입에 일부 재산손실이 따르므로 절대 하지 않아야 한다.
사업 또한 확장 변화하지 않으면 적은 손실로 끝나게 될 것이다.
본 사주의 재산은 부동산에 투자해야 지킬 수가 있다.
甲寅정재 천을 귄인과 월덕 귀인 처가 연주에서
망신 고란으로 움직여 있으며 일지未土에 묘 고지가 된다.
甲乙寅木 천을 귀인 천 월덕 귀인 재성으로 처의 덕은 있으나
재성 혼잡하여 본처와 풍파가 따르는 인자를 가지고 있다.

처 아닌 다른 여자는 절대 가까이하지 않아야 할 것이다.
부모의 재산을 받을 수 있는 사주이니 여자만 가까이 하지 않으면
부모의 재산을 더욱 발전시켜 나갈 것이다.
50세 辰土인수 대운부터 巳午未남방 火관성 운으로 흘러가게 되어
사업가로서 사업의 발전이 크게 될 것으로 예상한다.
자식은 甲午생 또는 乙未생이 인연이 될 것으로 예상 추단한다. 觀

22) 충과 합 육신통변 손재판단, 인테리어업

壬 壬 庚 辛   남
寅 午 子 丑

53 43 33 23 13 3
甲 乙 丙 丁 戊 己
午 未 申 酉 戌 亥

본 사주는 필자한테 수강 후 철학관하고 있는
여성분(혜심)이 己丑년에 자기 고객의 사주를 문의한 것이다.
壬水일간 11월 출생으로 子水양인 격이 합과 충으로 파격이 되어서
子丑합하고 연간 丑중辛金 투출하여 인성 격이다.
일시지 寅午합하고 木生火하여 다시 식신생재 격이 된다.
용신은 일지午火 정재로 조후용신 한다.
壬水일간 동짓달 11월 子水양인에 壬水비견과
庚辛金이 투출하여 한랭한 사주이다.
일지午火 정재를 월지子水 겁재 양인이 충하여
일지午火 정재가 용신이 안 될 것 같으나
월지子水는 연지丑土와 子丑합하고 일시지 寅午합하여
탐합 망충으로 일지午火 정재가 보호를 받게 된다.
직업은 壬水일간의 뿌리인 子水양인이 연지丑土와
子丑합하고 丑土가 辛金을 투출시켰다.
壬水일간은 일지午火 정재 도화와 丁壬합을 이루고
시지寅木과 寅午합하여 寅木식신 지살은 건축 午火정재

도화는 새 것으로 단장하는 직업으로 실내인테리어 사업이다.
본 사주의 특징적인 것은 子丑합과 寅午반합으로
이루어져 있는 것이 흉중에 길한 것으로 추단한다.
그러나 火용신이지만 남방巳午未火운 중에
지지未土 정관 운은 본 사주에 대단히 흉하게 작용하게 된다.
사주에서 子丑합하고 있던 중에 未土가 와서 丑未충으로
子丑합을 풀리게 하면 사주원국에 월지子水 겁재 양인이
일지午火 정재 길신을 子午충하기 때문이다.
특히 43세 乙未대운은 연주辛丑과 乙辛충 丑未충으로
천지의 충으로 전생의 업이나 부모나 조상한테 잘못이 있었던
업으로 인한 것이니 부모나 조상님께 마음을 잘 내야
조금이나 어려운 운을 넘기리라 추단한다.
대운 未土정관은 연지丑土와 丑未충하여
子水겁재 양인은 子丑합에서 풀리게 되므로
월지子水 겁재 양인은 일지午火 정재 용신을 子午충하게 된다.
따라서 未土대운에 친구 동업자 형제로 인하여
손실을 크게 당하는 대운으로 재산상 손실이 크겠으며
사업에 어려움이 많을 것이며
관재구설 또한 있을 것으로 추단 통변한다.
일지午火 정재를 子水겁재 양인 재살이 달려들어
子午충 하므로 돈 문제로
관재를 당하게 될 것으로 추단 통변한다.
일지午火 정재 역시 재살이 되기 때문이다.
일반적으로 12신살이 볼 가치가 없다고 하나
사주원국에 있는 12신살과 육신의 길흉에 따라서

언젠가는 작용하려고 잠재되어 있는 것으로 판단하면
통변에 도움이 될 것이다.
子丑합은 한다, 子丑합은 안한다, 말들이 많으나
子丑합은 분명히 보아야 할 것이다.
어떤 경우에는 子丑合을 土나 水까지 보아서
통변할 경우가 종종 있게 되는 것이다.
육합은 볼 가치가 없다고 하는 것에 현혹되지 말고
착실히 배우고 익히고 외우고 습득하고 활용해야 한다고
본 필자는 강조하고 싶다.
여러 신살 합 충 형 해 등을 육신과
종합적으로 통변하면
세세한 부분까지 통변 가능하니
사용가치가 무궁무진하다고 생각한다.
1세기에 나올까 말까한 부산 박 도사님의 사주 감정내용을 보면
육신 육친 모든 신살 등을 종합하여 풀이 통변하였다.
돌아가시기 전에 박 도사님을 뵈 온 적은 한번도 없으나
부부 인연 띠와 여러 내용 감정한 것을 보면
종합적으로 통변하여 역학의 대가를 이룬 것이다.
역술계에 종사하는 일부 사람은 박 도사님의 감정이
안 맞는다고 말들을 하나 대단히 훌륭한 분으로 생각하며
이 세상은 백퍼센트 전부가 있는 것이 아니다.
본론으로 들어가 己丑년에 丑午귀문의 발동으로
금전문제와 정신적으로 어려움을 많이 겪게 되겠으며
비관하는 마음이 많이 생기게 되는 것으로 추단하게 된다.
53세甲午 대운천간 甲木은 식신 문창으로 천간 순세하고

대운 午火정재는 일지午火 정재가 움직이고 寅午합으로
식신 문창 길신이 움직이므로
일생 중에 제일 길운으로 작용하게 된다.
甲木식신은 재산을 만들 수 있는 보관 그릇이 되며
午火정재 대운에 고정적인 돈으로
안정되게 생활이 될 것으로 예상한다.
돈을 지키고 관리하는 능력이 부족한 사주이므로
현금을 보관하지 말고 재산은 부동산에 간수해야
재산이 나가지 않는 사주이다.
평생에 보증 금전대차 투기 동업은 절대하지 않는 것이
재산을 유지하고 지키게 되는 사주이다.
甲木대운 중에 재산을 늘리고 午火대운에는
고정적인 수입에 의지하는 것이 이로울 것이다.
己丑년 49세 일지午火와 丑午귀문이며
대운未土와 세운丑土가 丑未충한다.
따라서 己丑土 정관이 土생金 인성하고 일지午火 정재와
丑午귀문의 작용으로 午火정재 돈 문제와 金인성 문서와
이름 문제 土정관 관청 문제가 발생하게 되는 것으로 통변한다.
午火는 심장과 마음으로 보게 되며 丑午 탕화 원진
귀문으로 비관하는 마음이 생기게 되는 것으로 추단 통변한다.
金인성 격이 丑土묘지에 임하고 일주 역시 丑土묘지에
임하게 되므로 죽고 싶은 마음이 많이 일어나게 되는 것이다.
음력 6월, 7월, 8월, 11월을 잘 넘겨야 할 것으로 예상한다.
탕화 사주에 연운마저 탕화 연운이니 과히 마음의
요동이 심하며 재 관 인 문제로 불안한 마음은 당연하다하겠다.

본 사주를 풀이 통변해 주면서 未土대운에
사업부도 없기를 바라고 己丑년 올해를 지혜와 슬기롭게
잘 넘어 가기를 바라는 마음이다.
본 사주는 처나 동업자 가까이 만나는 사람 중에
양(未)띠는 만나지 않아야하며 개(戌)띠가 도움이 된다.
개띠를 찾아가서 도움을 요청하면 어려움을
풀어나갈 길이 조금 보이게 되리라.
未土남방 길운이지만 사주팔자 대입 통변은
조금 다르게 풀이 통변해야 하는 사주와 운이 된다.
처는 32壬寅생 범띠, 38乙巳생 뱀띠 중에 처로서
길한 띠가 되는 것으로 예상 추단한다.
2-丙午생 말띠 역시 길한 띠로 예상 추단한다.
합중에 육신의 길함과 흉함이 있으며
충 중에 육신의 길함과 흉함이 있게 된다.
따라서 본 사주팔자와 운은 충과 합으로
육신의 길흉관계를 구분해야 할 것으로 생각한다.
음양오행 육신 12신살 12운성 신살 살 생 극
합 충 파 해 등이 종합적으로 오고가고 죽고 살고
내 것과 남의 것 움직임을 복합적으로 추리판단하면
될 것으로 생각한다.
그러면 통변의 한 단계를 높이게 되며 세부적인 육신통변을
할 수가 있다고 필자의 경험으로 말하고 싶다. 觀

23) 己酉대운에 부모 형제의 재산 잃다

```
庚  辛  癸  丁    남
寅  卯  丑  未
    午未    寅卯
망   장
```

```
45  35  25  15   5
戊  己  庚  辛   壬
申  酉  戌  亥   子
```

본 사주는 기존의 손님 소개로 본주 모친이 상담하였다.
辛金일간 12월 출생으로 월지 丑중癸水 식신이
월간에 투출하여 식신 격이다.
용신은 木재성으로 용신한다.
천간 木재성 火관성 土인성 운이 길하게 작용하며
지지 火관성 운이 길하게 작용한다.
천간 木재성은 연 월간 丁癸충을 해소하고
火관성은 12월에 조후로 길하게 작용하게 된다.
지지 火관성은 조후와 木극土를 통관 해소하여 길하게 작용한다.
천간과 지지 金비겁이 흉하게 작용한다.
특히 지지 酉金과 申金이 최대 흉운으로 작용하게 된다.
직업은 시지 寅木 정재가 천을 귀인이며
역마 성을 띠고 寅卯합으로 일주와 합하여
자동차 건축 유통업에 직장 인연으로 추단한다.

중년대운이 흉하므로 자영업은 절대하지 말고
월급생활이 손실을 줄이는 방법이다.
결혼은 30세 丙子년에 일간辛金과 丙辛합하고
시지寅木 정재 천을 귀인이 움직이고 子水도화가
동주하여 일주로 들어와 곤랑 도화를 이루어
결혼 상대를 만나 본 사주가 마음에 들게 되어서 결혼으로 추단한다.
처는 19癸丑생 소띠가 처 인연배필로 추단한다.
癸丑생 소띠는 寅卯木 정 편재로 재성의 퇴신인
癸丑생 소띠 처를 응하게 된 것이다.
따라서 종합 예상하면 癸丑생 소띠가 인연배필로 추단한다.
연주에서 寅卯공망이며 寅卯재성은 장성과 망신 겁살 재살이 붙게 된다.
시지寅木 정재 망신 겁살은 시간庚金이 내리누르며 충 극하고 있다.
일지卯木 편재 장성 재살 역시 충 극이 일어나 있는 상태이다.
대운이나 세운이 나쁠 적에 자기의 판단착오나
친구나 타인의 말에 현혹되어 재산상 손해를 볼 수 있는
여건이 조성되어 있는 사주이다.
특히 시지寅木 천을 귀인 천간에 庚金겁재를 두게 되면
재산 잃고 관재구설을 당하게 되는 확률이
약 70%가 되는 것으로 추단하게 된다.
시지寅木 천을 귀인 충 하는 것을 매우 꺼리게 된다.
일월 지지卯丑에 寅木정재 천을 귀인을 협공하므로
부모 형제가 나를 도우려는 마음을 가지고 있는 사주이다.
그러나 辛卯일주와 癸丑월주가 서로 회오리가 일어나 있어서
부모 형제에게 피해를 줄 수 있는 사주가 되므로 주의해야 한다.
35세 己酉대운 이후 대운천간 己土편인은

월간癸水 식신 격을 극하여 변화가 일어나게 되며
대운지지 酉金비견 재살은
일지 卯木편재 장성 재살을 충 극하게 된다.
己酉대운은 己土생酉金하여 金기신 운으로
45세전에 어려움을 당하겠다고 추단한다.
따라서 친구나 주위 사람으로 인하여
자기 스스로 또는 타인에 의하여
재산을 잃게 되고 관재가 있었던 것으로 추단한다.

○ 아들이 자영업하고 있습니까?
● 장사하다가 지금은 월급 받고 있습니다.

己丑년 43세 대운과 세운이 酉丑金국하여 木재성을 극하여
자영업은 생각하지 않아야하며 직장생활이 최 길하다.
丑未土 편인이 움직여 모친이나 자식의 근심이 따르게 된다.

○ 55세까지는 절대 장사나 사업하면 안 됩니다.
  아드님이 자영업하려고 하면 절대 말려야 합니다.
● 아들이 몇 년 전에 친구한테 꼬여가지고 다단계한다고
  영감이 평생 직장생활로 모아두었던 집과 재산을 다 날리고
  자기 동생 돈도 없애고 동생한테 원망만 듣고 있습니다.
  아들이 지금은 어쩔 수 없이 회사에 나가고 있습니다.
  아들이 몇 년 전에 장사한다고 할 적에 선생님한테 물어나 보았다면
  손해를 이렇게 보지는 않았겠습니다.
○ 아들 사주에 부모 형제 재산을 잃게 되어 있었으며
  운 또한 재산을 잃게 되어 있었습니다.

부모 형제가 전생에 아들한테 빚이 있어서 지금 갚게 된 것으로 생각합니다.
아들은 운도 부족하니 직장 생활해야 합니다.
처의 도움이 있는 사주이니 앞으로 돈 관리는
며느리가 관리하는 것 좋겠습니다.
- 전에는 건설회사에서 월급을 제법 받았는데
지금은 쥐꼬리만한 월급 받으면서 일하고 있습니다.
그래도 며느리가 착하고 야물어서 월급을 받아 살림에 보태고 있습니다.
○ 올해 상담자 본인하고 손자의 사고나 건강을 주의하십시오.
- 안 그래도 내가 넘어져서 고생을 많이 했습니다.

사주팔자와 운을 떠나서 살 수가 없는 것이며
사주팔자 통변의 중요성을 더욱 실감하게 된다.

24) 길신 합을 풀면 육신의 길한 일이 생긴다

丙 乙 癸 戊　남
戌 卯 亥 戌

51　41　31　21　11　 1
己　戊　丁　丙　乙　甲
巳　辰　卯　寅　丑　子

본 사주는 부산 서면에서 철학관하면서
재수강하러 온 남성의 사주이다.
본 수강생은 자기가 알고 있는 주위 사람의 사주로 꼭 필요한
원인과 요점만 통변 수강을 원하여 일정한 수강료를 받고
지도하게 되었다.
첫날 공부자료로 본인 사주를 풀이 통변하여 주게 되었다.
본 사주는 간략하게 요점만 정리하도록 하겠다.
乙木일간 10월 출생으로 시상 상관생재 격이다.
용신은 격인 시간 丙火 상관으로 용신한다.
겨울에 월간 癸水가 투출하여 시간 丙火를 극하므로
시간 丙火가 용신이 안 될 것 같으나 월간 癸水 편인을
연간 戊土 정재가 戊癸합으로 잡아 묶어두고 있어서
시간 丙火 상관으로 용신한다.
戊土정재가 길신역할을 톡톡히 하고 있는 사주이다.
대운이나 세운에서 천간 戊土와 己土가
아주 길하게 작용하여 戊土와 己土재성 운에는

수입이 좋게 되며 재산을 가질 수가 있게 된다.
따라서 41세 대운 戊辰편재와 51세己巳 대운이 길하게 작용하게 된다.

○ 51세 이후 상가 유흥업 건물, 종교건물을 구입하여 월세를
   받을 수 있겠습니다.
   (놀라면서)
● 그런 것이 제 사주 어디에서 알 수가 있습니까?
○ 별 것 아닙니다.
   단지 지금 알면서 통변 못할 뿐입니다.
   모든 것이 알고 나면 싱거운 것입니다.
   합과 충 극을 찾아 육신의 길흉으로 통변하면 됩니다.
   통변내용은 다음과 같으며 합을 푸는 방법은 이렇습니다.

길신과 흉신 합을 푸는 방법;

甲己합은 乙과庚이 풀리게 한다.
乙庚합은 丙과辛이 풀리게 한다.
丙辛합은 丁과壬이 풀리게 한다.
丁壬합은 戊와癸가 풀리게 한다.
戊癸합은 甲과己가 풀리게 한다.

51세 戊子년 연시지 戊土편재 화개가 움직여
역시 길운으로 작용하여 대운과 세운이 다 같이 길운이 된다.
己土대운은 己土가 월간癸水를 극하여
戊癸합한 戊土정재 길신이 戊癸합에서 풀려나오게 되어

戊土정재가 길신역할을 제대로 하게 되다.
戊子년은 풀려나온 癸水편인을 戊癸합火로 변하여
역시 길신의 역할을 하게 된다.
또한 子水편인 천을 귀인에 임하게 된다.
따라서 종합하면 戊子년에 연시지 戊土편재가
움직여 戊土정재의 속성인 고정적인 돈이 되며
戊子년 자체에서 戊土돈이 子중癸水 편인과
戊癸합火로 火길신되어 子水편인 천을 귀인 문서로
집밖에 물건을 사서 월세를 받게 되었던 것이다.
수강생이 열심히 착실하게 메모정리를 하면서
족집게로 손님상담을 하려고 서울과 충청도에
유명하다는선생님한테 찾아가서 여관방을 얻어두고
역학수강도 여러 번 해보고 육 효도 배워 보았다고 한다.

○ 다 같은 역술인이니 대운의 흐름은 설명하지 않아도 될 것 같습니다.
　庚午대운까지 돈 잘 벌겠습니다.
○ 처가 범띠로 나오는데 壬寅생 범띠입니까?
　(어리둥절하면서)
● 壬寅생범띠를 찾아낼 수가 있습니까?
○ 배우자 띠 찾는 인연법을 알고자하나 배우자의 인연 띠 부분만큼은
　본 필자 나름으로 정립한 여러 다른 학문과 추명명리의
　여러 방법을 종합적으로 대입해야 하므로 간단하지 않아서
　한마디로 말할 수가 없는 것입니다.

앞 20여개의 사주에서 추명명리로 배우자 인연배필 띠를 설명하였다.

추명명리로 여러 가지 이론방법으로 추단하게 되는 것을
참작하면 될 것이다.
82壬寅생 처가 인연배필이다.
본 사주는 간여지동으로 일간이 왕하므로 퇴신하는 지지가
배우자의 띠가 되므로 壬寅생 범띠를 처로 응하게 된 것이다.
따라서 종합하면 壬寅생 범띠 처가 틀림없다.
본 필자 역시 백퍼센트는 알 수 없으며 확률은 70%정도라
생각하며 앞으로 더욱더 확률을 가깝게 하기 위하여 임상 노력 중이다.
독학이란 시간이 많이 소요되고 많은 노력과 임상해야 하니
정말로 어렵다는 것을 느낀다.
얼마 전에 재수강하고 있는 여성분이
어느 자료를 나에게 준 것에 대하여 진심으로
지면을 통하여 고마운 마음이다.
고인이 되신 고 박 도사님께서 배우자 인연배필 띠를 맞추는
확률이 독보적으로 높았던 분으로 알고 있다.
박 도사님 역시 추명명리 한 학문으로 인연법 대가가
된 것이 아니라고 생각한다.
역술계에 들리는 말로는 월영도와 추명명리로
배우자 인연법을 찾았다고 말하고 있다.
앞 부분에서 언급하였지만 월영도가 배우자 인연 띠를
찾을 수 있는 차원 높은 귀중한 학문임은 사실이다.
역학공부는 깊이 있게 여러 분야별로 많이 공부가 되어 있어야한다.
앞으로 역술계에서 살아남으려면
사주팔자를 통변함에 있어서 어느 분야에 독보적인
전문인이 되지 않으면 어려움이 있을 것으로 예상한다.

따라서 본 저서인 졸저와 인연되신 분들께 공부에 정진하여
한 소식 있기를 바란다.
본 사주가 41세 戊辰정재 길신 대운 중에 철학관을 개업하여
남들보다 제법 많은 수입을 올리게 되었다.
본 사주는 앞으로 己巳 庚午대운에 철학관으로
수입이 제법 많겠으며 재산 좀 가지고 생활하게 되겠다.
사주에서 직업은 戊亥천문과 卯木으로 철학, 종교계통,
부동산에 인연이 많은 사주이니
62세이전 己巳대운 중에 상가, 종교시설, 오피스텔, 부동산 등에
투자하면 도움이 될 것으로 예상 추단한다.
길한 대운을 만나 철학관영업은 과거나 현재, 미래에
남들보다 수입이 좋을 것으로 예상 추단한다. 觀

25) 아가씨 외모중시, 甲戌년 부친사망, 제강회사

```
庚 壬 丁 癸   남
戌 申 巳 丑
   戌亥   寅卯
    망    겁


40  30  20  10
癸  甲  乙  丙
丑  寅  卯  辰
```

본 사주는 소개 받아와서 모친이 상담한 사주이다.
壬水일간 4월 출생으로 월간丁火 정재 격이다.
용신은 정재격인 丁火정재로 용신한다.
壬水일간 월지巳火 편재는 丑土에 설기되고
巳酉丑과 申巳합하며 월간丁火 정재는 연간癸水 겁재가 丁癸충한다.
丁癸충으로 월간丁火 정재 격으로 잡을 수 없을 것 같으나
월간丁火는 다시 일주壬水와 丁壬합하여 연간癸水가
충극 못하게 일간이 보호하므로 월간丁火 정재 격이 된다.
일지申金 자생일주이며 일지 申中庚金 편인이 투출하고
申酉戌에 壬水가 생을 얻고 지지전부 金암장 되어 불 약하다.
따라서 남자는 재성이 중요하며 木식상이 없으므로
壬水일간과 丁壬합한 丁火정재로 용신한다.
일간壬水 바다 호수가 木식상이 없는 사주로
아름다운 경치가 없는 사주가 된다.

木식상이 없으므로 배려하는 마음이 약하고
자기가 최고라는 생각을 하게 된다.
월간丁火 정재 처가 도화이며 일시지 申과戌사이에
협공한 酉金인수 역시 도화가 된다.
따라서 본 사주의 처나 여자는 얼굴이 예쁘고 몸매가 쭉 빠지며
얼짱 몸짱에다 애교와 활동적인 아가씨를 원하게 된다.
월지巳火 편재 천을 귀인이 巳丑합으로 연주 癸丑백호에
들어가려 하며 월주丁巳를 연주癸丑 백호가 丁癸충 한다.
또한 월간丁火가 연지丑土에 입묘하려한다.
丁火의 묘지인 연지丑土와 火의 묘 고인 戌土가 움직인다.
따라서 부친과 처의 액화가 염려되는 사주라하겠다.
직업은 火용신인 巳火편재가 일지와 巳申합하고 丁壬합하여
전기, 전자, 통신에 인연이며 일지와 월지 申과巳중
庚金이 투출하여 戌土 火고에 좌하여
쇠를 녹이는 철강, 제강회사에 인연이 된다.
직업을 정확하게는 찾아낼 수가 없으나
보통 상기사주 같은 경우는 상기 통변과 같이
금속이나 제강회사 직업으로 보면 70% 확률이 있다.
시지戌土가 공망되어 처자 궁이 공망이다.
식상寅卯가 공망되고 식상이 없으므로
水비겁이 火재성을 직격탄으로 날리게 된다.
일지申金 편인 망신이 자기 스스로 결혼을 방해하게 한다.
따라서 늦게 결혼하는 것이 이로울 것으로 판단된다.

○ 아들이 결혼 안했습니까?
● 안 그래도 아들이 언제 결혼 하겠는가 보러 왔습니다.

내 친구가 결혼을 잘 보고 마누라 띠도 잘 맞춘다고 해서 왔습니다.
언제 결혼하겠습니까?
○ 내년 38살에 丁巳생 뱀띠, 丙辰생 용띠 중에
인연배필이 되어 결혼하겠습니다.
그중에 丁巳생 뱀띠 처녀를 마음에 들어 할 것이며
용띠보다 뱀띠가 조금 더 좋겠습니다.
그런데 아들이 잘 생긴 아가씨만 눈에 들어 하는 것 같습니다.
● 자기 주제에 꼭 잘 생긴 처녀만 원하고 여건이 괜찮은 처녀는
자기가 마음에 안 든다고 싫어합니다.
참 사주도 별나게 타고 났는가 봅니다.

아들 나이가 己丑년 올해 37살이나 되었으니
부모 마음이야 얼마나 급하겠는가?
처는 35丁巳생 뱀띠, 76丙辰생 용띠 중에 인연배필로 들어온다.
丁巳생 뱀띠는 壬申일주가 월주丁巳와 丁壬합과
申巳합으로 천지 합하고 움직임의 사항으로
월간丁火가 정재이므로 월주丁巳로 丁巳생 뱀띠를 응하게 된 것이다.
丙辰생 용띠는 사주가 申巳합 巳酉丑합 申酉戌합으로
합을 풀리게 하는 辰土로 辰丑파와 申子辰합으로
월지巳火를 풀리게 하므로 용띠를 응하게 된 것이다.
따라서 종합하여 판단하면
丁巳생 뱀띠와 丙辰생 용띠 중에 인연배필이 될 것으로 예상한다.

○ 직장이 철강회사에 근무하고 있습니까?
● 어느 제강회사에 일하고 있습니다.

己丑년 37세 올해 직장 상사와 인간관계로 금전 지출은 있겠으나
상사로부터 인정은 받을 수가 있다.

○ 직장은 사주대로 잘 택한 직장입니다.
  아들부친 즉 본인 남편이 큰 사고가 있었던 것으로
  나타나는데 큰 사고가 있었습니까?
● 저거 아버지가 사고로 돌아가신 것이 한 15년 되었습니다.
  아들 사주에 아버지가 나옵니까?

본 사주 부친의 사고는 甲戌년이 되겠다.
1994년 甲戌년은 사주에 丙火의 戌土묘지와
丁火의 丑土 묘지가 움직이고 연운에 火재성의
戌土 묘 고지에 임하게 되므로 甲戌년에 부친의 사망으로 통변한다.
아직 결혼을 안했으므로 50세이전 癸丑대운에
처의 액화나 나쁜 부분은 이야기하지 않고
사주감정을 마무리하게 되었다
본 사주 모친사주는 기억나지 않으나
당시 기억으로는 모친의 사주에서도 甲戌년에
남편을 잃게 되었던 사주로 기억한다.

26) 丙戌생 남편 외국 떠나 생활, 음식업

己 辛 庚 辛　여
亥 丑 子 卯

53　43　33　23　13　3
丙　乙　甲　癸　壬　辛
午　巳　辰　卯　寅　丑

본 사주는 己丑년 양력 5월 울산에서 내방한 사주이다.
辛金일간 한겨울 동짓달11월 출생으로 지지 亥子丑방합
水북방 상관 국을 이루어 상관 격이다.
용신은 상관생재 격인 木재성으로 용신한다.
土金水木으로 사주의 기운은 연지卯木 재성에
기운이 집결되어 상관생재 격이다.
용신은 상관생재 격인 木재성을 용신한다.
천간丙火 정관과 지지 건土인성은 길신으로 작용한다.
본 사주의 격과 용신은 기운의 집결지로 용신을 잡게 되었다.
卯木재성이 용신이지만 卯木재성은 얼고 한랭하여
卯木재성이 자라기가 힘이던 실정이다.
다행한 것은 천간에 水식상이 투출하지 않았다는 것이
다행이라면 다행으로 생각해야 되겠다.
火관성을 태 월에서 찾아보아도 태 월이 壬辰으로 水기만 만들게 된다.
다만 3월辰土로 5양지기로 卯木재성이
태 월 辰土에 卯辰으로 뿌리를 내릴 수가 있겠다.

여성사주로 상관이 태과하여 한 남편으로 종사하면서
평생 해로하기는 극히 어려운 사주로 추단한다.
상관이 태과하여 火관성은 상관 견관으로
백단의 화가 일어나게 되어 가정은 가지지 않는 것이 마땅하나
대운의 흐름이 일찍 결혼하게 되는 것으로 나타난다.
본 사주의 남편 성씨는 이씨, 박씨, 림씨 가문으로 시집가야
조금이라도 도움이 된다.
결혼은 23세이전 대운寅木 정재 천을 귀인은
일지丑土와 丑寅으로 합하게 된다.
丑중癸水 식신이 寅중戊土 남자 식신과 戊癸합한다.
따라서 남여 생식기가 서로 합이 되는 형상이다.
寅중甲木 정재 천을 귀인과 丑중己土 편인이 합하는 형상으로
寅木정재 천을 귀인 길신은 부자 집이며 己土문서는
혼인신고 문서이므로 재산 있는 가문으로 寅木정재 대운 중에
시집을 가게 되었던 것으로 추단한다.
남편성은 연지卯木 편재를 남편으로 보아야 하겠다.
남편은 丙戌생 개띠를 남편으로 추단한다.
49丙戌생 개띠가 남편으로 인연배필이다.
辛卯생이 丙戌생을 만나면 천지의 합이며
丙戌생 개띠를 만나자마자 본 사주가 마음에 들어
얼른 시집가기로 결정하게 되었겠다.
그러나 丙戌생 개띠와 결혼해도 평생 해로 할 수가 없는 사주이다.
본 사주는 상관태과로 상관이 퇴신하는 지지인
戌土와 지시신의 합으로 남편의 띠가 되는 것이다.
따라서 종합하면 丙戌생 개띠가 남편이 되는 것이다.

아무리 길한 띠와 성씨를 만나도 부부간은
평생 해로하기가 어려운 사주로 추단한다.
밤 사랑은 좋으나 차갑고 도도함 때문에 남편이 견디지를 못하게 된다.
水식상 태과에 일지丑土 과숙 화개가 움직여
본 남편 액화를 면하려면 멀리 별거하면
남편의 액화는 면하게 되리라
본 남편은 亥卯합하고 子卯형하여 물위에 떠다니는
형상이 되어 무역이나 선박과 관련이 있을 것이다.
43세 이전 동방 木대운은 남편이 발전하는 대운으로
남편의 수입이 좋아서 재산가지고 즐거운 생활로 추단한다.
43세 乙巳대운 대운乙木은 연지卯木 남편이 움직이고
연간과 乙辛충하고 대운巳火 정관은 시지亥水와 巳亥충하며
卯木남편은 대운巳火 욕지에 임하게 된다.
卯木남편이 움직이게 되며 水식상과 巳火정관이
巳亥충하여 조용하던 水식상이 파도가 일어나며 상관 견관 한다.
따라서 부부간에 이별로 추단한다.

○ 남편은 안 계시는 걸로 나오는데 이혼했습니까?
● 남편이 이혼도 안하고 외국으로 가버리고 안 본지가 오래되었습니다.

본 사주 직업은 식상인 水왕신 따라 음식점 중에
어류와 해산물 등의 음식점으로 추단한다.
차후 출간할 저서에 각 사주의 직업 중 사주에 맞는
음식점 내용을 구체적으로 기술할 생각이다.
53세 丙火대운은 연간辛金을 丙辛합으로 묶어두어

卯木편재를 극하지 못하게 하며 조후역할로
卯木편재가 자랄 수 있도록 길신으로 작용하게 된다.
따라서 丙火대운 중에 직업을 가지게 되어 수입이
괜찮았을 것으로 추단한다.
午火편관 대운은 왕신 水식상과 극전이 일어나며
시간己土 편인이 건록과 상생을 얻고 己土편인이 움직이며
일간辛金의 午火편관 천을 귀인 되어 매매관계가 성사된다.
午火천을 귀인을 子午충하여 일신상 변동이 있으나 이익은 적게 된다.
대운과 세운이 충하는 작년 戊子년에 매매관계 성사가
되었던 것으로 추단하며 올해 己丑년에 영업을
다시 시작하는 것으로 추단한다.

○ 작년에 장사하던 것을 매매 정리하였습니까?
● 작년에 식당하던 것 정리했습니다.
　얼마 전 다시 식당을 인수했는데 상호를 지으려고 합니다.
○ 올해 많이 기대하지 말고 내년 60세 부터 몇 년간 장사가 괜찮아
　수입이 될 것입니다.
　상호 나오는 대로 연락하겠습니다.

27) 丙戌년 49세 남편사망

丁 庚 甲 戊　여
丑 辰 子 戌
　　　辰巳

47　37　27　17　7
己　庚　辛　壬　癸
未　申　酉　戌　亥

본 사주는 철학관하면서 己丑년에 재수강하고 있는
여성분이 공부자료로 문의한 사주이다.
庚金일간 11월 子월출생으로 상관 격에서
상관생재로 월간甲木 편재 격이다.
용신은 격인 월간甲木 편재를 용신한다.
11월 子水월에 상관 격이며 土인성이 태과하여
월간에 투출한 甲木편재 격으로 한다.
여명에 시간丁火 정관으로 용신해야 하나 시지丑습土
묘지에 좌하여 설기되고 11월 水식상이며 土인성에
설기 과다하여 용신으로 삼기는 부족한 점이 많다.
태 월이 전년도 癸卯월로 甲木편재가 태 월 卯木에
뿌리를 얻으며 土인성이 왕하여 甲木편재로 용신한다.
火관성은 길신의 역할하게 된다.
본 사주의 결점은
사주원국에서 시주 丁丑백호이며 시지丑土

묘지 과숙이 辰丑파 丑戌형하고 있다.
시간丁火 정관 남편은 자좌丑土 묘지이며
연지戌土는 丁火정관 남편의 묘 고지이다.
사주원국에서 戌辰丑土 화개가 전부 움직이고 있으며
庚辰일주가 백호 괴강으로 이루어져 있다.
일주庚辰 백호 괴강을 연주戊戌 백호 괴강이 辰戌충한다.
따라서 대운과 세운에 따라 남편의 액화는
잠재되어 있는 사주로 추단된다.
47세 己未土 정인 운에 시간丁火 정관 남편 묘지인
시지丑土를 대운 未土가 丑未충한다.
또한 시간丁火 남편 묘지인 시지丑土가 움직이게 된다.
따라서 己未대운 중에 남편의 액화가 일어날 여지가 있는
대운이라 하겠다.
49세 丙戌년은 연 일 시지 戌辰丑土 인성이
움직이게 되어 火관성의 설기가 과다하게 된다.
연운지 戌土편인은 火관성의 묘 고지가 된다.
따라서 己未대운 丙戌년에 남편의 액화(사망)가 있게 된다.
다시 정리요약하면

사주원국에서
1) 시간丁火 정관 남편이 土인성에 설기 과다하고
    木재성의 생부가 부족하여 丁火남편이 허약하다는 점
2) 시간丁火 정관 남편이 丑土묘지에 앉아 있으며
    연지戌土 고지가 움직이고 있다는 점
3) 시주丁丑 백호이며 丑土묘지 과숙이 辰丑파 丑戌형하고

있다는 점
4) 여명에 戌辰丑土 화개 3개를 두고 전부 움직이고 있어서
   고독지명이라는 점
5) 庚辰일주 백호 괴강으로 이루어져 있으며
   일주庚辰 백호 괴강과 연주戌戌 백호 괴강이 辰戌충한 점
6) 일지 배우자 궁이 공망 된다는 점

대운과 연운에서
7) 己未대운은 丁火정관 남편의 丑土묘지 과숙이 움직이게
   되는 점
8) 시지丑土 묘지를 丑未충하여 丁火정관의 丑土묘지 문을
   연다는 점
9) 丙戌년은 정관에 편관을 보게 되며 戌土편인은 火관성의
   묘 고지가 된다는 점

따라서 상기 여러 사항 이론으로 종합판단하면
남편의 액화로 통변하게 되는 것이다.
하나의 사주감정에 한가지의 이론으로 상담하지 말고
여러 이론을 종합대입으로 통변해야 한다.
사주팔자 감정은 비중이 크게 나타나있는 결점과
장점을 상담해야 확률이 높게 되는 것이다.
비중이 작은 부분은 일어날 수도 있고 일어나지 않을 수도 있는 것이다.
未土편인 대운에 甲木편재 용신이 未土묘지에
뿌리를 얻어 본인의 생활에는 어려움이 없을 것이다.
화개가 중중하여 사찰이나 역학에 인연을 둘 것으로 예상한다.

자식 중에 예능에 소질을 가진 자식이 있을 것으로 예상한다.
그러나 未土편인 대운이나 戊午대운 중 연운에 따라
자식의 불상사가 보이니 자식의 불상사가 없기를 바라는 마음이다.
돈은 부동산에 간수해야 하며
申金대운 중에 재산 좀 가졌을 것으로 생각한다.
가옥은 동향집과 남향집이 길하며
2,3,7,8자가 들어가는 호실이나 층이 도움이 된다.
성격은 庚辰 戊戌 丁丑 백호 괴강에 土인성 화개 3위이며
월지 상관으로 고집과 자존심, 주장이 강하면서
타인에게 굴하지 않으며 잘 믿지 않는 성격이다.
영기나 신기가 있겠으며 꿈이 잘 맞고 직감이 있게 되겠다.
건강은 상골, 디스크, 신경통을 주의해야 하며
몸을 차게 하지 말고 몸을 따뜻하게 해야 건강에 도움이 된다.
음주를 할 것 같으면 양주, 소주가 좋겠으며
맥주는 마시지 않아야 하겠다.
기의 순환이 원활하지 못하다고 생각하며
팔다리 저림 현상이 있을 것으로 추단한다. 観

28) 남편 바람 이혼, 합 불리, 형제 액화

```
庚 辛 辛 丙   여
寅 卯 丑 午
   午未    寅卯
```

```
47 37 27 17  7
丙 丁 戊 己 庚
申 酉 戌 亥 子
```

본 사주는 창원서 소개받아 내방한 사주이다.
辛金일간 12월 출생으로 월지丑土 편인 격이다.
용신은 편인 격에 火관성으로 용신한다.
월지 丑중辛金 투출하였으나 비견은 격으로 불허하고
월지丑土 편인 격이다.
연주丙午 火는 월지丑土를 생하고 월지丑土는
일간과 金비겁을 생하여 오행의 기운은 金비겁에 모이게 된다.
따라서 金비겁의 기운이 강하여 일간辛金은 신약하지 않는다.
12월 여명에 신왕하여 일간辛金은 火관성이 조후하므로
火가 절실히 요구되어 火관성으로 용신한다.
용신丙火는 丙辛합하고 월지丑土가 午火편관에 근접하여
火관성의 설기가 태과하다.
월간辛金 비견과 월지 丑土편인이 기신이 된다.
따라서 천간乙木 편재와 丁火편관이 길신이 되며
천간壬水 상관이 기신이 된다.

지지는 木재성이 길신이며 지지 金비겁과 水식상은 기신이다.
본 사주는 丙火정관 합을 풀리게 해야 남편과
이상이 생기지 않으며 남편의 활동이 왕성하게 되는 사주가 된다.
그러나 丁火편관은 정관용신 사주에 편관을 보게 되어
남편은 발전하나 본 사주는 마음의 갈등을 가지게 된다.
남편인 丙火정관이 연주에 뿌리내리고 있으므로
나이 차이가 많은 남편이 되겠다.
65己亥생 돼지띠, 62壬寅생 범띠 중에 남편으로 인연배필이다.
壬寅생 범띠는 寅午합이며 천을 귀인으로
寅木정재가 火관성을 생하여 壬寅생 범띠를 응하게 된 것이다.
壬寅생 범띠가 궁합으로 길하겠다.
己亥생 돼지띠는 비겁이 퇴신하는 천간己土를 응하고
일지亥卯합과 시지寅亥합 연지午火와 돼지亥水는
丁壬합과 甲己합으로 己亥생 돼지띠를 응하게 된 것이다.
따라서 己亥생 돼지띠보다 壬寅생 범띠가 더 좋겠다.
27세 이전 대운이 亥子 水식상 대운으로 흘러오게 되어
공부보다는 돈과 남자생각이 먼저가게 되었겠다.
사주가 연주에 火관성 남자를 먼저 보게 되며
亥水식상 대운을 지나오게 되어 조금 일찍
이성에 눈뜨게 되었던 사주로 추단한다.
17세己亥 대운은 연지午火 남자 도화와
월지丑土 편인 문서가 움직이게 되어 혼인 문서가 된다.
亥水상관 대운은 연간丙火의 천을 귀인이 된다.
亥水상관은 연지 午중丁火와 亥중壬水 상관이 丁壬합하여
丁火남자와 辛金일간 壬水상관이 합하고 午중己土

편인 생각이 亥중甲木 丙火남자의 생각이 甲己합하는 상이 된다.
25세 庚午년은 丙火정관의 뿌리인 연지午火가 공망인데
午년을 만나 탈공되며 午火도화가 움직이게 되어 결혼이다.
亥水상관 대운 중 庚午년 25세에 결혼이 되었다.
연간丙火 정관 남편은 午火 도화 양인 탕화에 좌하고
丙火남편은 월지丑土 상관과 丑午 귀문 원진 되어
본 마음 아닌 말과 행동하며 월간辛金과 丙辛합하고자 한다.
따라서 본 사주 남편 丙火정관은 일간 辛金정재 보다
가까운 월간辛金 정재에 丙辛합하는 형상으로 다른 여자와 결혼했던
재혼자이거나 본 사주와 결혼 후에 바람을 피우게 된다.
37세 이전 戊戌대운 丙火남편이 묘지에 들고 午火가
고지에 임하게 되어 남편의 액화로 추단할 것 같다.
그러나 火관성이 약한 중에 약신 묘 고지는 액화가 적으며
왕신 묘 고지는 액화가 크게 되는 것으로 필자는 통변하게 된다.
丙火남편이 戊土와 寅午戌삼합 火국하여 남편인 火관성이 왕하게 된다.
丙火남편의 인성木이 土에 뿌리내려 생火하므로
남편의 왕성한 활동과 사업발전으로 보아야 한다.
따라서 남편의 액화가 아닌 남편의 경제활동이 좋은 대운이다.
본인 辛金일간 역시 寅木정재 천귀 길신이 움직이게 되어
집안 살림이 나아지게 되었던 것으로 추단한다.
남편의 식신인 대운지 戌土가 일지卯木 남편의 인성도화와
卯戌합하고 대운음신 역시 卯木도화 되어 남편의 바람이 일어나게 된다.
따라서 남편의 바람으로 추단하게 된다.

○ 남편과 헤어졌습니까?
● 37살에 헤어졌습니다.

○ 남편이 범띠나 돼지띠였습니까?

● 예, 돼지띠였습니다.

  소개한 사람이 부부 띠를 맞춘다고 하던데 거짓말이 아닌것 같네요.

○ 이 세상에 100% 완벽한 것은 없다시피 사주마다

  다 맞추는 것은 아니고 저도 한 70% 정도 밖에 아직 못 찾아냅니다.

壬午년37세 壬水상관이 丙火남편을 丙壬충하여
월간辛金 비견 남편의 애인과 헤어지기를
辛金일간이 원하게 된 것으로 본다.
그러나 연주丙午 남편은 고집과 아집 주장이 강하여
꺾이지 않으므로 결국 일간辛金은 부부풍파가 있었던 것으로 추단한다.

○ 본인 사주에 남편이 바람을 피워서 이혼한 것 같습니다.

● 그렇습니다.

  내 사주에 남편이 바람피워 이혼한 것이 나옵니까?

  누구를 만났어도 내 남편은 바람피우는 사주입니까?

○ 얼굴도 예쁘고 몸매도 아주 좋아서 빠진 것 없는데도

  본인 사주가 남편이 바람을 피우게 되는 사주입니다.

○ (얼굴로 보아 유흥업 종사하는 것 같아)

  유흥업계통에 직업을 가지고 있습니까?

● 전에 옷장사하다가 힘들어서 지금은 주점에 프로테지로 마담하고 있습니다.

  올해 좀 어려운데 언제 풀리겠습니까?

○ 올해(己丑년)는 어려우나 내년부터 수입이 좀

  괜찮아지겠습니다.

● 주점에 일 안하고 어떤 것을 하면 좋겠습니까?

○ 레스토랑이나 고급 옷가게 그리고 꿩이나 오리 음식점하면 제일 좋겠습니다.

37세 이후 丁酉대운은 丁火편관 남자 도화와
酉金비견 동료와 酉金술잔으로 남자 상대하는 직업인 유흥업이다.
酉金동료와 저녁 酉시부터 丁火편관 도화 남자를 기다리는 형상이며
酉金동료와 卯木편재 돈이 卯酉충으로 돈 벌기 위하여
경쟁하는 형상이며 관재구설 또한 있다.
己丑년 44세 올해 수입이 떨어지게 되겠으며
금전 손재가 따르니 보증 금전대차 투기하지 않아야 한다.
모친이나 형제 중에 사고나 건강을 특히 주의해야 하겠다.
관재구설 또한 따르니 주의해야 한다.

- 올해 여동생을 교통사고로 잃었습니다.
  그리고 오빠는 18년 전에 저 세상으로 갔는데
  엄마한테도 사고가 있겠습니까?
○ 올해 여동생을 잃었기 때문에 모친한테 불상사는
  없겠습니다.

시간庚金 겁재는 寅木편재 절지 망신 지살에 좌하여 충하고 있다.
시간庚金 오빠는 寅木편재 애인 문제로 木인 동래구 온천장에서
애인의 남자한테 辛未년에 피살당하게 되었다.
본 사주에서 庚金오빠의 묘지인 월지丑土가 움직여 있으며
寅卯합으로 인하여 丑寅합하므로 庚金오빠는
丑土묘지와 己丑백호에 입묘하게 되어
살해당하게 된 것으로 통변한다.
상기 사항으로 본 사주에 나타나 있는 시간庚金 형제의
액화를 찾을 수가 있는 것이다.

시간庚金은 일반적으로 음양이 다르므로
남형제로 보는 것이 일반적이며
丑중辛金 비견을 여동생으로 볼 수 있다.
본 사주 여동생이 己丑년 올해 음력 3월에
교통사고로 사망하게 되었다.
월지丑土 묘 고지가 움직이면 丑중辛金과
癸水 己土가 己丑백호로 모친 또는 형제자매의
액화가 있게 되는 연운으로 추단한 것이다.
본 사주에 庚辛金 형제의 액화가 나타나 있는 사주이다.

29) 壬辰생 사별, 2번 재혼 실패, 아들 무

丙 丁 乙 壬　여
午 巳 巳 辰
　　　　午未

52	42	32	22	12	2
己	庚	辛	壬	癸	甲
亥	子	丑	寅	卯	辰

대구에서 己丑년 1월에 내방하여 상담한 사주이다.
丁火일간 4월 출생으로 戊土사령이며 연간 壬水 정관 격이다.
용신은 연지 辰土 상관으로 용신한다.
丁火일간 여명에 여름출생으로 여명 壬水정관을 용신해야 하나
火세가 너무 왕하며 지지에 土식상을 암장하여 火生土로
土식상이 강하여 연간 壬水 정관 남편을 土극水한다.
오행의 기운이 火생土로 연지 辰土 상관에 오행의 기운이 집결된다.
태 월이 전년도 여름 6월이며 土식상이 강하고
金재성이 없어서 왕신인 火비겁은 辰습土가
설기함을 기뻐하므로 壬水정관으로 용신하지 못하고
왕신을 설기하는 辰土상관으로 용신한다.
용신 辰土상관의 배설구가 약하고 壬水정관 격을 생하는
金재성 희 신이 최 길운으로 작용한다.
따라서 辰土, 丑土, 庚金, 辛金, 申金, 酉金이
제일 길운으로 작용하게 된다.

사주 연간에 壬水정관을 보게 되므로 조혼하게 되었겠으며
대운22세 壬水정관 운을 만나 22세 전후에 결혼하였을 것으로 추단한다.
남편은 동갑인 壬辰생 용띠로 추단한다.
103壬辰생용띠가 남편 인연배필이다.
연간에 정관을 개두한 사주는 보통 동갑을 남편으로 응하게 되면
비겁태과하면 퇴신하는 지지 띠가 배우자 확률이 높다.
따라서 종합판단하면 동갑인 壬辰생 용띠를 응하게 된 것이다.
그러나 본 사주는 어느 띠의 남편을 만나도 평생
해로하기는 극히 어려운 사주로 추단한다.

1) 일주丁巳 월주乙巳 고란과 연주壬辰 괴강이며
2) 연지辰土 식상은 과숙이며 壬水정관 남편의 묘지이다.
3) 연간壬水 정관 남편은 일지와 월지巳火 절지와
   겁살과 지살에 해당한다.

따라서 초혼의 남편은 액화(사별)가 있었던 것으로 추단한다.
丑土대운이나 庚金대운 중에 남편의 액화로 추단한다.

○ 남편의 불상사가 있는 사주인데 남편과 살고 있습니까?
● 오래 전에 사별했습니다.

丁火일간 시지午火 도화가 움직이었으며
대운이 水관성운으로 흘러왔으므로 남편의 액화 후에
재혼하게 되었던 것으로 추단한다.
그러나 재혼 안하는 것이 고통을 적게 받는 것으로 생각한다.

○ 재혼하여 현재 살고 있는 것 같습니다.
● 예, 2번째 재혼하여 살고 있는데 헤어지고 싶습니다.
○ 올 음력 3, 4월에 가능하겠습니다.
● 지금 대구에서 아저씨와 같이 장사하고 있는데 부산으로 오고 싶습니다.
○ 부산 오면 금정구나 진구에서 가옥이나 영업장소를 택하는 것이 좋겠습니다.

己丑년 58세 일지巳火와 巳丑합하여 丑土식신 길신이 나에게
향하여 합해오는 형상이다.
酉金편재 천을 귀인을 불러들이게 되어 새로운 일을 시작하게 되며
巳酉丑삼합 金국 재성되어 수입이 괜찮게 된다.
亥水정관 대운 천을 귀인으로 새로운 남자를 다시 만나게 되어
다시 가정생활하게 되겠다.
단식적 일주간지론으로 풀이하면 丁巳일주는 고란 살로
여명은 끼가 다분히 있으며 생김새가 괜찮은 편에 속하고
잠자리는 좋으나 남편과 풍파가 일어나는 간지이다.
또한 고집과 자존심, 자기주장이 강한 편이나 귀가 얇은 면이 있다.
壬辰연주에서 午未공망으로 시주午火 자식 궁이 공망이 된다.
사주전체가 편고하게 조열하고 일주丁巳와 시주丙午는
회오리가 일어나 있다.
따라서 종합하면 여식은 있게 되나 아들은 없는 사주이다.

○ 아들이 없는 걸로 보입니다.
● 딸만 있습니다.

丁巳생, 戊午생, 辛酉생 딸 3명 두었다.
차후에 辛酉생 딸이 도움이 될 것으로 예상한다.

여명 사주에서 남편과 액화나 풍파를 겪는 사주는
여러 가지 요인이 있겠으나 간략하게 요약하면

1) 식상이 태과하면서 식상이 움직이고 정관을 보는 사주
   (상관견관)
2) 식상태과에 상관견관으로 재성이 없거나 인성이 없는 사주
3) 관살 혼잡한 사주로 식상의 제살이 없는 사주
4) 관살 혼잡한 사주로 인성의 통관이 없는 사주
5) 정관남편이 정관의 묘지를 만나고 묘지가 움직이거나
   묘지를 충하는 사주
6) 월일시지에 과숙을 2개 이상 만나고 고란 일주인 사주
7) 백호 고란 과숙 괴강 등이 중중한 사주
8) 정관이 심히 허약하고 기신인 사주
9) 정관의 충이나 합으로 동태를 보고
   정관의 앉은 지지를 참작하여 추단한다. 觀

30) 丁亥년 전기공무원 사퇴

庚 庚 癸 丁　남
辰 午 丑 巳

41	31	21	11	1
戊	己	庚	辛	壬
申	酉	戌	亥	子

본 사주는 모친이 상담한 사주이다.
庚金일간 12월 출생으로 월지丑土 정인 천을 귀인 격에서
월간癸水 상관 투출하여 상관 격이다.
용신은 연간丁火 정관으로 용신한다.
庚金일간 丑辰土와 시간庚金의 조력을 얻어 신왕하다.
12월 섣달 한겨울에 일간庚金이 한랭하여 조후로
火관성이 절실히 요구된다.
용신丁火를 癸水가 丁癸충하여 용신丁火가 손상 받으나
일지 午중丁火가 연간에 투출하고 巳午火에 뿌리하여
연간丁火 정관으로 용신한다.
木재성이 없는 것이 최대 결점이며 월간癸水 상관이 최대 기신이 된다.
천간戊土 편인과 己土정인 지지戌土 편인 천간과 지지
木재성이 길신으로 최 길운이 된다.
성격은 신경이 예민하고 마음에 변화와 혁신을 좋아하면서
남아적이고 선비적인 성격이면서 총명영리하다.
건강은 상골과 물혹(암)을 평생에 주의해야 하며

간과 담석, 결석을 주의해야 한다.
평생에 수액과 화액을 특히 주의해야 하겠다.

직업은
1) 火관성을 응하면 전기 전자 화공이며
   용신丁火 정관의 午火건록을 응하여 종합하면
   전기기술직 공무원이 된다.
2) 癸水상관격을 응하고 월지丑土 정인을 응하면
   교육자가 직업이 된다.

따라서 교육자나 기술직공무원이라 생각한다.
재산은 돈에 연연하는 사주이나 금전에 연연하지 않는 것이 이롭겠다.
대운의 흐름이 좋지 못하므로 자영업은 하지 않는 것이
손해를 적게 보는 것이며 월급생활이 좋다하겠다.
대운은 戌土편인 운이 길운이 된다.
己土정인 운에 성가하고 안정된 생활이 될 것으로 예상한다.
酉金겁재 대운 중에 재산상 손재를 당하게 되는 운이 되므로
본인의 주장과 고집대로 처신하지 않아야 한다.
가족은 木부친과 인연이 없는 사주로 본다.
30대 안팎에 대운과 연운에서 木재성운을 만나지 못하여
현재까지 미혼이라 생각한다.
처는 69癸丑생 소띠, 壬戌생 개띠 중에 처가 인연배필이 될 것으로
예상하며 34세, 35세에 결혼할 것으로 예상한다.
癸丑생 소띠는 일지 午중丁火가 연간에 투출하여
4살 많은 연상을 응하고 월주癸丑으로 癸丑생 소띠 처가

될 것으로 예상한다.

추명명리로 길한 띠를 예상 추단하면

戊午생 말띠는 戊土가 癸水상관을 합거하고

일지午火로 戊午생 말띠를 응하여 길한 띠가 된다.

己未생 양띠는 巳午未방합과 未土천을 귀인으로

己未생 양띠를 응하게 된 것이다.

사주에 길한 띠를 만나지 못하는 사주가 되며

용신이 연주에 좌하여 巳丑합한 癸丑생 소띠 연상으로 예상하게 된다.

○ 아들이 아직 결혼하지 않은 것으로 보입니다.

● 아직 결혼 안했습니다.

　언제쯤 결혼하겠습니까?

○ 34살, 35살에 틀림없이 결혼으로 보며 戊午생 말띠나

　己未생 양띠가 제일 좋으나 만나지 못하겠으며

　기분 나쁘게 들리겠으나 4살 연상인 癸丑생 소띠가

　처가 될 것으로 생각합니다.

● 지금 만나는 아가씨가 소띠인가 범띠인가 들었습니다.

　결혼이 되겠습니까?

○ 소띠가 좋은 띠는 아니나 결혼할 것으로 생각합니다.

　직장이 공직으로 보이는데 공무원입니까?

● 공무원 하다가 31살에 그만 두었습니다.

　공무원 할 적에 통신판매 한다고 하다가 지금도 무슨

　통신판매하고 있습니다.

○ 31살 그 해 연운이 나쁘고 삼재 운이 나빠서 그만두게 되었다고 봅니다.

　평생에 삼재 시기는 항상 주의해야 합니다.

　38살까지 운이 그런대로 괜찮으니 직장생활 잘하라하고

40살, 41살에 손재가 있으니 자영업이나 보증은 절대 안됩니다.

戌土편인 대운에 공직으로 진출하였겠다.
亥水식신 대운은 기신 운이나 庚金일간 문창이며 巳亥충하나
학생시기로 辰土편인과 亥水식신 문창 귀문으로 총명 영리하여
공부는 잘 되었을 것으로 추단한다.
다음 사주는 본 사주의 모친 본인의 사주이다.

31) 이혼, 고독지명, 이용원 동업

```
乙 甲 癸 乙   여
丑 戌 未 未
      申酉
```

```
49  39  29  19   9
戊  丁  丙  乙   甲
子  亥  戌  酉   申
```

甲木일간 6월 출생으로 월지未土 정재
천을 귀인에서 乙木양인 투출하여 양인 격이다.
용신은 월간癸水 인수용신으로 한다.
甲木일간 6월 한여름에 土재성이 건조하고
조후로 水인성이 절실히 요구되는 사주이며 재다 신약사주이다.
癸水인수가 용신이 안 될 것 같으나 천간에
土재성을 보지 않았고 乙木겁재가 투출하였으며
태 월이 癸酉월이 되어 癸水인수로 용신한다.
희 신은 金관성이 되며 木비겁 또한 희 신으로 작용하게 된다.
그러나 水인성이 용신되나 子水인수는 지지 土재성과
극전이 일어나게 되어 길운으로 작용하기가 어렵게 된다.
성격은 丑戌未삼형과 乙木양인이 투출하여
고집과 자존심 주관이 뚜렷한 성격이다.
사주 4기둥이 전부 화개를 깔아놓아 고독한 사주가 된다.
건강은 未土겁각이 움직이고 있으니 디스크,

신경통을 주의해야 하며 신장 방광 자궁질환을 주의해야 한다.
재산은 각 土재성 위에 겁재가 개두하고 乙木겁재가
암장하여 보증 금전대차 투기는 하지 않아야하며
金관성과 水인성 운에 재산을 가질 수가 있게 된다.
金관성이 없으므로 재산을 지키기에 어려움이 많은 사주가 되어
보증 금전대차는 평생에 절대하지 않아야 재산을 지킬 수가 있게 된다.
직업은 화개재성이 중중하며 움직여 도화 길신 되어
유흥업이나 화려한 직업으로 추단한다.

○ 무슨 업하고 있습니까?
● 이용원 동업하고 있습니다.

39세丁亥 대운부터 49세戊土 편재대운 이전까지
亥水편인 길신 운으로 재산을 가질 수가 있었겠다.
49세부터 54세戊土 편재대운은 월간 癸水정인 용신을
戊癸 합하고 일지戊土 편재 기신이 움직여 재산 잃고
문서까지 없어지게 되었던 것으로 추단한다.

○ 50세 전에 벌어두었던 재산을 50세 후에 돈과 문서 날렸습니까?
● 50세 전에 많이 벌었다가 보증서고 빌려주어 지금은 가진 것
  하나도 없습니다.
  언제쯤 전과 같이 돈 좀 벌어지겠습니까?
○ 내년 庚寅년부터 전과 같지는 않더라도 조금 나아지겠습니다.

대운子水 정인 도화 재살 대운은 癸水용신이 子水건록을 얻어

길하다하겠으나 지지土에 극상당하여 길운이 되지 못한다.
따라서 亥水편인 대운은 甲木일간이 장생을 얻어 길하게 작용하나
子水인수는 욕 패지로 亥水편인 대운과는 차이가 난다 하겠다.
子水대운 중에 관재와 건강을 주의해야 하겠다.
남편은 104辛卯생 토끼띠, 49乙未생 양띠 중에 남편이라 추단한다.
辛卯생은 辛金정관을 응하며 연 월지 未土천을 귀인과 卯未합과
일지戌土와 卯戌합이며 酉金정관 공망을 탈공시키는
辛卯생 토끼띠를 응하게 된 것이다.
乙未생 양띠는 未土정재 천을 귀인과 지시신의 사항으로
동갑인 乙未생양띠를 응하게 된 것이다.
辛卯생 토끼띠를 남편으로 추단한다.
월일시지 丑戌未삼형 이루고 金관성이 나타나지 않고
암장이며 申酉관성이 길신 되나 공망 되어 누구를 만나
결혼하였어도 남편과는 해로하기가 어려운 사주이다.
19세 乙酉대운 중 乙木도화이며 월지 안방인 未土가 움직이고
酉金정관을 보게 되어 조혼하였던 것으로 추단한다.
연지未土가 역시 움직여 자기 전생의 인연으로
좋든 나쁘든 조혼하게 되었던 것으로 생각한다.
21세 乙卯년 역시 월지 안방인 未土가 움직이고
卯木도화가 일지戌土와 卯戌합한다.
따라서 乙卯년에 동거나 결혼하였던 것으로 추단한다.

○ 남편과 이혼한 것 같습니다.
● 오래 되었습니다.

己丑년 55세 丑未土재성 천을 귀인이 움직여 손님은 좀 있겠으나
甲木일간 묘지가 움직이고 丑戌未삼형이 움직이게 된다.
己丑년 천간己土가 월간癸水 용신을 土극水하여
문서 도장 이름에 오명을 남기게 되며 子水정인 재살 대운과
子丑합으로 관재로 손재가 있겠다.
관재는 앞으로 음력 6월, 9월, 11월, 12월에 주의해야 한다.

● 올해 관재가 있겠습니까?
  우리가게에 손님이 좀 있으니까 옆집 가게에서 샘이 나서
  무슨 일을 일으킬 것 같은 생각이 자꾸 들고 있습니다.
○ 조심하는 것이 좋겠습니다.
● 아무리 조심해도 조금만 것이라도 걸리면 걸리는 것 아닙니까?
  잘 보았는데 동업하는 남자 좀 보아주세요.

아래 사주는 동업자의 사주이다.
동업자의 사주는 요점만 간략하게 정리한다.

己 丙 戊 庚　남
丑 寅 寅 子

49　39　29　19　9
癸　壬　辛　庚　己
未　午　巳　辰　卯

1) 45살 이후로 운이 없다.

2) 40세 이후 처는 바람나서 헤어졌다. (丑중辛金)

3) 물혹(암)으로 건강이 좋지 못하겠다.

4) 비관하는 마음을 가지고 있겠다.

5) 동업자로 서로 괜찮은 궁합이다.

- 암으로 현재 요양하고 있는데 괜찮아지겠습니까?
- 운을 보면 아무래도 건강이 좋아지겠다고 말하기가 어렵습니다.
  비관하는 마음과 심적으로 많은 어려움이 있을 것 같으니
  용기를 가지도록 주위 사람이 노력해야 하겠습니다. 觀

32) 30대 丙戌생, 유부남과 딸1, 여장부

戊 庚 甲 戊　여
寅 申 寅 戌

53	43	33	23	13	3
戊	己	庚	辛	壬	癸
申	酉	戌	亥	子	丑

庚金일간 1월 출생으로 월지 寅중甲木 투출하여 편재 격이다.
용신은 월간甲木 편재를 용신한다.
庚金일간 庚申일주로 일지申金 자좌건록 간여지동이며
양戊土와 戌土가 도우므로 불 약하여 甲木편재로 용신한다.
1월초순 甲木으로 한기가 깊으므로 여명에 조후로
寅중丙火가 최 길운으로 작용하게 된다.
일월과 일시 寅申충과 甲庚충을 해소하는 천간과 지지
水식상은 통관작용으로 길운으로 작용하게 된다.
庚辛申酉 金비겁운이 최대 흉운으로 작용한다.
성격은 여명에 양8통 사주이며 庚金일간 庚申간여지동으로
남아적이며 결단성과 타인을 이끄는 통솔적인 성격이다.
건강은 사고, 상골, 디스크, 관절염을 주의해야 하며
간, 심장 질병을 주의해야 한다.
재산은 水식상운과 火관성운 土인성운에 재산을 가질 수 있다.
甲木편재가 월간에 투출하고 甲木편재는 寅木건록에
뿌리를 두어 튼튼하므로 재산은 가지게 되는 사주이다.

그러나 일지申金이 寅申충하고 火관성이 없으므로
재산을 지키는데 주력해야 하며 水식상이 없으므로
타인보다 많이 노력해야 하는 사주이다.
재산은 水기(젖은 땅)가 있고 양지바른(남향) 땅이나
건물에 간수하면 재산이 불어나고 이익이 따르게 된다.
단 많은 현금은 보관하지 않아야 하며
보증 금전대차는 하지 않아야 한다.
특히 원숭이띠, 닭띠와는 금전거래하지 말고
가까이하지 않아야하겠다.
직업은 寅木편재가 움직여 남 밑에서 월급생활은 어려우며
자영업 사주로 水(물)직업, 火(불)직업이 인연직업으로
재산을 만들게 된다.
水직업은 寅寅戌중에 火관성을 암장하여
남자를 상대하는 직업으로 유흥업이 된다.
火음식점으로는 꿩, 오리, 닭, 개 등이 좋으며
水음식점으로는 돼지고기가 길하게 된다.
水와 火(물과 불) 통합 직업은 목욕탕, 사우나 등에 인연이 된다.
현재 酉金도화 대운으로 유흥업으로 추단하며
수입이 부족할 것으로 추단한다.

○ 무슨 직업하고 있습니까?
● 지금 휴게텔하고 있습니다.
   전에는 사우나에 있었습니다.

대운은 28세 亥水식신 대운부터

48세 己土인수 대운사이 연운에 따라 재산을 가지게 되었겠다.
그러나 48살 甲申년과 49살 乙酉년 중에
새로운 사업을 시작하게 되었겠다.
그러나 길운이 아니므로 손재가 있는 연운이 된다.
54세부터 59세까지 戊土편인 대운은 寅木편재가
움직여 재산상 길하게 작용되며 문서가 길하게 작용되어 안정이 된다.
그러나 59세부터 64세까지 申金비견 대운은 길운이 아니므로
재산과 건강 사고를 주의해야 하며
60살, 61살 丙申년과 丁酉년은 손재와 건강 사고를 필히
주의해야 하겠다.
65세 이후 丁未대운부터 丙火대운 79세까지 말년이
아름다운 운으로 추단한다.
남편과 해로하기는 극히 어려운 사주로 추단한다.

1. 남편은 일시와 일월 양寅申 상충으로 배우자궁을 파괴한다.
2. 여명이 양8통 사주로 대운이 火관성 길운으로 흐르지 않고
   水金운으로 관성과 상반되는 운이다.
3. 남편은 월지 안방인 寅중丙火 편관과 연지 戌중丁火 정관이
   암장되어 있다.
3. 남편의 동향은 연간戊土의 사항을 살피면 되겠다.
4. 월지寅木 건록에 뿌리한 월간甲木이 연간戊土를 木극土한다.
5. 연간戊土는 寅戌반합에 뿌리를 두게 되어 연주에 좌하여
   나이 차이가 많이 나는 남편으로 생각한다.

따라서 남편과 해로하기는 극히 어려운 사주로 추단한 것이다.

남편은 나이 차이가 많이 나는 49丙戌생 개띠,
68丁亥생 돼지띠 중에 남편 인연배필이다.
丙戌생 개띠는 寅戌합한 寅중丙火와 戌중丁火 정관암장으로
연지戌土와 지시 신으로 丙戌생 개띠를 응하게 된 것이다.
丁亥생 돼지띠는 丁火정관과 戌亥합 寅亥합으로
丁亥생 돼지띠를 응하게 된 것이다.

○ 남편은 나이 차이가 좀 나는 개띠나 돼지띠 중에 보입니다.
● 11살 많은 개띠가 맞습니다. (원래 본인은 丁酉생이다.)
　마누라가 있는 사람인데 저와 딸 하나 두었습니다.

寅戌합 중에 火관성은 戌중辛金 겁재를 암장하고
庚申일주 간여지동인 일지申金 비견의 영향으로
남자는 유부남이 되며 연간戊土 역시 甲寅木 편관이
寅戌합하여 유부남이 된다.
연지 戌중丁火 정관 남편이 움직여 연주에 있으므로
나이 차이가 많이 나게 된 것이다.
따라서 나이 차이가 많이 나는 유부남 丙戌생 개띠가
남편으로 인연배필이 되었다.
차후 57세 甲午년에 71甲午생 말띠가 길한 띠로
만나게 될 것으로 예상한다.
월지寅木이 움직이고 寅중甲木을 응하며
寅午戌삼합 火국을 응하면 甲午생 말띠가 길한 띠가 된다.
그러나 甲午생 말띠를 만나기가 어려울 것으로 예상하나
甲午생 말띠가 남편인연으로 제일 길한 띠가 된다.

52세 己丑년은 대운酉金 겁재와 酉丑합하게 되고
庚金일간이 丑土 묘 고지에 해당한다.
월 시지 寅木과 丑寅합하면서 甲己합과 丙辛합하여
寅중丙火 남자는 연운지 丑중辛金 겁재와 丙辛합한다.
따라서 알고 지내는 남자는 다른 여자와 합하는 형상으로
남자와 멀어지게 된다.
또한 월 시지 寅木과 丑寅합하면서 寅중甲木과
丑중己土가 甲己합한다.
따라서 甲木편재와 己土정인이 합하여 土인성되어
매매계약 성사가 될 것으로 추단한다.
여유 돈이 있다면 매수 역시 도움이 될 것이다.
매도를 원하면 음력 7월, 9월, 10월에 매도의 기운이 조금 있다.
己丑년은 甲木편재가 丑중己土에 뿌리를 내리기가
어려우므로 수입이 부족하게 된다.
또한 丑土의 움직임으로 관재 또는 입원이 있게 된다.
따라서 올해는 알고 지내는 남자와 멀어지게 되고
수입도 적어지며 마음에 중심이 잡히지 않아
갈등이 많이 생기게 되니 마음에 중심을 잡아야 하겠다.
특히 관재구설이나 입원을 주의해야 한다.

- 올해 관재가 2번이나 있었는데 또 있겠습니까?
○ 올해는 관재가 따르는 운이 되어 6월, 11월, 12월
  앞으로도 조심하는 것이 좋겠습니다.

내년 庚寅년부터 수입이 괜찮아질 것으로 예상한다.

33) 庚辰년 남편 사별, 운 흉

壬 丙 甲 甲 여
辰 辰 戌 辰

49 39 29 19 9
己 庚 辛 壬 癸
巳 午 未 申 酉

본 사주는 己丑년에 전화상담한 사주이다.
丙火일간 9월 출생으로 辰戌土 식신이 왕하여
식신이 상관으로 변화여 제살태과 격이다.
용신은 甲木편인으로 용신한다.
천간 水관성과 木인성이 길하게 작용하며
金재성 火비겁 土식상이 기신 운으로 작용한다.
지지 金재성 木인성 水관성 운이 길하게 작용하며
火비겁 土식상 운이 기신 운으로 작용한다.
따라서 천간과 지지의 최 흉운은 火비겁과
土식상이 최 흉운이 된다.
성격은 식상이 왕하고 백호일주로 자존심이 강하며
자기의 생각대로 나가려는 성격이다.
건강은 위장 질병과 디스크, 신장 질병을 주의해야 한다.
본 사주의 최대 결점은 남편과의 결점으로
土식상이 왕하고 일주丙辰 백호와 월주甲戌
백호 연주甲辰 백호이며 백호끼리 辰戌충하고 있다는 것이다.

관성 묘지가 辰土이며 월지와 辰戌충하여
일시지 辰土 관성의 묘 고를 열어두게 된다는 것이다.
일지 辰중癸水 정관이 辰戌충으로 튀어나와
癸水정관 남편이 土에 극상 당하게 된다는 것이다.

사주팔자의 결점을 정리요약하면
1.여명에 土식상이 왕하여 제살태과한 점
2.丙辰일주와 甲戌월주 백호끼리 충하는 점
3.辰土관성 묘지를 辰戌충으로 개묘한다는 점
4.일지 辰중癸水 정관이 충으로 튀어나와 土에 극된다는 점
따라서 본 사주 남편의 불상사가 있는 사주로 추단한다.

남편은 癸卯생 토끼띠 남편이 제일 좋은 인연배필이다.
21癸卯생 토끼띠, 49甲辰생 용띠 중에 남편으로 인연배필이다.
癸卯생 토끼띠는 태과한 土상관을 퇴신하는 토끼띠를 응하고
일시지 辰중癸水 정관을 응하면 癸水로
癸卯생 토끼띠를 응하게 된 것이다.
甲辰생 용띠는 일지辰土로 甲辰생 용띠를 응하게 된 것이다.
따라서 종합판단하면 癸卯생 토끼띠가 남편으로 제일 좋은
인연배필 띠이나 사주가 길한 띠 배우자를 만나기는
어려운 사주로 추단한다.
그러나 여명에 어느 띠 남편을 만나도
평생 해로하기는 어려운 사주로 추단한다.
19세 이후 壬申대운 중에 결혼하였겠으며
壬申대운은 길운으로 아름다움이 있었던 대운으로 추단한다.

29세 辛未대운 중 未土상관 대운은 길운이 아니고
흉운이 되며 월지戌土 식신이 움직이게 된다.
따라서 未土대운 중에 어려움을 겪게 되었던 것으로 추단한다.
未土상관은 식상이 더욱 태과하게 되며
충발 받은 일지辰중 癸水정관의 묘지가 된다.
37세 庚辰년 庚金편재는 甲木길신을 甲庚충 극하게 되며
辰土식신은 관성의 묘지인 辰土와 丙辰일주 백호를
더욱 움직이게 한다는 것이다.
따라서 未土대운 庚辰년에 남편을 사별하게 되는 것이다.

庚辰년 연운을 정리요약하면
1.庚金이 甲木용신을 甲庚충 극한다는 점
2.관성의 묘지인 辰土와 丙辰일주 백호가 더욱 움직인다는 점
3.일지辰土와 각辰土에 辰辰형을 이루고
  관성남편의 묘지가 더하게 된다는 점

○ 남편이 안 계시는 것 같은데 사별했습니까?
● 예, 사별했습니다.
○ 남편이 癸卯생 토끼띠였습니까?
● 토끼띠가 아니고 소띠였습니다.
○ 남편을 癸卯생 토끼띠가 제일 좋은 인연이라 보았는데
  辛丑생 소띠는 길한 띠가 아니었던 것 같습니다.

癸巳시이면 5-辛丑생 소띠가 남편으로 나타나게 된다.
癸巳시이라도 남편관계의 사주풀이 통변은 동일하게 된다.

배우자 띠 알아내기가 참으로 어려운 것인가
辛丑생 소띠는 丙辛합하여 남편으로 될 수가 있으나
본 사주가 사별기운이 많은 사주인데다
소띠는 과숙에 해당하고 본 사주 월지戌土에 과숙이
붙게 되어 사별기운을 더욱 부채질하게 되었다.
부부간에 인연 띠를 찾다보면
한쪽은 배우자 띠가 다른 띠를 만나는 경우가 있게 되고
한쪽은 배우자 띠가 맞는 띠를 만나는 경우가 있게 된다.
부부 양쪽 띠가 다 맞는 경우가 있게 된다.
배우자 띠가 양쪽 다 맞는 경우(약 60%)
배우자 띠가 한쪽이 맞는 경우(약 70-80%)
배우자 띠가 양쪽 안 맞는 경우(약 30%)
임상을 통하여 확인된 바가 있다.
본 사주는 평생에 재혼하지 않는 것이 고통을 적게 받는 사주라하겠다.
재산은 39세 庚金편재 대운 중
41살, 42살 2년간 수입은 그런대로 있었겠다.
그러나 45세 이후 午火겁재 대운은 수입이 떨어지게 된다.
45세 작년에 수입이 적어 어려움이 있었을 것으로 추단한다.
직업은 귀금속, 레스토랑, 찻집, 의류, 화원 등에 인연이 좋다.

○ 장사하고 있습니까?

● 조그맣게 장사하고 있습니다.

○ 음식점하고 있습니까?

● 옷가게하고 있습니다.

○ 45세 이후로 장사와 금전 어려움이 있는 것으로 보입니다.

● 지금 많이 어렵습니다.

己丑년 46세 올해는 길운이 아니므로 어려움이 따르니
자중하고 정리하는 것이 좋겠다.
심적인 변화가 들어오니 집밖에 있는 부동산이나 가게를
매매하고 다른 새로운 것을 생각하는 것으로 예상한다.
남자인연 고리가 오게 되는 것으로 예상한다.

○ 부동산이나 가게를 매매하려고 합니까?
● 경기도에 있는 땅과 옷가게가 올해 팔리겠습니까?
○ 올해 집밖에 있는 것이 움직여 음력 8월이나 10월에
   팔리게 되는 달로 확률이 작게나마 예상합니다.
● 두 곳 다 꼭 팔려고 합니다.
○ 두 곳 다 4자, 9자를 넣어 팔면 성사가 조금 쉬울 것입니다.
   내년에 좋은 가격으로 팔릴 것으로 예상합니다만
   올해 팔리면 연락하시고 식사나 사세요.
● 팔리면 꼭 연락하고 찾아가겠습니다.

본 사주는 사주의 결점대로 살아가는 사주로
앞으로 대운이 길하지 못하여
연운의 길흉에 따라서 살아가야 하겠다. 觀

34) 42세 戊土대운 중 乙丑년 남편 사별, 운 길

戊 辛 癸 甲   여
戌 巳 酉 申

62	52	42	32	22	12	2
丙	丁	戊	己	庚	辛	壬
寅	卯	辰	巳	午	未	申

본 사주는 양산에서 딸 사주를 상담하러 왔다가
본인 사주도 보게 되었다.
辛金일간 8월 출생으로 월지酉金 건록 격에서 식신생재 격이다.
용신은 일지巳火 정관으로 용신한다.
辛金일간 申酉戌방합하고 戊戌土 정인으로 신왕하여 여명에
일지巳火 정관으로 용신한다.
연간甲木 정재가 허약하며 巳火용신 또한 허약하고
일시巳戌 원진 귀문하여 巳火정관의 묘지인 戌土가
움직여 있는 것이 결점이 된다.
따라서 천간 水식상과 木재성 火관성이 길운으로 작용하며
지지 木재성과 火관성이 길운으로 작용하게 된다.
따라서 천간과 지지 木火재관 운과 천간 水식상 운에
안정이며 발전이 된다.
辛金일간 木火土金水 오행구비하고 火土金水木으로
오행의 기운은 甲木정재에 집결되나 甲木정재가
巳火정관을 생하지 못하는 것이 결점이 된다.

辛金일간 일지巳火와 丙辛합하고 오행 구비하여
선비적이면서 바른 마음을 가지고 있는 성격이다.
辛巳일주의 뿌리인 월지酉金 도화와 巳酉합하고
일간辛金 도화로 예쁘게 생겼다.
건강은 본인이나 남편이 심장질병과 물혹(암)과
간의 질병을 주의해야 한다.
재물은 오행구비하고 식신생재이며 火운과 木운으로
흘러오게 되어 현재까지 재물 가지고 어려움 없이 생활이라
추단한다.
남편은 배우자궁 일지巳火 정관 일위가 되어
한 남편으로 종사하는 사주이다.
그러나 巳火정관이 巳酉합하는 것은 무방하나
巳申합 형 파하는 것은 좋은 현상이 아니다.
일지와시지 巳戌원진 귀문과 시지戌土 정관 남편의
묘지와 일지巳火 정관 겁살 남편이 다같이 움직이는 것
역시 좋은 현상이 아니다.
따라서 한 남편으로 종사하려하나
대운과 연운에 따라서 남편의 액화가 우려되는 사주라하겠다.
남편은 36庚辰생 용띠, 54壬午생 말띠 중에 남편으로 인연배필이다.
庚辰생 용띠는 일시巳戌 원진 귀문인 시지戌土를
辰戌충하고 연지申金과 申子辰삼합하는 辰土와
일지巳火와 辰巳합으로 庚辰생 용띠를 응하게 될 것이다.
壬午생말띠는 일지巳火 정관의 진신과 午火천을
귀인으로 壬午생 말띠를 응하게 될 것이다.
따라서 壬午생 말띠가 더 좋은 띠가 되겠으나

庚辰생 용띠가 인연배필이라 추단한다.

결혼은 22세 이후 庚午대운은 배우자궁이 움직이고

午火도화를 만나게 되어 戊申년에 결혼하였을 것으로 추단한다.

남편 일지巳火 정관은 겁살이며 남편의 재물은

巳酉합과 巳申합하여 申金지살 망신 酉金도화 장성과 합한다.

따라서 남편의 직업은 운수업, 유통업계통이나

인테리어계통 직업으로 추단한다.

42세 戊辰대운은 일시巳戌 원진 귀문이 움직여

본인이나 남편의 묘지가 움직이게 된다.

대운辰土가 시지戌土를 辰戌충하여

일지巳火 정관 남편의 戌土묘지가 열리게 된다.

乙丑년은 일지巳火 정관 남편이

巳酉丑삼합 金국으로 사지와 양지에 들어가게 된다.

따라서 남편문제가 발생할 여지가 있는 대운으로 추단하게 된다.

○ 40대에 남편과 이혼이나 사별했습니까?

● 예, 42살에 일찍 사별했습니다.

　고속버스 기사하다가 암으로 사별했습니다.

　내 사주에 있습니까?

○ 본인이나 남편은 물혹(암)을 주의해야 한다고 했는데

　남편이 암으로 사별하게 되었던 것 같습니다.

　남편 띠가 용띠 庚辰생이나 말띠 壬午생이었습니까?

● 용띠를 어떻게 알았습니까?

○ …….

　그러나 운이 있어서 먹고 사는 데는 지장이 없었겠습니다.

● 어려움은 없습니다.

심장과 물혹을 주의하라 하던데 병원에서 물혹이 있다고 하는데
암으로는 안 되겠습니까?
○ 운이 괜찮아서 암까지 진행되지 않을 것입니다.
72세 이후에 수술이 있을 것으로 생각하니
그전에 검진을 자주해보는 것이 좋겠습니다.
제가 심장질병을 주의하라 했는데 혈압은 없습니까?
● 혈압 약을 먹고 있습니다.
○ 운이 72살 이후는 건강을 주의하는 것이 좋을 것으로 생각합니다.
己丑년 올해 매매 계약관계로 시끄러우니 계약하지 않는 것이
이롭겠습니다.
● 그렇잖아도 뭐를 좀 팔까 하는데 안파는 것이 좋겠습니까?
○ 문제가 발생하지 않도록 계약하면 괜찮을 것입니다. 觀

다음은 상기 사주 딸의 사주이다.

35) 이혼, 사용할 관성이 없다

乙 丁 戊 庚　여
巳 亥 子 戌

49　39　29　19　9
癸　甲　乙　丙　丁
未　申　酉　戌　亥

丁火일간 11월 출생으로 월지子水 편관 격에서
월간戊土 상관 격으로 상관생재 격이다.
용신은 일지 亥중甲木 인수로 통관행운 용신한다.
丁火일간은 酉시 이후 寅시까지 출생해야
아름다움이 있게 되며 밝게 된다.
대운과 세운 역시 酉 戌 亥 子 丑 寅을 만나야 아름다움이 있게 된다.
낮10시 안팎에 출생하여 좋지 못하며 庚金은 있어서 좋으나
甲木과 寅木이 없는 것이 결점이 된다.
따라서 운의 대입은 천간 甲木 庚金 壬水 癸水와
지지 寅木 卯木 申金 酉金이 길운으로 작용하게 된다.
여명에 상관이 투출하면 재성이나 인성을 반드시 보아야
가정생활에 어려움이 발생하지 않는 것이다.
연간에 庚金정재를 보았으나 水관성과 근접하지 못하여
상생하는데 어려움이 있으며 木인성이 없는 것이 결점이 된다.
일시 巳亥충으로 亥水정관은 巳중戊土에 손상을 받았으며
월지子水 편관은 월간戊土 상관과 연지戌土 상관이

土克水 하였으며 연간庚金 정재로 상생받기가 어렵게 되었다.
여명에 일지亥水 정관을 두었을 경우 일지亥水 정관을 충하고
타처에 편관을 두면 남편과 살기가 어려운 사주로 추단한다.
오행 상호간에 서로 상생하는 기운이 없는 사주로
오행이 엇갈리게 이루어져 있으며 정관과 편관이
일지와 월지를 잡고 있으나 어느 하나라도 사용할 만한
관성과 인성이 없게 되었다.
따라서 초혼의 남편과 살아갈 수가 없는 사주가 된다.
남편은 99甲辰생 용띠, 37丙午생 말띠 중에 남편 인연배필로 추단한다.
甲辰생 용띠는 천간지지 상충 띠가 되나 일
시巳亥 충을 辰巳합으로 해소하고 甲木벽갑 인정으로
甲辰생 용띠를 응하게 된 것이다.
丙午생 말띠는 일간의 午火건록과 午戌합으로
丙午생 말띠를 응하게 된 것이다.
따라서 종합하면 甲辰생 용띠, 丙午생 말띠 중에
남편 인연배필로 추단한다.
결혼은 丙戌대운 중에 결혼하였을 것으로 생각하나
40이전에 부부 풍파는 겪었을 것으로 추단한다.

- 우리 딸이 이혼하였는데 재혼 운이 있습니까?
○ 42살, 43살 중에 재혼이 되겠습니다.
  이혼한 사위가 무슨 띠였습니까?
- 동갑인 개띠였습니다.

상담 당시에는 필자가 잘못 계산한 것으로 넘어가게 되었으나

지금 책을 쓰면서 검토해 보면 丙午시가 아닌가 생각한다.
丙午시이면 동갑인 庚戌생이 첫 남편으로 틀림없다.

○ 언제 이혼했습니까?
● 35살에 아들하나 낳고 이혼했습니다.
  지금 서울에서 일하고 있는데 가정 있고 가족도 있는
  자기 회사 사장과 결혼하겠다고 기다리고 있습니다.
  살아지겠습니까?
○ 乙巳생과 궁합이 영 좋지를 못하여 안 사는 것이 좋겠습니다.
  말썽만 생기겠습니다.

본 사주는 아들 자식 생산 후에 남편과 살 수가 없는 사주이다.
甲木정인 대운 중에 재혼하지 말래도 재혼할 것으로 예상한다.
건강은 심장질병을 주의해야 하며 간의 질병을 주의해야 한다.
19세 丙戌 대운은 丁火일간이 바라는 오행이 아니므로
공부에 관심이 없는 대운이었다.
따라서 고등학교 정도의 학력으로 추단한다.
50세 이전 甲申대운까지 먹고사는 데는 어렵지 않겠다.
시간乙木은 연간庚金과 乙庚으로 합하게 된다.
시지巳火와 연지戌土는 巳戌원진 귀문을 하게 된다.
庚金부친은 亥水대운 병지에 해당하며
16세 乙丑년은 庚金부친이 묘지에 임하게 된다.
따라서 庚金부친은 암이 발생하게 되어 있는 사주이며
16세 乙丑년에 乙木이 庚金부친을 끌고 丑土묘지로 들어가게 된다.
丑土묘지가 庚金부친이 좌한 戌土를 丑戌형하여 암 수술이 있게 되었겠으며 묘지가 열리어 부친 사망으로 판단한다.
앞의 모친의 사주에서도 남편 암 발생이
내재되어 있는 사주인데 역시 이 사주에서도
부친이 암 발생 사망하는 것으로 나타나 있다.
모친의 사주는 乙丑년에 戊土관성 묘지를 丑戌형하여
묘지가 열리게 되었으며 본 사주는 乙丑년에 庚金부친의 묘지이다.
乙木이 庚金부친을 乙庚합으로 庚金을 丑土묘지로
끌고 들어가게 된 것이다.
따라서 딸 사주나 본인 사주로 모녀간은 동일하게 나타나야
추명명리의 이론 확률이 맞는 것이다.
이미 출판된 〈핵심통변 상담실례〉(도서출판 천지인)에서도
언급하였지만 하나의 육친 길흉이 대다수 가족한테
다같이 나타나야 추명명리의 이론 확률이 맞는 것이다.
본인은 처음에 추명명리의 이론 확률에 대한 의문을
가지게 된 것이 사실이다.
본 필자는 하나의 이론정립을 위하여
여러 가족한테 확인으로 임상하여 보았다.
따라서 추명명리의 이론은 확률이 높은 학문으로 믿게 되었다.
어느 운명상담 학문 분야이던 자기가 모른다고 맞느니
안 맞느니 부정적인 생각을 버리고 깊이 있는 공부가
필요하다고 생각한다.
이 세상은 한 가지로 이루어진 것이 아니라
복잡다양하게 이루어져있는 것이 이 세상이다.
역학공부는 타인과 싸움이 아니라
오직 자기 자신과의 싸움이라고 생각한다.

타인한테 이기는 것이 진정한 승자가 아니라
자기 자신한테 이기는 것이 진정한 승리자가 되는 것이다.
자기 자신한테는 가혹하고 엄격하고 냉철한 자세와
마음을 가지고 타인에게는 자비와 사랑으로 이해와
수용 포용하는 자세를 가지고 공부에 정진하면
발전이 있을 것으로 필자는 항상 생각한다.
역학 중에 추명명리 학문이란 변화하는 학문으로
태극과 음양오행 육신 육친 신살 운성 생 극 제 화 살 등
여러 가지를 종합하여 예측추리 판단하게 되는 학문이다.
따라서 한 가지 이론이 전부인양 생각하지 말기를 바라는 마음이다.
모든 것이 태과 불급의 원리에 의하면 무리가 없을 것이다.
용신 또한 격국용신 억부용신 조후용신 통관용신 병약용신
전왕용신 등 많은 용신법이 있는 것이 사실이다.
본 필자는 생활용신과 자연용신 기운용신 등을 추가하고 싶다.
본 필자가 생활용신과 자연용신 기운용신을 적용하여 보니
확률이 있으므로 부족한 점이 많으나 참고하여 여러 선후배님들께서
적용 임상하여 높은 경지에 도달하기를 바라는 마음이다.
본 필자 역시 아직 부족한 점이 많은 것을 느끼게 한다.
추명명리 기문둔갑 하락이수를 독학으로 공부하였지만
본 저서를 출간 후 시간이 되면 자미두수를 습득해 볼 생각이다.
본 서적과 인연되시는 분들께서 추명명리 공부는 물론이거니와
다른 많은 역학분야도 접하여 실력을 쌓아두면 좋으리라 생각한다.
본 필자 역시 아직 끝이 보이지 않으므로
많은 어려움을 느끼면서 이 세상 다할 때까지
헤매게 될 것으로 예상한다.

36) 丁亥생 남편 이혼, 화장품 방판, 예능 소질

```
壬 壬 戊 庚    여
寅 申 子 子
```

```
51  41  31  21  11  1
壬  癸  甲  乙  丙  丁
午  未  申  酉  戌  亥
```

壬水일간 11월 출생으로 월지子水 양인 격이다.
용신은 시지寅木 식신으로 용신한다.
壬水일간 11월 양인격 여명에 戊土편관으로 용신해야 하나
월간戊土 편관은 뿌리가 없다.
사주의 기운이 土金水木 상생으로 시지寅木 식신에
기운이 집결되며 왕신은 설기함을 기뻐하고
태 월 역시 己卯월이므로 시지寅木 식신으로 용신한다.
희 신은 火재성으로 戊土관성을 생하고 조후하므로 희 신이다.
시지寅木이 丙火재성을 암장하여 시지寅木을 충 극하지 않아야 한다.
따라서 지지申金 편인 운이 흉운으로 작용하게 된다.
천간 火재성 운이 길운으로 작용하며 지지 火재성운과
土관성운이 길운으로 작용한다.
일시지 寅申충을 해소하는 巳火편재와
辰土편관 운이 길운으로 작용한다.
일간壬水 자신은 왕 한데 火재성이 없어
戊土관성이 약하고 뿌리 없는 점과

일시지 寅申충이 큰 결점으로 작용한다.
월간 戊土편관 남편이 子水겁재 양인 도화위에
앉아있는 것 또한 결점이 된다.
따라서 본 사주 戊土남편은 결혼 후 다른 여성과
통정을 하게 되던지 아니면 재혼자일 것으로 추단한다.
따라서 본 사주의 결점은 초혼의 남편과 풍파를
겪게 되는 사주로 추단하게 된다.
남편은 15己亥생 돼지띠, 12癸巳생 뱀띠, 18丁亥생 돼지띠 중에
남편 인연배필이다.
癸巳생 뱀띠는 巳火천을 귀인과 戊土편관 남편의
건록으로 길한 띠가 되어서 癸巳생 뱀띠를 응하게 된 것이다.
己亥생 돼지띠는 己土정관이며 亥水는 子水겁재 양인 퇴신이며
시지寅木 식신 용신과 寅亥합으로 길하게 작용하므로
己亥생 돼지띠를 응하게 된 것이다.
丁亥생 돼지띠 역시 丁火정재가 일간壬水와 丁壬합하며
亥水는 子水겁재 양인이 퇴신이며 시지寅木 식신 용신과
寅亥합으로 길하게 작용하고 壬水일간 土관성은
나이 차이가 많이 나는 남편이 되므로 丁亥생 돼지띠를 응하게 된 것이다.
일지申金이 申子합하고 연간에 庚金이 투출하고
일간壬水의 뿌리는 子水가 되어 나이 차이가
많이 나는 남편으로 추단한다.
따라서 丁亥생 돼지띠가 남편 인연배필로 확률이 높게 된다.
본 사주는 아무리 인연배필인 丁亥생 돼지띠를 만나도
금생에는 해로하기 어려운 사주이며
후생에 배필로 해로하면서 살 수 있는 인연이다.

○ 남편이 돼지띠나 뱀띠입니까?

● 예, 돼지띠가 맞습니다.

○ 나이 차이가 많은 돼지띠입니까?

● 예. (丁亥생)

○ 40세 안팎에 헤어진 것으로 보입니다.

● 예, 그 정도 나이에 생활비는 하나도 주지 않고 집을 나가서 한번씩 연락은 오다가 이혼했습니다.

41세 癸水겁재 대운은 子水겁재가 움직이게 되며
戊土편관 남편이 癸水겁재와 戊癸합하게 된 원인이다.
본 사주가 밤 사랑은 좋으나 차가우며 나이 많은 남편이
감당하기가 어려웠을 것으로 생각한다.
남편은 따뜻한 사랑이 부족하여 엄마 같은 여성을
찾게 되어 도피성으로 바람나게 된 것으로 추단한다.
사주팔자와 운대로 생활하며 인연을 만나서 사는 것이
운명에 정해진 것이라 생각한다.
본 필자는 하나의 사주팔자에서 각각 육신의 길한 점과 흉한
점을 정립하여 부족하나마 본서에 쓰고 있는 중이다.
부부 인연법을 본 필자가 경험한 바에 의하면 100%는
아니지만 부부 띠가 어느 한쪽이라도 확률이 있다고 생각한다.
부부 양쪽 다 맞는 경우도 있지만 한쪽에 안 맞는 경우는
부부 양쪽을 보게 되면 여자가 맞지 않으면
남자가 맞게 되고 남자가 맞지 않으면 여자가 맞는 경우가 많다.
운명을 예측추리 판단하는 여러 학문들 중에
추명명리 역시 100%가 아니다.

이 세상에 어느 무엇이라도 100%가 있을 수가 없는 것이다.
사주팔자 감정 내지 상담의 확률을 높이고 가깝게 상담하기
위하여 노력하고 공부하고 있는 것이 아니겠는가.
오래 전에 많은 과학자, 수학자, 물리학자 등의 이론이
지금에 와서 새로운 이론으로 발전하던지 부정하는 것을 보게 된다.
그러나 근본적이고 기초적인 이론위에서 더 나은 새로운
이론으로 발전하게 되는 것이다.
직업은 火재성이 요구되며 火재성은 寅중丙火가 된다.
寅木식신은 역마이므로 활동적인 직업으로 추단한다.
따라서 寅중丙火 역마 직업과 일지申金 편인 지살 문서가
움직이고 子水도화의 직업을 종합하면 火오행인
화장품 방문판매, 역마 편인인 보험, 신규 카드 발급 등의
직업으로 추단한다.
未土정관 대운부터 火남방 운으로 흐르게 되어 수입에는
어려움이 없을 것이다.
癸未대운 중 未土정관 대운에 유부남을 만나게 되나
갈등만 느끼게 되어 편한 만남이 안 되겠다.
앞으로 남방火운으로 흘러가게 되어 생활에는 어렵지
않겠으나 午火대운 중에 子水양인과 子午충하여 55세에
건강으로 어려움이 있을 것으로 예상한다.
壬申자생 일주로 고집과 지식 지혜는 있으며 子水겁재 양인
도화로 음악과 무용에 타고난 소질이 있다.
화장품하면서 단체행사에 무용과 노래와 창을 해주고 있다.
무용과 음악에 소질이 있는 원인은 양 子水 도화가 움직여
일간의 것이 되고 시지寅木 식신 문창이 寅申충으로 돌아다니면서

노래와 창을 하게 된 것이다.
양 子水와 시간壬水로 인하여 혼자보다 합창이나
동료와 같이 노래하게 된다.
사주와 대운에 火모니터가 없어서 능력과 실력은 있으나
방송국출연으로 빛을 보지는 못하겠다.
11세 丙戌대운 학생시기에 공부와 무용이 뛰어났었다.
亥水대운과 丙戌대운 길운 중에 부유한 가정에서
호강하면서 성장하게 되었다.
어릴 적 11세 丙戌대운이 예능인으로 아주 길하나
30대에 왔다면 빛을 보게 되었을 것이다.
자식은 시지寅木 식신이 아들이 되나 寅申충하여 딸 1명이다. 觀

37) 은행원, 부친 군에서 사망, 유복자, 화상

己 丙 甲 甲　남
丑 午 戌 寅

48　38　28　18　8
己　戊　丁　丙　乙
卯　寅　丑　子　亥

본 사주는 乙酉년초에 모친과 동행하여 상담한 사주이다.
丙火일간 戌월 출생으로 식신 격에서 상관 격이다.
용신은 시주己丑 土상관으로 용신한다.
사주는 木火土상을 이루었으며
丑중辛金 정재로 상관생재를 원하게 된다.
己土상관 용신으로 연주甲寅 木편인은 기신이 될 것 같으나
寅午戌삼합으로 기신의 역할을 하지 않고 길하게 작용한다.
木火土상을 이루어 충 운은 흉운이 된다.
천간 癸水정관 乙木정인이 기신으로 작용하며
지지 未土상관 子水정관 申金편재가 기신으로 작용한다.
성격은 丙午일주 간여지동이며 일지午火 겁재 양인과
寅午戌삼합 火국으로 고집과 주장이 강하다.
寅午戌삼합 火국 중에 甲木편인이 투출하여
학문에 집착과 일지 午중己土 상관이 시간에 투출하여
시지 丑중辛金 정재로 상관생재를 원하게 되어 재물에 집착하게 된다.
丑午귀문이 움직여 예민하면서 총명 영리한 성격이다.

본 사주는 甲木편인에 9월 丙火국화 꽃을 피워
학문과 명예에 아름다움이 된다.
9월 땅에 떨어진 씨앗을 丙火로서 습기를 빼고 말려야 한다.
또한 丙火비견이 시주 己丑土 상관 용신을
도우므로 길하게 작용한다.
18세 이전 亥水편관 대운은 甲木편인이 장생
학당을 얻어 공부에 성과가 있었겠다.
18세 丙火대운은 甲木편인이 丙火꽃을 피워서 물게 되고
寅木편인이 움직이게 되어 공부에 성과가 있었을 것이다.
丙火대운 중에 직장에 진출이다.
28세 丁火겁재 대운은 丙火대운과 차이가 난다 하겠다.
戊土식신과 午火양인이 움직이게 되어 길운으로 작용하게 되나
庚金편재가 사주에 없으므로 丙火대운보다 길운이 적게 나타나게 된다.
丑土상관 대운은 길운으로 안정이 된다.
38세 戊寅대운부터 직장이나 생활의 안정으로 발전이 된다.
건강은 신경성 질병과 상골, 디스크, 물혹(암)을 주의해야 한다.
재산은 丑중辛金 정재가 돈이 되어 소비가 적고
알뜰한 생활로 돈에 어려움은 없는 사주이다.
직업은 甲木편인이 투출하고 丑중己土 투출하여
丑중辛金으로 상관생재하고 丑土는 金재성 고지로서
월급과 丑중癸水 정관으로 금속 금융 토건 직업으로 추단한다.
월급생활이 길하고 자영업하지 않는 것이 좋겠다.

○ 직장이 금속, 토건, 금융계 직업입니까?
● 서울에서 은행에 근무하고 있습니다.
　작년(甲申년)에 명퇴하고 지금 계약직으로 있습니다.

계약직이라도 계속 근무하겠습니까?
○ 작년 연운이 좋지 않아서 명퇴하였으나 앞으로 운이 괜찮아서
  계약근무는 계속하겠습니다.
  삼재가 흉하게 작용하므로 항상 삼재 때만 잘 넘기면
  오래도록 근무하겠습니다.

甲申년은 연지寅木 편인을 寅申충하게 된 원인이다.
시지己丑 백호에 辛金재성이 丑土묘 고지에 암장이며
丑午 원진 귀문 탕화하여 움직이고 있으며 천을 귀인이다.
辛金부친과 처는 시간己土 상관의 동태와 사항을 살피게 된다.
丑寅午 탕화가 전부 움직여 탕화의 역할이 나타나게 된다.
寅午戌삼합과 丑寅합 움직임이 일주와 합으로
시간己土 상관으로 부친과 처의 사항을 추단한다.
따라서 부친과 처의 액화가 걱정되는 것으로 추단한다.
평생 가족 중에 화재를 특히 주의해야 하겠다.
처는 85丁巳생 뱀띠나 94戊午생 말띠 중에 인연배필이다.
丁巳생 뱀띠는 겁재 퇴신과 巳火건록으로
丁巳생 뱀띠를 응하게 된 것이다.
戊午생 말띠는 일지午火를 응하고
연지寅木과 寅午戌삼합으로 戊午생 말띠를 응하게 된 것이다.

● 말하던데 저거 아버지가 직업군인으로 군대에서 사망하였는데
  며느리한테는 이상이 없겠지요.
○ 본인 사주에서 부친의 액화가 있었던 것으로 보였는데
  액땜한 것으로 생각합니다.
  며느리한테는 이상이 없을 것입니다.

화재를 평생에 주의해야 하겠습니다.
- 어릴 적에 뜨거운 물에 화상을 입어서 흉터가 크게 있습니다.
○ 화상을 입었다면 액땜이 된 것 같습니다.

　처가 뱀띠나 말띠입니까?
- 용띠(丙辰생)입니다.

　궁합이 잘 안 맞습니까?
○ 궁합하고 관계없이 내가 띠를 잘못 맞춘 것 같습니다.

　다른 띠를 배우자로 사는 경우도 있으며

　며느리 사주에서 甲寅생 범띠를 만나는 경우도 종종 있습니다.

시간己土 상관은 본 사주가 출생하는 甲寅년 寅木이 움직여
시간己土 상관이 寅木 사지에 임하게 된다.
따라서 본 사주가 태아 중에 직업군인인 부친이 사망하여
유복자가 되었다.

상기 사주가 庚寅시라면

庚	丙	甲	甲	남
寅	午	戌	寅	

격은 월지戌土 상관 격이다.
용신은 월지戌土 식신이 용신이다.
26丙辰생 용띠가 인연배필로 나타나게 된다.
시간庚金 편재 부친은 탕화와
寅木절지에 좌하고 움직여
부친의 액화는 더욱 더 나타나게 되고
여러 사항 통변 역시 사주와 가깝게 된다.

실제 타고난 시가 다른 경우가 간혹 있게 된다.
사주감정 상담할 당시에는 본 필자가 잘못 한 것으로
그냥 넘어가게 되었지만 지금 이 사주를 쓰면서 생각하니
庚寅시라 생각한다.
己丑년 현재까지 은행에 계약직으로 근무 중이다.

아래는 본 사주 형의 사주로
부친관계만 통변한다.

己 甲 癸 癸　남
巳 子 亥 丑

36　26　16　6
己　庚　辛　壬
未　申　酉　戌

1) 亥子丑방합으로 시지 丑중己土 정재가 부친이며
   부친의 사항은 시간己土로 판단하게 된다.
2) 연주 癸丑백호 탕화가 움직이었다.
3) 亥子丑방합으로 水인성이 왕하며 己土정재는 한土이고
   연지丑土의 움직임과 子丑합으로 일지子水에 절이 된다.
4) 甲寅년에 己土와 丑土는 甲己합 丑寅합으로 탕화를 이루게 되고
   己土는 寅木사지에 임하게 된다.

두 형제 사주가 다같이 부친의 액화가 있는 것으로

동일하게 추단하게 된다.
모친은 생년월일을 전혀 모르므로 대입할 수가 없다.
추명명리로 가족의 사항은 어느 정도 다같이 길흉이
유사하게 나타나야 추명명리가 확률이 있으므로
공부할 가치가 있는 것이 아니겠는가.
운명을 감정하는 여러 학문 중에 추명명리가 아닌
어떤 학문이든지 가족의 사항은 유사한 점이 있어야 한다고
본 필자는 생각한다.
의학적으로 부모 형제 유전자도 동일한 유전자를 가지고
타고나는 것과 마찬가지라고 생각한다.
역학이 무시당하고 매도당하지 않으려면
우리 역학인이 과학적으로 증명은 되기 어렵더라도
체계적인 통계가 필요하다고 생각한다.
작년에 컴퓨터를 구입하여 처음 사용하여보니
사용방법을 몰라 어려움이 많았으나 컴퓨터를
사용하지 않았다면 이전 저서와 지금의 저서를 쓰는데
어려움이 많았을 것이다.
과학의 편리함을 느끼면서 추명명리 역시
우리 역학인들이 잘 다듬어 발전시켜나가야 할 것으로 생각한다.

38) 합과 충 작용 남편 바람, 고독지명

```
甲  壬  壬  癸   여
辰  辰  戌  卯
```

```
48  38  28  18   8
丁  丙  乙  甲  癸
卯  寅  丑  子  亥
```

己丑년에 상담하러 온 여성을 따라와 보게 된 사주이다.
壬水일간 9월 출생으로 월지戌土 편관 격이다.
용신은 식신제살 격으로 甲木식신으로 용신한다.
천간 火재성은 甲木용신이 조후로 필요하고
천간 순세로 길하게 작용한다.
壬辰괴강 일주와 甲辰백호 壬戌백호가 辰戌충과 辰辰형으로
성격이 까다롭고 흑백이 강하며 주장과 고집, 집착, 자존심이
강한 성격이다.
건강에는 심장 질병과 월지戌土 낙정이 움직여
水액과 卯辰화재살이 움직여 火액을 주의해야 한다.
재산은 월지 戌중丁火 정재가 고중에 돈으로 야물고 알뜰하며
소비를 잘하지 않는다.
38세 丙寅대운 편재와 식신 동방木 대운부터 직업을 가지게 되었겠다.
직업은 역마의 돈과 돈 만드는 방법이 되어
보험, 방문판매 등의 직업으로 추단한다.
남편은 15己亥생 돼지띠, 36戊戌생 개띠 중에 인연배필이다.

己亥생 돼지띠는 壬水일간의 己土정관과 壬水일간 뿌리가 없으므로
亥水건록과 亥卯합으로 己亥생 돼지띠를 응하게 된 것이다.
戊戌생 개띠는 지지卯戌합과 천간戊癸합 연주癸卯 천지 합으로
戊戌생 개띠를 응하게 된 것이다.
己亥생 돼지띠와 戊戌생 개띠 중에 인연배필로 추단하나
己亥생 돼지띠가 더 좋은 띠가 된다.
따라서 己亥생 돼지띠를 남편으로 추단한다.
본 사주의 남편은 월지 戌중戊土 편관을 남편으로 한다.
辰辰戌土 편관 3개를 두었으나 일시지 양 辰土는 공망으로
월지戌土만 남게 되었다.
월지戌土 편관은 일지辰土와 辰戌충하고 연지卯木과 卯戌합
하여 월지戌土 남편은 壬癸水 다른 여자와 통정이
잠재되어 있는 사주로 통변 추단하게 된다.
월일은 辰戌충으로 일간壬水 본인을 가까이하지 않고
연월은 卯戌합하여 戌土편관은 천간 壬癸 水재성
다른 여자를 만나게 되는 것이다.
여명에 壬辰괴강 일주이며 화개 3개가 중중하여
고독지명으로 추단한다.
본 사주의 성격이 까다롭고 흑백논리와 자존심이 강하여
남편이 고달프고 짜증스럽게 된다.
따라서 남자가 많은 것 같으나 실제는 나를 위해 줄 사람은 없으며
달빛과 별빛을 벗 삼아 살아가야 하는 고독한 사주이다.

○ 본인이 직업가지고 활동하고 있습니까?
● 예, 신규 카드 발급 영업하고 있습니다.
○ 운이 있어서 영업은 남보다 그런대로 잘되고 있는 것으로 봅니다.

남편이 돼지띠나 개띠입니까?
● 예, 돼지띠입니다.(己亥생)
　　내 사주에 남편이 바람을 피우는 것이 나옵니까?
○ 예, 좀 그렇게 나옵니다.
　　누구를 만나 결혼하였어도 본인 사주가 그렇다고 생각합니다.
● 여자들 때문에 많이도 애를 먹었습니다.
○ 상대여자들이 유흥가 여자도 있었겠으며
　　가정 있는 유부녀도 있었다고 생각합니다.
　　여자들이 한결같이 말 잘하고 바람기 많은 여자들이라 생각합니다.
● 미행하여 알아보면 선생님 말씀대로 유흥가 여자도 있었고
　　유부녀도 있었습니다.

본 사주 연주癸卯 겁재 상관 도화가 자기의 것이 틀림없다.
그러나 戌土남편이 卯戌합하여 남편의 도화가 되는 것이며
辰戌충으로 남편이 가로막아 자기한테 오지 않는 형상이다.
따라서 본 사주의 바람이 아닌 남편의 바람으로 추단하게 되는 것이다.
앞부분에서 통변하였지만 본인은 바람기가 있으나
상대할 남자가 없는 형상이며 까다로운 성격과
남편이 무서워 마음을 잘 열지 못하게 되는 것이다.
친정형제 중에 수액이나 화액으로 일찍 잘못된 형제가
있을 것으로 생각한다.
남편은 상골을 주의해야 하며 물혹(암)을 주의해야 한다.
앞에서도 몇 번 설명하였지만
사주팔자 음양오행 육신 12운성 12신살 등이 오고가고
죽고 살고 움직이고 내 것과 남의 것을 잘 구별하여
살피게 되면 한 단계 수준을 올릴 수가 있을 것으로 생각한다.

필자는 독학으로 19년 동안 많은 어려움을 겪으면서
지금까지 추명명리 공부를 열심히 하였으나
아직 부족한 것이 너무 많다고 생각한다.
통변을 잘하기 위하여 기초를 소홀히 하지 말 것이다.
음양오행 육신 격국 용신 12신살 12운성 신살 공망 기타 등을
모두 배우고 익히고 습득하여 종합적으로 적용 통변하여
활용하면 될 것으로 본 필자는 믿게 된다.
사주팔자에서 내 것과 남의 것 오고가고 죽고 살고
움직임을 잘 살피게 되면 통변을 하는데 도움이 될 것으로 본다.
본 사주는 합과 충의 작용으로 육신통변에
적용 활용한 상담실례 사주라하겠다.
38세 丙寅 편재와 식신대운은
길운으로 수입과 재산은 가지게 된다.
48세 丁卯 정재와 상관대운 역시 재산은 늘리게 될 것이다.
그러나 48세 丁卯 중에 편관 남편이 움직이고 卯木상관이
움직이게 되어 남편과 갈등 풍파가 따를 것으로 예상 추단한다.
48세 丁卯 대운 중에 본인 역시 마음에 안정이 되지 않아
이성을 가까이 할 수가 있을 것으로 예상한다.
戊戌생 개띠, 甲午생 말띠 중에 가까이 될 것으로 예상한다.
己丑년 47세는 흉신 운이나 丙寅대운으로 큰 어려움은 없으나
남편과 마음이 편안하지 않아 갈등을 느끼게 되는 해이다.
庚寅년 48세 寅木식신은 직업상 길하게 작용하고
庚金편인은 천간순세 작용으로 계약 성사가 순조로운 해가 된다.
庚寅년 역시 남편과 마음이 편안하지 않아
갈등을 느끼게 되는 해가 될 것으로 예상 추단한다.

39) 이혼, 일어번역 통역, 부친 덕, 甲寅생 재혼택일

乙 壬 辛 乙   여
巳 戌 巳 卯

47	37	27	17	7
丙	乙	甲	癸	壬
戌	酉	申	未	午

己丑년에 본 사주의 부친과 모친이 함께 내방하여 상담한 내용이다.
壬水일간 4월 출생으로 월지巳火 천을 귀인 편재 격이다.
용신은 월간辛金 정인으로 용신한다.
壬水일간 木火土 식재관 태과하며 신약하여 巳戌중에
庚辛금 암장되고 월지 庚金편인 사령이며
천덕 귀인인 월간辛金 인수로 용신한다.
습土가 희신으로 작용한다.
성격은 壬戌백호 일주이며 巳戌원진 귀문으로
고집, 자존심이 강하면서 까다로운 성격이다.
건강은 신경성 질병과 혈압을 주의해야 하며
물혹(암)을 많이 주의해야 한다.
월지巳火 편재 역마가 천을 귀인이며
월간辛金 정인 역시 천덕 귀인이 巳火편재 역마에 좌하였다.
일지戌土 편관이 움직여 월간辛金 정인이 월지巳火와 간지로 丙辛합한다.
辛金정인과 巳火편재에 마음이 많이 가게 되는 사주이다.
공부와 돈 벌기 위하여 외국출입이 잦은 직업으로 추단한다.

따라서 통역, 무역, 영업 등 직업으로 추단한다.
재산은 32세 申金편인 대운 이후 47세이전
酉金인수 대운까지 재물 가지고 안정된 생활이 되겠다.
남편은 일월巳戌 원진 귀문과 일시巳戌 원진 귀문이다.
시간乙木과 연간乙木 상관이 연지卯木에 뿌리내리고 있다.
지지巳戌 중에 戊土편관을 전부 암장하고 있다.
대운마저 27세 甲木식신 대운은 연지卯木
상관 도화가 움직여 상관으로 변하여
남편과 풍파를 더욱 부채질하게 된다.
따라서 연간乙木 상관의 영향으로 초혼의 남편과는 일찍
풍파를 겪게 되는 사주이다.
남편은 53庚戌생 개띠나 54己酉생 닭띠, 99癸丑생 소띠 중에
인연배필이다.
庚戌생 개띠는 乙庚합과 일지戌土 편관을 응하고
연지卯木과 卯戌합으로 庚戌생 개띠를 응하게 된 것이다.(50점)
己酉생 닭띠는 壬水일간의 己土정관과 용신辛金의 건록으로
己酉생 닭띠 응하게 된 것이다.
己酉생 닭띠는 띠끼리 卯酉충되어 보통 좋지 못하게
생각하나 오히려 庚戌생 개띠 보다 더 좋은 띠로 추단한다.(70점)
癸丑생 소띠는 월지巳火 천을 귀인과 巳酉丑합으로
癸丑생 소띠를 응하게 된 것이다.(60점)
추명명리로 추단하면 辛亥생 돼지띠가 壬水일간 건록과
亥卯합으로 辛亥생 돼지띠를 응하게 된다.(70점)
己酉생 닭띠나 辛亥생 돼지띠가 제일 좋은 띠로 생각하나
본 사주가 좋은 띠 배우자를 만나기가 어려운 사주이다.

○ 따님이 결혼한 것으로 보입니다.
● 결혼하고 한 두서너 달 살다가 헤어졌습니다.
  선생님이 개띠가 남편으로 있다고 하던데 사위가 개띠였는데
  어떻게 이혼하게 되었습니까?
○ 첫 남편은 개띠를 만났으나 따님 사주가 첫 남편하고는
  살 수가 없는 사주라서 그렇습니다.
  따님사주가 좋은 사주와 좋은 띠 궁합을 만날 수가 없는 사주입니다.
  30살에 결혼했습니까?
● 30살에 만나서 31살에 결혼시켰습니다.
  이혼하고 결혼 안하겠다고 하다가 얼마 전에 1살 많은 총각 범띠를
  소개받았는데 딸이 마음에 좀 들어 해서 결혼 날짜를 잡으려고 합니다.
○ 甲寅생 남자한테 따님이 마음을 열어 좋아하게 되는 궁합으로 봅니다.
  따님직장이 외국회사에 근무하였습니까?
● 서울 어떤 회사에서 번역과 통역하고 있습니다.
  일본을 한 번씩 출장 갔다 옵니다.
  결혼하기 전에 일본에 가 있어서 일본어를 잘합니다.

甲寅생 남자한테 마음이 가게 된 것으로 본다.
甲寅생 남자사주가 7-乙卯생 토끼띠 처가 인연배필이 되어서
본 사주와 결혼하게 되는 것으로 추단한다.
또한 申金편인 대운 중에 만나는 남자는 1-甲寅생 범띠가
남편 인연배필이 있다.
월주에 巳火편재 천을 귀인과 辛金인수 천덕 귀인을 두어
부모 형제의 도움이 있을 것으로 예상한다.
47세 丙戌 대운 중에 연운 따라서
남편의 액화를 주의해야 할 것으로 예상한다.

차후에 특히 암이 염려되며 우울증 불면증 등이
우려되는 사주와 대운으로 예상 추단한다.
배우자 인연 띠가 사주에서 나타나 만나게 되지만
어떤 사주는 그렇지 않으면 대운과 연운에 따라서
만나게 되는 것을 가끔 경험하게 된다.
재혼자는 대운과 연운에 따라 만나는 경우가 종종 있게 된다.
본 필자 역시 부족하여 아직 많이 노력해야 한다고 생각한다. 觀

40) 癸未대운 戊辰년 남편 사별, 유흥동업

乙 丁 丙 庚　여
巳 酉 戌 子

49	39	29	19	9
辛	壬	癸	甲	乙
巳	午	未	申	酉

丁火일간 9월 출생으로 월지戌土 상관 격이다.
용신은 水관성으로 용신한다.
壬水일간 戌土상관 중에 丁火비견이 암장이며
巳시에 출생하여 巳중丙火가 월간에 투출하였다.
여명에 연간庚金 정재를 월간丙火 겁재가 火극金하여
庚金이 子水편관을 상생 못하게 하고 있는 실정이다.
또한 월지戌土 상관이 연지子水 편관을 土극水하여 연지子水
편관이 허약하여 여명에 水관성으로 용신한다.
천간 火비겁이 기신으로 작용하며 水관성과
甲木정인이 길하게 작용한다.
지지 土식상이 기신으로 작용하게 되며
金재성이 길하게 작용하고 木인성이 최 길하게 작용한다.
따라서 천간과 지지오행 간지를 가려서 사용하는 사주로 판단된다.
성격은 丁火일간을 보통단식으로 자기의 희생정신이 많고
남을 배려하는 성격이다.
상관 격은 남을 배려하고 생각하는 마음을 소유하고 있으나 일반적으로 잘 믿지 않는 성격도 가지고 있다.
巳戌원진 귀문과 子酉귀문이 움직여
예민하고 철저한 성격을 가지고 있다.
건강은 디스크, 담석, 신경성 질병, 물혹(암)을 주의해야 하며
음주를 가까이하면 간에 손상 받을 수가 있는 사주이다.
또한 형혹성과 태백성이 일시지 巳酉에서 투출하여
자신이나 가족 중 질병으로 고생하는 사람이 있을 수 있다.
연월 丙庚은 형혹성과 태백성으로 살기, 사상, 횡액, 질병이며
그리고 월주丙戌 백호로 윗대에 살상, 질병, 횡액이 있었겠다고 예상한다.
재산은 평생에 보증. 금전대차, 동업하면 손재가 따르므로
절대하지 않아야 한다.
특히 친구 동료와 금전거래만 하지 않으면
금전에 애로는 겪지 않겠다.
직업은 일지酉金 편재 도화는 술잔, 찻잔, 천을 귀인이
움직여 있으므로 유흥업이나 화려한 직업에 인연이 있다.
보통 육십갑자 중에 丁酉일주는 유흥, 인테리어, 디자이너,
보살, 스님 등 화려함과 종교적인 면을 추구하는
직업을 가지는 확률이 있다.
월주丙戌과 일주丁酉가 회오리가 일어나 있으므로
부모 형제의 덕이 없겠다.
또한 여명에 일주와 월주에 회오리가 일어나있으면
남편 덕이 부족하거나 남편과 해로하는데
어려움이 따르는 것으로 필자는 보통 예상하게 된다.
丙火가 戌土묘지에 좌하여 친정형제 중에 성장과정이나
성인되어 불상사가 있었던 것으로 추단한다.

또한 시집간 후에 시아버지의 불상사로 추단한다.

그렇지 않으면 시아버지 안 계시는 곳에 시집갔다.

남편은 연지子水 편관이 남편성이 된다.

남편은 87丁酉생 닭띠, 21甲午생 말띠중에 인연배필로 추단한다.

甲午생 말띠보다 丁酉생 닭띠가 천을 귀인 띠가 되어

인연배필 띠로 길하여 丁酉생 닭띠를 남편으로 추단한다.

월주 丙戌백호이며 월지戌土 상관 과숙이 일간으로 움직여

연지子水 편관 남편을 극하고 있다

연 월간 丙庚이며 월주 丙戌백호 과숙이 연지子水 편관 남편을 극한다.

따라서 본 사주는 남편의 액화가 아니면

남편과 해로하기가 어려움이 잠재되어 있는 사주로 추단하게 된다.

39세 壬午대운에 壬水정관은 월간丙火 겁재를 극하여

庚金정재가 극에서 살아나 수입은 괜찮았을 것으로 추단한다.

午火비견 도화 건록으로 친구나 형제와 같이

壬水남자 상대로 장사를 시작하였을 것으로 추단한다.

49세 辛金편재 대운은 편재와 상관이 움직이며 상관 생재하여

수입에는 어려움이 없을 것으로 예상한다.

己丑년 50세 巳酉丑삼합金국 재성하여

고중에 돈으로 장사는 무난하게 된다.

그러나 암 검진을 해보는 것이 좋겠으며 관재를 주의하고

건강이나 사고를 주의해야 하겠다.

● 선생님이 말한 되로 유흥업인 술장사하고 있는데
  앞으로 계속 괜찮겠습니까?

○ 장사는 무난하게 괜찮겠습니다.
  설명한대로 올해 돈은 좀 벌어지겠습니다.

그러나 관재구설과 건강 사고는 주의해야 하겠습니다.
- 안 그래도 병원에 가 볼 생각입니다.
○ 남편과 안 살고 있습니까?
- 예,
○ 이혼이나 사별 중에 사별로 보입니다.
- 30살 이전에 남편이 간경화로 사별했습니다.
  저는 사주를 잘 안 보는데 친구가 한번 가보라고 하여서 왔는데
  제 사주에 사별이 있었습니까?
○ 남편의 운명도 보아야 하겠지만 본인 사주에도 조금 나타나 있습니다.
  돌아가신 남편이 닭띠나 말띠였습니까?
- 닭띠나 말띠가 인연이라 하던데 닭띠였습니다.
  닭띠를 만나도 사별을 하게 됩니까?
○ 닭띠 남편과 인연이 되는 것이며 본인 사주에 사별 기운이
  조금 있는 사주라 그런 것 같습니다.
- 전에 돈을 조금 빌려주었는데 아직 받지 못하고 있습니다.
  언제쯤 받아지겠습니까?
○ 돈은 나한테 없으면 내 것이 아닙니다.
  어렵지 않으면 기다리지 않는 것이 좋겠습니다.

29세癸未 대운은 연지子水 편관 남편이 움직이고 子水편관
남편과 子未원진 해 土극水함으로서 子水남편이 未土식신
묘지와 과숙에 임하게 된다.
29세 戊辰년은 연지子水 남편이 辰土묘지에 임하게 되며
월지戊土 상관 백호 과숙을 辰戌충한다.
辰戌충하면서 戌중戊土 상관이 튀어나와 연지子水 편관 남편을 합 극한다.
따라서 29세 戊辰년에 사별하게 되었다.

현재 동업하면서 주방에서 일하고 있는 중이다.
2011년 辛卯년에 변화가 일어나게 되어
동업자와 정리할 것으로 예상한다.

아래 사주가 본인 아들의 사주이다.
본 사주는 부친의 사항 요점만 간단하게 통변한다.

庚 癸 壬 乙　남
申 卯 午 丑

39　29　19　9
戊　己　庚　辛
寅　卯　辰　巳

1. 부친인 午중丁火가 丑午원진 귀문으로 인하여
   연지丑土 묘지에 임한다.
2. 일주가 丁火편재 부친의 묘지丑土를 지시한다.
3. 지시신의 영향으로 본 사주 출생 후 얼마 되지 않아
   부친의 액화가 있게 된다.
3. 戊辰년에 午火가 설기되고 辰丑파하여 묘지를 열게 된다.
   따라서 戊辰년에 부친은 간암으로 사망하였다.
   본 사주 역시 담석과 간암을 주의해야 할 사주이다.
4. 부친과 인연이 없으며 처는 잘 생긴 여성이 될 것으로 예상한다.
   결혼 후 처가 얼굴값을 하게 될 것으로 보이게 되니
   너무 얼짱 몸짱은 피하는 것이 좋을 것으로 예상한다.

5. 결혼은 27세, 29세 중에 7-乙丑생 소띠, 3-丙寅생 범띠 중에 인연배필로 예상한다.
6. 처는 병원근무자, 간호원, 병원행정 등이 될 것으로 예상한다.
7. 격은 상관생재 격으로 용신은 火재성으로 용신한다.
8. 현재 정보대학 자동차학과를 억지로 수학중이다. 観

41) 丙午대운 중에 의대 교수예상, 피부 전공

癸 己 庚 壬　여
酉 巳 戌 戌
　　戌亥

41　31　21　11　 1
乙　丙　丁　戊　己
巳　午　未　申　酉

본 사주는 모친이 상담한 사주이다.
己土일간 9월 출생으로 월간庚金 상관에서
연간壬水 정재로 상관생재 격이다.
용신은 일지巳火 정인으로 용신한다.
9월에 己土일간 태 월이 庚子월로 한기가 과하므로
火인성은 조후용신으로 길하게 작용한다.
지지 전부 金식상을 암장하여 金식상이 왕하다.
水재성으로 상관생재 격이지만 火인성이 온수하게 되면
水재성 돈을 己土일간이 먹을 수가 있어서 火인성으로 용신한다.
본 사주는 일간용신과 격 용신으로 작용해야
길흉이 판단되는 사주이다.
사주에 따라서 일간용신과 격 용신을
함께 병용할 때가 가끔 있게 된다.
기신은 천간과 지지 土비겁이 흉신으로 작용한다.
천간 火인성과 木관성이 길하게 작용하며

지지 木관성과 火인성 金식상은 길하게 작용한다.
성격은 예민하고 까다로우며 己巳자생 일주로 巳火인수에
巳戌 귀문을 이루고 움직여 있으며 金식상이 왕하다.
따라서 총명 영리하고 시지酉金 문창과 일지巳火가
巳酉丑합하여 학문에 집착이 강하다.
건강은 디스크 물혹(암)과 피부질병을 주의해야 하겠다.
학과나 직업은 교단이 제일 길하고 천의성이 움직여 있으며
인수巳火가 戌土천문과 巳戌귀문하여 활인하는
학과나 직업에 인연이 있다.
일지巳火 인수 학문과 金식상 제자가 있으므로
巳火인수가 움직일 때 교단진출이 될 것으로 예상한다.
일지巳火 인수가 움직여 월주庚戌 괴강 천문 천의를 지시한다.
따라서 의대교수가 제일 길하다 하겠다.
남편은 62庚申생 원숭이띠, 65丁巳생 뱀띠, 21辛酉생 닭띠,
87甲子생 쥐띠 중에 29세, 30세에 결혼하게 될 것으로
예상 추단한다.
庚申생 원숭이띠는 상관이 퇴신하고 申金천을 귀인 띠로
庚申생 원숭이띠를 응하게 된 것이다.(60점)
丁巳생 뱀띠는 일지巳火 인수 길신을 응하고
연간壬水의 천을 귀인 巳火와 연간 丁壬합으로
丁巳생 뱀띠를 응하게 된 것이다.(70점)
甲子생 쥐띠는 일간己土가 甲木정관과 甲己합으로
2살 연하인 甲子생 쥐띠를 응하게 된 것이다.(50점)
申金상관 대운에 壬水정재격을 생하고
활인 성으로 의대에 진학하여

己丑년 28세 현재 레지던트 중이며 열성적으로 노력하고 있다.
현재 丁未대운으로 31세 丙午대운 이전에는 준비과정으로 본다.
31세 丙午 대운은 인수가 움직이며 己土일간 午火건록을 얻어
새로운 진로가 개척되는 시기가 된다.
따라서 丙午대운 중에 대학교수가 될 것으로 예상한다.
戌土천문은 뱃가죽, 피부, 사찰, 카바레, 나이트, 운동장,
화장실 등으로 보며 酉金은 칼로 보게 된다.
巳戌원진 귀문은 염증, 고름, 암 등으로 보게 된다.
따라서 의대 피부과 전공이 맞는 학과이며 직업이다.
戌土천문성과 酉金은 수술 칼, 戌土는 피부, 뱃가죽 등의
영향으로 피부과 전문 중이다.
남편관계는 월지방안이 공망되고 木관성 무관사주이며
지지 암장된 金식상이 태과하여 남편과 가정생활에
어려움이 따를 것으로 예상한다.
41세 乙巳대운 중에 부부간에 어려움이 있을 것으로 예상되니
남편의 건강을 잘 챙기도록 해야 하겠으며
남편과 갈등을 주의해야 하겠다.
그러나 41세 乙巳 대운에 본인의 명예와 재산은 가지게 될 것으로
예상 추단한다.

42) 정형외과 간호사

甲 丙 丙 辛　여
午 寅 申 酉

48　38　28　18　8
辛　庚　己　戊　丁
丑　子　亥　戌　酉

丙火일간 7월 출생으로 申酉방합하여 연간에
辛金이 투출하여 재성 격이다.
용신은 재성 격을 보호하는 申중壬水 관성으로 용신한다.
일월 寅申충으로 재성 격이 한번 손상을 받아서
격으로 취할 수가 없다하겠으나 일시 寅午합과
연월 申酉방합하여 寅申충이 해소되어 金재성 격으로 한다.
丙火일간 7월 출생이지만 丙寅자생 일주이고
시지午火 겁재 양인을 얻었으며
寅중甲木 편인이 투출하여 신왕하다.
따라서 여명에 申중壬水 편관을 용신한다.
천간 水관성은 丙火비견을 제하여 길하게 작용하며
지지 水관성은 寅申충을 해소하고 午火겁재 양인을 다스리게 되며
金水木火로 상생하게 되어 제일 길운으로 작용하게 된다.
따라서 申중壬水 편관을 용신한다.
기신은 火비겁이 흉신으로 작용하게 된다.
성격은 丙火일간 자생일주이며 시지午火 겁재 양인을 얻어

조급하고 화끈하며 마음에 간직하지 않고 발산하는 성격이다.
丙寅자생 일주가 시지午火 겁재 양인을 얻고 土식상이 없으면
보통 신체가 크고 머리카락이나
수염이 뻣뻣하고 곱슬머리가 많게 된다.
건강은 사고를 주의하고
디스크, 상골, 물혹(암)을 주의해야 한다.
직업은 본 사주에 寅午戌과 申酉戌합으로
다같이 戌土식신 천문을 각각 불러들이게 된다.
일지 寅중甲木과 丙火가 시간과 월간에 투출하여
시지午火 양인 현침이며 월지申金 편재 현침에 좌하고
寅申충 형 한다.
따라서 지시신의 영향과 午火 申金 현침 양인
戌土식신 천문 寅申충 형의 영향으로
간호사의 직업으로 추단한다.
공부는 일지寅木 편인공부를 寅申충하여
공부에 집중하기에 어려움이 따르는 사주이므로
좋은 성적은 아니었겠다.
따라서 戌土식신 천문 대운에 의사가 아닌
간호원 직업으로 추단한다.

○ 직업이 혹시 병원에 간호원입니까?
● 예 정형외과 간호원입니다.

18세 戊戌식신 대운 학생시기에 천간은
木生火 火生土 土生金으로 순화하며 지지戌土 식신 천문이

寅午戌삼합과 申酉戌방합하게 된다.
따라서 戌土식신 천문 대운 중에
간호사로 진출이 되었던 것이다.
27세 丁亥년은 午火겁재 양인 도화가 움직이고
亥중甲木은 壬水남자의 甲木식신이며 午중己土는
丙火일간의 己土상관으로 남여상관 생식기끼리
甲己합하여 연애하게 된다.
본 사주는 寅중甲木과 午중己土 상관이 甲己합하고
합하여 중매가 아닌 연애결혼하게 되는 사주이다.
결혼은 28세 己亥대운 중에 시지午火 도화가 움직이게 되고
午중己土 상관 생식기가 亥중甲木 남자의 마음과 생식기가
甲己합하여 결혼하게 되는 대운이 된다.
따라서 30세 庚寅년, 31세 辛卯년 중에 결혼할 것으로 예상한다.
남편은 12庚申생 원숭이띠, 49壬戌생 개띠, 21辛酉생 닭띠 중에
인연배필이 될 것으로 예상한다.
庚申생 원숭이띠는 지시 신의 영향으로
월지申金 庚申생 원숭이띠를 응하게 될 것이다.
壬戌생 개띠는 寅午戌삼합과 申酉戌방합으로
壬戌생 개띠를 응하게 될 것이다.
辛酉생 닭띠는 일간丙火가 辛金과 丙辛합과 酉金천을 귀인으로
辛酉생 닭띠를 응하게 될 것이다.
남편과는 갈등이 조금 있는 사주이니 이해하고 참도록 하고
남편의 사고 건강은 유의하는 것이 좋겠다.
28세 己亥대운부터 己土상관은 상관생재하고
亥水편관 천을 귀인 길신으로 직장에서 인정받을 것이며

가옥구입하고 남편과 즐거운 생활이 될 것으로 예상한다.
38세 庚子재관 길운 대운에 큰집 구입하고
직업발전이며 안정된 생활이 더욱 될 것이다.
子水정관 대운 중 40세 庚子년 삼재 해에
건강과 사고를 주의해야 하겠으며
자식의 근심이 있을 것으로 예상하니
조심하도록 해야 하겠다.
또한 친정 모친의 액화가 따를 것으로 예상한다.
본인의 주장대로 처리하다가 손재가 있으니
자중하는 것이 손재를 당하지 않는 방법이 된다.
48세 辛丑대운 역시 길운으로 재산가지고 살아갈 수는 있으니
재산 지키고 보존함에 신경을 쓰도록 하라.
재산은 현금보관하지 말고 물가의 부동산에 간수해야 한다.

- 30살, 31살에 적힌 띠 중에 결혼하겠습니까?
○ 예, 그 띠 중에 결혼이 됩니다.
- 좀 잘 살겠습니까?
○ 아가씨는 운이 괜찮아서 생활에 어려움은 없을 것입니다.
  현금 보다 부동산에 묻어두면 재산을 가지게 되는 사주입니다.
- 사고가 크게 있겠습니까?
○ 사고가 큰 것은 아니니 주의하면 괜찮겠습니다.
  너무 걱정하지 말고 상골, 디스크, 물혹만 유의하면 되겠습니다.

43) 독일 예능 유학 대학교수 원

癸 庚 壬 庚　여
未 戌 午 申

41　31　21　11　1
丁　戊　己　庚　辛
丑　寅　卯　辰　巳

庚金일간 5월 출생으로 월지午火 정관 격이다.
용신은 정관격인 월지午火 정관으로 용신한다.
庚金일간 연주庚申 비견과
일시지戌未 土인성으로 불 약하며
土金水로 오행 상생하여 水식상에 기운이 모인다.
木재성이 없으므로 午火정관까지 기운이 흐르지 않고 있다.
따라서 여명에 午火정관이 木재성을 만나지 못한 형상되어
월지午火 정관을 용신하고 木재성을 희 신으로 한다.
성격은 자좌戌土 편인이고 庚戌괴강 일주이며
申金역마가 움직이었다.
고집과 자존심이 강하면서 융화를 잘하면서
외강 내강의 성격이나
시작은 강하나 끝에는 조금 약한 성격이 있다.
壬水식신 역마바다가 월지午火 정관과 丁壬합하여
월지午火는 일지戌土 편인 화개와 午戌합하였다.
따라서 일지戌土 예능계통 학문을 공부하기 위하여

유학공부 하였으며 예능공부에 집착을 가지게 된다.
일지戌土 편인 화개공부와 水식상 제자가 갖추었으므로
대운과 연운에 따라 교직자 진출이라 추단한다.
11세 庚辰대운에 戌土편인 화개가 움직여
예능공부하게 되었을 것으로 추단한다.
21세 己卯대운 卯木정재 도화가
일지戌土 편인 화개와 卯戌합하게 된다.
따라서 예능공부가 뛰어나게 되었을 것이며
부모의 돈을 소비하게 되었겠다.
31세 戊寅대운 중에 일지戌土 편인이 움직이게 되며
寅午戌삼합 火국으로 편관을 이루게 된다.
35세 甲午년 이후 39세 사이에 대학교수로
강단에 서게 될 것으로 예상한다.
寅木편재 대운까지 재산과 명예 지키고
안정된 생활이 될 것으로 예상 추단한다.
결혼은 32세에 71辛酉생 닭띠, 49壬戌생 개띠
1살과 2살 연하가 남편 인연배필로 들어오게 될 것으로 예상한다.
위로는 86丙辰생 용띠가 남편 인연배필로 들어온다.
辛酉생 닭띠는 총각이 본인을 좋아하게 되므로
辛酉생 닭띠를 응하게 된 것이다.
壬戌생 개띠는 일지戌土로 壬戌생 개띠를 응하게 된 것이다.
丙辰생 용띠는 연지申金과 申辰삼합과
월지午火 정관의 움직임으로 丙辰생 용띠를 응하게 된 것이다.
진심으로 부부인연 띠 찾기가 어렵다고 생각한다.
손님은 하나의 띠로 100% 부부 띠를 맞추어 주기를

원하고 있으니 여간 어려운 것이 아니다.
사주구성상 배우자성이 좋으면 두 세개 띠 중에서
제일 길한 띠를 만나는 경우가 많고
사주구성상 배우자성이 나쁘면 나쁜 띠를 만나는
경우가 많음을 보게 된다.
부부인연 띠가 추명명리나 어느 학문 방법이든
수학적으로 정답만 떨어지면 얼마나 좋겠는가.
본 필자가 여러 면에서 아직 공부가 부족하다고
자책도 많이 하여보면서
본 저서에 부족하나마 쓰게 된 것은
다 같이 연구하고 발전시켜 나가자는 마음으로 쓰게 된다.
스승 없이 독학으로 공부한다는 것은 시간과 노력이
남들 보다 많이 소요되는 것이다.
자신과의 싸움에서 이기어야 진정한 승자가 되는 것인데
아직까지 나 자신과의 싸움에서 승자가 되지 못하였으니
승자가 되지 못하고 있는 현실이다.

본 사주로 들어가 앞으로
丁火대운까지는 길하게 흐르므로 어려움 없이
생활이며 명예도 가지게 되겠으나
丁丑대운과 丙子대운 중에
남편의 건강과 갈등을 유의해야 할 것이며
자중하고 신중히 처신해야 할 것으로 예상한다.

44) 미혼, 충과 합 육신통변, 공인중개사, 철학관 가

```
壬 甲 丙 甲   남
申 午 子 寅
   辰巳   子丑
```

```
46  36  26  16   6
辛  庚  己  戊  丁
巳  辰  卯  寅  丑
```

상기 사주는 본 필자가 오래전에 가르친 제자 중에
아주 총명영리하며 명리학이 뛰어나고 자부심으로
철학관을 운영하면서 많은 손님을 상담하고 있는
여 제자(혜천)한테 명리학을 수강한 사주이다.
甲木일간 11월 출생으로 월지子水 정인 격이나
월지子水 정인이 공망이나 子午충 되어 탈공은 되었다.
그러나 子水정인 격으로 성격하기에는 무리가 따른다.
따라서 子중壬水가 시간에 투출하여 편인 격이 된다.
용신은 월간丙火 식신으로 용신한다.
戊 己 丑 未 戌土 재성과 寅木이 길신으로 작용한다.
시간壬水 편인과 월지子水 기신을 합 충 극하는
대운과 세운에 자신의 발전이 있게 되며 재산이 불어나게 되며
생활에 안정이 된다.
甲木일간 동짓달에 한기가 심하여 조후용신과 자연용신으로
일지 午중丙火가 월간에 투출하여 丙火식신으로 용신한다.

용신인 월간丙火 식신은 연간甲木 비견 형제 친구의 것이 된다.
또한 월간丙火 식신 용신은 甲木일간의 소유도 된다.
월지 子水생甲寅木 甲寅木생丙火로 오행 상생한다.
그러나 월지子水 인수는 일주로 상생을 이루지 못하고
연주 甲寅木 비견을 상생하며 일지午火와 子午충한다.
용신丙火를 비율로 계산한다면 연간甲木 비견 형제 친구는
70%정도 소유하게 된다면 나 일간甲木은 30%정도 소유가
되는 것으로 본다.
따라서 연간甲木 비견 형제가 용신丙火의 혜택을
많이 받아 아름다움이 있으며 본 사주는 子午충으로
용신丙火의 혜택이 적게 되는 것이다.
즉 나의 것과 남의 것을 구별해야 한다는 것이다.
월간丙火 용신이 나에게 혜택이 되려면 子午충을
해소하는 丑土정재 천을 귀인과 未土정재 천을 귀인
그리고 戌土편재는 戌중戊土가 월지 子중癸水를
戊癸합 극하고 寅午戌삼합으로 子午충을 해소하게 된다.
따라서 대운이나 세운이 丑土 未土 戌土 寅木대운이나
연운이 길하게 작용한다.
지지寅木 비견은 子午충을 통관 상생하여 길하게 작용한다.
결혼은 36세 己丑년 또는 37세 庚寅년 중에 결혼할 것으로 예상 추단한다.
36세 己丑년은 배우자궁인 일지午火 상관 도화가 움직여
午중己土 정재처가 일간甲木과 甲己합하여 결혼으로 추단하게 된다.
그러나 일지午火 배우자궁을 원진 귀문하여
어떠한 이유가 발생하겠으며 마음에 안정이 되지 않게 된다.
37세 庚寅년은 시지申金 편관 자식 궁이 움직이며

寅木은 일지午火 子午충을 통관 상생하므로 결혼으로 추단하게 된다.
처는 1살 연상으로 19癸丑생 소띠로 나타나게 되며
아래로는 44戊午생 말띠, 43己未생 양띠, 35丁巳생 뱀띠 중에
인연배필이 될 것으로 예상 추단한다.
1살 연상인 癸丑생 소띠는 丑土천을 귀인과 子丑합으로
子午충을 해소하게 되므로 癸丑생 소띠를 응하게 된 것이다.
戊午생 말띠는 寅午합과 일지午火로 戊午생 말띠를 응하게 된 것이다.
己未생 양띠는 일간甲木이 己土정재와 甲己합하고
일지午火와 午未합 일주와 천지 합으로 子午충을 해소하며
未土천을 귀인으로 己未생 양띠를 응하게 된 것이다.
丁巳생 뱀띠는 월간丙火 식신 길신의 건록과
일지午火의 움직임으로 丁巳생 뱀띠를 응하게 된 것이다.
본 사주 자신이 癸丑생 소띠 아가씨를 마음에 들어 하겠다.
癸丑생 소띠 아가씨와 결혼하면 재산이 불어나게 되며
자신의 하는 일이 잘 풀리게 될 것으로 추단한다.
26세 己卯대운은 일간甲木이 대운천간 己土정재와
甲己합하고 대운지지 卯木겁재 양인 도화가 된다.
즉 천간은 甲己합하고 지지는 일지午火 상관과 午卯파를 이루고
己土여자가 卯木남편을 달고 들어오므로
남편 있는 유부녀와 연애도 있었을 것으로 추단한다.
그러나 외적으로는 처와 같은 생각이 들어서 좋으나
내적 마음으로는 갈등을 느끼게 된다.
따라서 35세까지는 결혼이 어렵게 된다.
사주와 운에서 인연 따라 오고가고 만나고 헤어지는 것이
운명의 인연 따라 흐르는 것이다.

卯木겁재 양인 도화 기신 운이기 때문에
옳고 좋은 것은 보이지 않아 만나지 못하고
그르고 좋지 못한 일에 마음과 몸이 움직이게 되는 것이
사주와 대운과 운명이다.
일반적으로 많은 사람은 운이 나쁠 적에는
필요한 사람을 만나지 못하고 도움이 되는 말은 듣지 못하게 된다.
결혼 후 午중己土 정재 처만 바라보아야
처의 덕이 있게 되며 부부갈등 역시 없게 된다.
건강은 寅申충이 움직여 사고를 주의하고
子午충이 움직여 심장질병을 주의해야 한다.
직업은 사주가 4충으로 이루어져 영업 분야에 인연 있게 되며
火土분야인 전기 전자 부동산광고 통신에 인연이 있다.
음식점할 경우에는 오리고기집이나 닭고기집이 제일 길하다.
寅午戌합으로 戌土편재 천문을 불러들이게 되어
종교, 철학관 등에 인연 또한 있는 사주이다.
庚金편관 대운에는 시지申金 편관 역마 기신이 움직여
사고와 건강을 주의해야 하겠다.
36세 庚辰 대운 庚金편관운 중 특히 내년 37세 庚寅년과
38세 辛卯년에 사고를 주의해야 한다.
辰土편재 대운 시지申金 편관과 월지子水 정인이
申子辰삼합 水국하여 壬水편인이 된다.
월지子水 정인 모친이 입묘되고 辰土는 상문 조객이다.
辰土편재 대운 중에 부동산 매수가 되겠다.
부동산구입은 경매, 헌집, 재건축, 재개발, 토지 보상 등에 이익이 된다.
본 사주의 이름으로 문서를 가지게 될 것으로 예상하며

그러나 모친의 근심이 생기게 될 것으로 예상한다.
辰土대운은 일지午火와 辰午수액이 되므로
본인과 처 가족 중에 水액이 따르므로
물가를 특히 피하는 것이 좋겠다.
자영업은 辰土편재 대운부터 부동산분야에 길하니
그 전에 공인중개사 자격증을 따 놓는 것이 덕이 된다.
辰土편재 대운 중에 음식점으로는 닭고기, 오리고기
그리고 철학관 중에 하게 되면 수입이 괜찮을 것이다.
46세辛巳 대운부터 남방 巳火식신 길운으로 흐르게 되므로
재산 불어나게 되며 안정된 생활이 된다.

己丑년 36세 연운을 통변해석 추단하면
1. 己土정재가 일간甲木과 甲己합한다.
2. 일지午火 상관과 丑午원진 귀문하게 된다.
3. 일지午火 상관 길신 배우자궁이 움직이게 되며
4. 월지子水와 子丑합으로 子午충을 해소하면
   午火상관이 당당하게 길신으로 작용하게 된다.
5. 일지午火 배우자궁을 丑午원진 귀문하여
   어떠한 이유가 생기게 된다.

따라서 상기 사항들로 통변하면
丙火용신의 뿌리인 午火상관 길신이 子午충에서 해소된다.
午중己土 정재가 처의 역할을 하게 되므로
癸丑생 소띠가 천을 귀인으로 인연배필이 나타나게 된다.
己丑년 올해 여러 사항으로 종합하면

癸丑생 소띠 아가씨가 천생연분으로 인연배필이니

1살 연상인 癸丑생 소띠가 나타나면 놓치지 마라

본인 마음이 움직이고 마음에 들게 되니

올해 결혼 결정하여 올해나 내년에 결혼하도록 하는 것이 덕이 된다.

47세 辛巳 대운은 월간 丙火 식신을 丙辛합으로 묶게 되어

지체됨이 조금 있으나 월간 丙火 식신이 건록을 얻게 되어

생활에는 어려움이 없겠으며 부동산, 오리고기, 닭고기, 가스,

철학관 등의 직업으로 수입은 무난하게 될 것으로 예상한다.

57세 壬午 대운 역시 온水생木하여 길하게 작용한다.

67세 癸未 대운 또한 길하게 작용하게 된다.

40세 이후로 안정된 생활이 되겠으나

삼재 때는 흉하게 작용하겠으니

삼재 때는 항상 모든 일에 신중하고 조심하며 자중해야 한다. 觀

45) 이혼, 재혼 이혼, 중년 운 흉, 가족통변

```
丁 甲 甲 甲   남
卯 子 戌 午
   戌亥    辰巳
```

```
61  51  41  31  21  11  1
辛  庚  己  戊  丁  丙  乙
巳  辰  卯  寅  丑  子  亥
```

甲木일간 9월 출생으로 잡기식재관인 격에 월지 戌중丁火가
시간에 투출하여 잡기상관 격이며 寅午戌화국으로 상관 격이다.
용신은 상관생재로 격인 시간丁火 상관으로 용신한다.
甲木일간 입동 4일전이며 시지卯木 겁재 양인을 얻고
甲子 자생일주로 남명에 불 약하여 시간丁火 상관을 용신한다.
희 신은 土재성이며 천간庚金 편관과 戊己土 재성이 길신으로
작용하며 지지巳午 火식상과 申金편관이 길신으로 작용한다.
지지寅卯 木비겁이 기신이며 특히 卯木겁재 양인 도화가 기신이 된다.
시지卯木 겁재 양인 도화로 특히 외간여자는 절대 가까이하지 않아야
손재와 가정풍파가 따르지 않게 되는 사주이다.
건강은 戌土급각이 움직여 상골과 디스크를 주의해야 하며
金인 폐, 기관지와 위장 질병, 물혹(암)을 특히 주의해야 한다.
일지 부침(수액)으로 인하여 수액 또한 주의해야 한다.
甲子 자생일주 정인으로 주관적이며 木火 비겁과 상관으로
독립 자립적이고 야당기질이 강하고 의아심이 많고 파고들고

흑백이 강하고 卯木겁재 양인으로 모난 성격이다.
따라서 모든 면에 긍정적이고 둥근 마음을 가져야 발전되며
건강이 좋게 된다.
직업은 비견과 양인으로 남 밑에 근무하기는 어려우므로
자영업을 원하게 되는 사주이다.
직종은
1. 庚金편관이 희 신이므로 기계금속에 인연이 있으며
2. 상관 격에 시주丁卯 상관 겁재 도화로
   여자를 상대하는 직업에 인연이 있다.
3. 월지戌土 편재 화개 천문 공망 되고 일지子水와
   월지戌土 사이에 亥水천문을 협공하여 종교 역학 의술에 인연 있다.
   일지子水와 월지戌土에 亥水천문을 협공하여
   모친으로부터 내려온 공줄이 된다.
4. 寅午戌삼합으로 丁火상관 격에 일지와 시지子卯 형을 이루어
   생살지권 또한 인연이 있다.

일반적으로 월지는 천기를 담는 그릇이므로 戌土편재 공망
화개천문 직업은 종교가와 역술 그리고 협공된 亥水편인인
도가에 인연이 좋다.
월지戌土는 천문 성으로 스님, 목사, 역술, 도인, 점술인 등에
많이 나타나게 된다.
그렇지 않으면 방안에 신주단지나 제단을 만들어 두게 된다.
본 사주는 월지戌土 편재가 공망 되어
평생에 한 직종에 종사하기는 어려운 사주가 된다.
따라서 직업은 여러 번 바뀌게 된다.

재산은 비겁태과로 보증 금전대차 동업은 절대하지 않아야 하며
卯木겁재 양인 도화로 여자를 주의해야 재산에 손실이 없게 된다.
木비견 양인으로 속성속패이며 庚金편관이 없으므로
재산을 지키기는 데 어려움이 따르는 사주이니
재산을 지키는 데 많이 노력해야 한다.
戌土편재 공망으로 재산은 없는 사주이다.
결혼은 甲子일주로 일지子水 욕지이며
午중己土 정재인 처가 연지에 있으며
시지卯木 겁재 양인 도화와 甲木비견을 견하여 조혼하는 사주이다.
보통 배우자인 처 관계는 연 월주에 상관이 왕하던지
상관 국을 이루고 또한 연주에 상관 도화 성을 두고
사주 타주에 도화 성이 중첩하면 조혼하는 경우가 많게 된다.
본 사주 역시 연 월에 寅午戌火국 상관 국을 이루고
연지午火와 일지子水 시지卯木 도화 성이 중첩하여 조혼하나
연일지 子午충과 일시지 子卯형 시지卯木 겁재 양인 도화로
첫 배우자와 해로하기는 어려운 사주이다.
11세 丙子대운 중 대운子水 정인은 욕지이며
일지子水가 움직이고 연지午火가 움직이게 되어
午중己土 정재 처가 움직여 나오게 된다.
따라서 20세 癸丑년은 일지子水와 천을 귀인인
丑土정재가 子丑합하며 일지子水 배우자궁이 움직여 결혼이 된다.
처는 19乙未생 양띠, 38丙申생 원숭이띠, 35己亥생 돼지띠 중에
처로 인연배필이다.
乙未생 양띠는 甲木일간의 양귀 천을 귀인이고
시지卯木과 卯未합이며 연지午火와 午未합으로

乙未생 양띠를 응하게 된 것이다.
丙申생 원숭이띠는 일지子水와 申子합과 己土정재가
암장된 午중丙火로 丙申생 원숭이띠를 응하게 된 것이다.
己亥생 돼지띠는 일간甲木이 己土정재와 甲己합 亥水장생으로
己亥생 돼지띠를 응하게 된 것이다.
처와는 일시지 子卯형을 이루고 시간丁火 상관과
시지卯木 겁재 양인 도화이며 연지와 일지가 子午충하게 된다.
午중己土 정재는 일지子水와 子午충으로 己土처는
子水에 절지가 되어 寅卯년이나 寅卯대운 중에
사별이나 이별의 기운이 많은 사주가 된다.
따라서 己土정재 본처와 평생 해로 못하는 사주가 된다.
자식은 金관성이 없으나 戌중辛金 딸은 寅午戌火국에
녹는 형상이며 辛金딸은 시간丁火 상관에 극상당하고
시지卯木 절지에 임하게 되어 딸은 태어나도 기르기가 어려운 사주이다.
아들은 庚申金 편관이 없으나 시지卯木은 申金편관과
합을 좋아하며 庚金아들은 시지卯木 태지에 해당하여
아들은 있는 사주이다.
아들은 시지卯木을 응하여 乙卯생 토끼띠가 첫아들이 되며
午火를 응하여 戊午생 말띠가 둘째 아들이 된다.
자식 역시 처와 풍파를 면하기가 어려울 것으로 예상한다.
시주丁卯 상관 겁재를 이루어 자식과 동거하지 않아야
본인이나 자식한테 어려움과 해로움이 적게 된다.
노후에 자식의 덕이나 자식한테 의지할 수 없는 사주이다.
부모는 월지 戌중戊土 편재가 부친이며
일지 子중癸水 인수가 모친이 된다.

모친 子水정인은 신식이고 활발한 성격이며
부친 戌土편재는 구식이며 고지식한 성격이 된다.
子중癸水 정인 모친의 입장에서
남편인 戌중戊土 정관 남편과 戊癸합하여
戊土남편은 나이 차이가 아주 많이 나는 고지식한 남편이 된다.
월지 戌중戊土 천간에 甲木이 戊土부친의 자식이며
寅午戌삼합 火국으로 水인성이 생기게 되어
부친의 첫 부인이 되며 연 월간 甲木이 첫 부인의 자식이 된다.
그러나 戌중戊土 부친의 첫 처는 재살 태과로 사별하게 된다.
따라서 부친 한분에 寅午戌합중 壬水편인으로
부친의 첫 처가 되므로 모친 두 분이 되며 戊土부친의
첫 처인 壬水의 자식은 연 월간 甲木이 되므로
이복형제가 있는 사주이다.
일지 子중癸水 정인이 본 사주의 모친이 되며
연 월간 甲木비견 형제는 지지 寅午戌삼합하여
甲木은 사지와 甲午탕화에 임하게 되어
본 사주 위쪽의 형제는 어린 나이에 일찍 사망하게 된다.
연지 午중己土 정재 부친형제 동생인 己土백부나
삼촌 역시 甲午탕화로 총상을 입게 되어 일찍 사망하게 되는 것이다.
21세 이후 丁丑火土 상관 정재 천을 귀인 길운에
직장 생활로 안정이며 직장에서 인정받고 발전이다.
21세 丁丑대운 중에 丑土정재 천을 귀인 길신이
子丑합土하여 문서가 土재성으로 변하여 재산이 되므로
가옥 매입 등기하여 매도로 이익이 있게 된다.
그러나 戊土편재가 움직이게 되어 타 여와 통정이 있게 되며

연지午火와 丑午원진 귀문하여 午중己土 처가 보기 싫어지게 되며
본 사주가 정신없는 짓을 하게 되는 것이다.
31세戊寅 대운 역시 戌土편재가 움직이게 되며
戌土편재가 寅木비견 기신과 동행하여
금전상 어려움이 찾아오게 되며 부부풍파를 겪게 된다.
寅木비견 대운은 일간甲木의 건록으로
새로운 일을 시작하여 다행히 寅午戌삼합 火국되어
수입은 조금 괜찮으나 寅木비견으로 쓸데없는 소비가 많다.
41세己卯 대운은 己土정재가 卯木겁재 양인 도화 기신과 동행하여
월지戌土와 卯戌합하게 된다.
따라서 己卯대운은 최대 기신 운으로 손재 손실
수입부족이 따르게 되어 많은 어려움을 벗어나지 못하게 된다.
51세 이후 庚辰편관과 편재 대운 중 庚金은 劈甲引丁(벽갑인정)
길운으로 작용하여 수입이 나아지게 되는 것이다.
庚辰대운 申子辰삼합 즉 재 관 인 합하여
관청 돈 문서 삼위가 합하게 된다.
따라서 水인성 문서가 생기는 형상되어
오래된 부동산을 경매로 낙찰 받게 되는 것이다.
辰土편재 대운 중에 부동산 매도 매수관계가 여러 번 이루어지게 되겠다.
61세까지 무난하게 생활이며 대운辰土 편재 화개 공망이
월지 戌土편재 화개 공망과 辰戌충하여
戌중戌土 편재가 탈공으로 튀어나오게 되어
생활에는 어려움이 없으며 수입은 무난하게 된다.
61세 이후 辛巳대운은 월지戌土 편재 화개가 움직이게 되어
종교계통에 진출하게 될 것으로 예상하며

역학인, 무속인, 종교인 여성과 인연이 된다.
辛金은 요령, 종, 술잔, 찻잔, 거울, 불상 등이 되고
대운巳火가 辛金 불상과 종을 빛나게 하며
월지戌土 편재 화개가 움직이게 된 원인으로 예상하게 된 것이다.
본 사주원국에 협공된 亥水편인 천문 학당으로
하늘의 공부가 되는 것으로 역학, 종교계통으로 된다.
그러나 戌亥천문이 공망으로 본 사주 자신이
하늘의 기운과 천기를 잘 믿지 않는 것이 결점이 된다.
사주에 시지卯木은 목탁이며 戌土는 사찰, 유흥, 연꽃,
협공된 亥水학당 천문은 역학 종교공부가 된다.
그러나 사주에 金관성이 없으므로
소리의 전파가 멀리 울리지 못하는 결점이 있다.
71세 이전 위장과 기관지를 많이 주의해야 할 것이다.
71세 壬午대운 일간甲木은 대운午火 상관 사지에 임하고
일지子水를 子午충하여 일지子水는 대운午火 절지에 임하게 된다.
따라서 기름과 온도 산소가 모자라게 되어
7번째 촛불이 깜박거리니 수명에 관계될 것이다.
71세 壬午대운을 잘 넘기면
81세 癸未대운 중 甲子일주는 일간甲木과 일지子水가
다같이 未土묘지에 임하므로 종명이다.
산 좋고 물 맑은 곳이 양생의 길이 된다.
자식보다 아랫 사람들과 다른 사람들이 지켜주게 되겠다.
己丑년 56세 사주천간은 木火土로 순세하고
丑土정재는 일지子水와 子丑합土한다.
따라서 문서가 나가서 돈을 만들어오는 형상이니

괜찮은 금액으로 매도성사이며

己丑정재 여자는 무당, 역학, 종교인, 예술인을 만나야

그나마 여자와 관계를 조금이나마 유지할 수가 있게 된다.

甲木과 卯木 비겁들이 재성을 견하여

금전대차와 보증은 절대하지 않아야 한다.

그러나 己丑년에 지출은 생기게 될 것으로 예상하며

자식의 근심 또한 조금 있을 것으로 예상한다.

庚寅년 57세 庚金편관이 연 월간甲木 비견을 甲庚충 극하여

천간에서 길하게 작용하니 하늘과 윗대 고조부의 도움이다.

寅木비견 건록은 寅午戌삼합 火국하여 용신丁火 상관을 도와

길하게 작용한다.

따라서 일지子水 인수가 충 극에서 벗어나

甲木일간을 온水생木하여 이로우며

子水인수와 寅木비견 건록으로 이름에 변화의 전기가 될 것이다.

46) 초혼 이혼, 재혼, 금전 길, 영업직

己 庚 戊 壬　여
卯 寅 申 子
　午未　寅卯

47　37　27　17　7
癸　甲　乙　丙　丁
卯　辰　巳　午　未

본 필자한테 입문하여 추명명리 개인수강 중인
아주 총명 영리한 여 수강생의 사주를 풀이 통변한다.
庚金일간 7월 출생으로 월지申金 건록 격에서
월지申金은 申子辰삼합 水국으로
연간壬水가 투출하여 상관 격이다.
용신은 일지 寅중丙火 편관으로 용신하며
일지寅木 편재로 가용신한다.
庚金일간 월지申金 건록에 월 시간 戊己土의 생을 얻고
申子辰삼합 水국 상관하였으나 土金水木으로
오행상생을 어느 정도 이루었다.
오행의 기운은 木재성에 기운이 모이게 된다.
따라서 木재성 돈과 재산을 연연하고
소유하고자 하는 마음을 가지게 된다.
7월 가을의 木재성은 火관성으로 열매를 여물게 해야
재물에 대한 결실을 보게 되는 것이 자연의 순리이며

생활에 도움이 된다.
또한 7월 가을의 木재성 재산은 재물을
이루는 시간이 많이 소요되지 않는 이점이 있다.
여명에 庚金일간 불 약하고 월지申金 건록은
火관성을 요구하게 되며 여명에 火관성을 희 하여 火용신으로 한다.
일지寅木 편재가 가 용신 역할하게 되며
오행기운이 寅木과 卯木에 집결되어 있으므로
寅木을 절대 충 하지 않아야 한다.
천간 木재성과 火관성운이 길운으로 작용하게 되며
지지 土인성(丑土제외)과 火관성 亥水식신이
길운으로 작용하게 된다.
지지 申金과酉金 비겁이 기신 운으로 작용하게 된다.
따라서 최 흉운은 申酉金 비겁 운이며
원숭이띠나 닭띠는 가까이 하지 않는 것이 좋겠으며
세운이 申년, 酉년, 달이 申월, 酉월
일진이 申일, 酉일은 항상 사고와 손재를 주의해야 한다.
사주가 土金水木 오행상생을 이루어
건강에는 별 문제가 없는 사주이다.
성격은 寅木과 申金역마 子水와 卯木도화로 이루어져
활달하고 꾸밈이 없으며 庚金일간의 남아적이고
결단성이 있으며 화끈하고 의리가 있는 성격이다.
일지寅木 편재 역마가 움직여 결단력 있고
申子辰水국에 壬水식상이 투출하여 배려하고
베풀면서 총명영리하다.
일지寅중 戊土편인이 투출하여

생각이 깊은 성격이며 월주 戊申으로
입바른 소리와 언변이 출중하다.
일지寅木 편재 역마 즉 역마 돈이 움직여
유통, 무역, 영업과 활동적인 직업에 인연이 있다.
직업은 일지寅木 편재 역마 길신에 丙火편관을
암장하여 火의 속성인 전자, 화장품, 영업직과
土의 속성인 부동산과 종교 역학이며
시지卯木 정재 도화가 寅卯합하여
아름다움을 추구하는 직업이 된다.
따라서 미용제품, 피부화장품, 홈인테리어
실내장식 등의 영업직에 인연이 있다.
재산은 가지게 되는 사주이며
돈은 부동산에 간수해야 지키게 되며
남향집과 부동산은 건조한 낮은 땅 새집이 인연이 좋다.
부모, 형제, 친구, 동료한테 보증, 금전대차, 동업은
평생에 절대하지 않아야 손재를 당하지 않게 된다.
본 사주는 돈을 벌어들이는 것은 어려움이 없는 사주이나
돈을 지키는 것에 부족한 사주이므로
재산을 지키는 것에 노력해야 된다.
수입을 창출함에 있어서 寅卯木 정재와 편재가
일주와 연결되어 한 분야의 수입이 아닌 주업과
부업으로 돈을 만들려고 하게 된다.
보통 정재와 편재 인성이 일주와 합하여 들어오면
두 가지 이상 직업을 가지게 되는 것을 많이 경험하였다.
가족 중에 친정부친이나 시어머니와 인연이 박한 것으로 추단한다.

배우자 남편관계는 연 월주에 상관이 왕하던지
상관 국을 이루면 결혼 후 자식생산하면
남편은 가정적이지 못하여 헤어지는 확률이
높은 것이 일반적인 이론이다.
또한 연주에 상관 도화 성을 두고
사주 타주에 도화 성이 중첩하면 조혼하는 경우가 많게 된다.
본 사주 역시 연 월에 申子辰水국 상관 국을 이루고
子水와 卯木 도화 성이 중첩하여 조혼하나
첫 남편과 해로하기는 극히 어려운 사주이다.
결혼은 丙午 火관성 대운은 일지寅木이 움직이고
午火정관이 寅午戌합으로 성가하는 운이 된다.
따라서 25세 丙子년이나 26세 丁丑년이 된다.
25세 丙子년은 배우자궁 일지寅木이 움직여
결혼으로 추단하며 26세丁丑년은 연지子水 상관이
火관성의 식상인 丑土와 子丑합하면 남자와
여자의 생식기의 합이 되어 결혼으로 추단하게 된다.
남편은 65戊申생 원숭이띠나 62辛亥생 돼지띠 중에
남편으로 인연 배필이다.
戊申생 원숭이띠는 申子辰합과 남편의 행동신인
월간戊土를 응하고 월지申金을 지시한 월주戊申으로
戊申생 원숭이띠를 응하게 된 것이다.
辛亥생 돼지띠는 일지寅木과 寅亥합으로
寅申충을 해소하고 亥水는 상관퇴신을 응하게 되며
辛亥생 돼지띠는 본 사주와 남자가 서로 마음 들어 하게 되므로
辛亥생 돼지띠를 응하게 된 것이다.

戊申생 원숭이띠는 본 사주에 제일 나쁜 띠가 되므로
戊申생 원숭이띠보다 辛亥생 돼지띠가 조금 더 좋다하겠다.
그러나 아무리 배우자 인연 띠를 만나도
연월에 水상관국을 이루고 午未공망으로
午火정관 남편 공망 되었으며 일시지 寅卯 역시 공망이다.
水상관이 왕한 중에 태 월 또한 辛亥년 庚子월로
남편 火관성을 극하게 된다.
좋은 인연 띠와 좋은 궁합 남편은 만나기 어려운 사주이다.
따라서 첫 남편 戊申생 원숭이띠와 해로 못하는 사주가 되었다.
戊申생 원숭이띠든 辛亥생 돼지띠든 남편사주에
火기가 많아야 해로하는데 어려움을 조금이나마 면할 수가 있다.
남편의 동태는 월간戊土의 동태를 살피면 된다.
남편의 행동신인 戊土의 상황은 재살태과와
극설 교과로 재다 신약이다.
따라서 외부 여자는 잘 다스리나 집안에서
처한테는 잘 못하게 되며 뜬구름을 잡으려다
손재를 당하는 것이 해당육신의 재다 신약의 일반적인 이론이다.
27세 乙巳대운은 일지寅木과 월지申金이
寅巳申삼형을 이루고 卯木도화가 움직여
남편과 시끄러운 대운이 된다.
32세이전 乙木대운은 시지卯木 도화가 움직여 戊土남편
행동신의 사항은 더욱 재살 태과하게 된다.
시지卯木의 움직임으로 戊土남편 행동신의
앉은 자리인 월지申金과 卯申원진 귀문하게 되어
남편은 본 마음 아닌 말과 행동을 하게 되거나

재산손실을 가져오게 된다.
庚辰년 연운辰土는 월지申金과 연지子水와
申子辰삼합 水상관국을 이루게 된다.
남편 행동신인 戊土가 庚金에 설기가 심하여
더욱 재다 신약을 만들게 된다.
월지申金이 움직여 일지寅木을 충 극하여
寅중丙火가 튀어나와 申子辰水국과 壬水에 극상 당하게 된다.
따라서 庚辰년에 남편과 이혼하게 되었다.
辛巳년은 寅巳申삼형을 이루나 월지와 申巳육합을 먼저 하게 된다.
형보다 합이 먼저이며 여명에 관성은 월지와 합이 있으면
먼저 월지와 합하기 때문이다.
따라서 辛巳년 30세에 9-癸丑생 소띠와 재혼하게 되었다.
癸丑생 소띠 丑土천을 귀인은 연지子水와 子丑합하여
본 사주 子水식신과 남자의 丑土상관이 합이다.
일지寅木과 丑寅합으로 남자의 丑土식상이 합하는 상이 된다.
따라서 1살 연하인 癸丑생 소띠와 재혼하게 된 것이다.
癸丑생 소띠와 궁합이 무난하여 자식 생산하고
癸丑생 소띠 남편과 평생 해로하게 될 것으로 추단한다.
그러나 항상 부부사고는 주의해야 할 것으로 예상한다.
시주己卯와 일주庚寅은 회오리바람이 일어나 있으며
연주에서 寅卯공망으로 시주 자식 궁이 공망 되었다.
또한 일주庚寅과 연주壬子 식상 자식과 역시 회오리바람이다.
연 월지 申子辰합에서 壬水식신이 투출하고 寅申충이 움직이었다.
따라서 전남편과 자식은 인연 없는 사주로 추단하게 된다.
현재 38세 甲辰대운은 일지寅木 편재 역마 돈이 움직여

辰土는 申子辰삼합 水국하고
寅卯辰방합 동방木을 이루어 木재성이 辰土에 뿌리내리게 된다.
따라서 47세까지 수입이 괜찮겠으며 재산축적하게 된다.
己丑년 38세 사주에 申子辰합으로 일 월지 탐합망충으로
寅申충을 해소하고 있는 중에 丑土가 연지子水와
子丑합하여 申子합이 풀리어 寅申충하게 된다.
丑土정인 천을 귀인이 이롭게 작용할 것 같으나
이롭지 못하며 木재성이 丑土에 뿌리내리지 못하게 된다.
따라서 己丑년에는 상하 또는 동료로 인하여
구설이나 손재가 따르고 사고를 특히 주의해야 한다.
己丑년 7월과 8월은 나서지 말고 한발 물러서서
본인의 직분에 충실히 하는 것이 좋겠다.
그러나 일지寅木이 丑土와 丑寅합하여 寅중甲木 편재가
천을 귀인 丑중己土 정인과 甲己합土하게 된다.
따라서 부동산 매수 매도로 이익은 따르게 된다.
47세 이후 57세 이전 癸卯대운은 월간 戊土편인이
戊癸합 火하고 卯木정재를 달고 들어오므로
관청문서가 길하여 경매 또는 부동산에
이익이 따르게 될 것으로 예상한다.
그러나 나쁜 점은 戊癸합하고 卯申원진 귀문하여
남편의 일이 일어날 수 있는 것으로 예상하니 주의해야 한다.
67세이전 壬寅대운까지 길운으로
생활하는데 안정된 생활로 예상한다.
67세 辛丑대운은 길운이 아니므로
건강에 풍과 폐, 대장을 주의하고

양지바른 남향 한적한 곳에서 수분하면서
생활하면 나쁜 것을 면하게 될 것이다.
77세 庚子대운으로 87세이전 월지申金 비견이 움직여
일지 寅木편재 길신을 寅申충한다.
庚子대운중에 사고 상골 낙상을 주의해야 하겠으며
연운 따라 촛불이 깜박거리게 되겠으나 庚子대운만 잘 넘기면
87세 己亥대운은 다시 촛불이 살아나게 된다.
건강은 상골, 디스크를 주의해야 하며
폐, 기관지 대장을 특히 주의해야 한다.
가옥은 2자, 5자, 7자, 10자 들어가는 층이나 호실이 길하다.
실내인테리어와 의복색상은 적색과 황색이 길하니
선호하면 재물에 도움이 된다.
백색은 피하는 것이 이롭다.
거주가옥은 남향과 동남향집이 재산에 도움이 된다.
적색과 황색 식물이나 콩이 건강에 도움이 되며
쓴맛과 단맛 나는 음식이 건강에 도움이 된다.
甲辰대운은 길운으로 庚寅년부터 甲午년까지
수입은 괜찮을 것으로 예상한다.
내년 庚寅년부터 길운이 되나
壬辰년 38세에 철학관 영업으로 손님이 많아지겠으며
수입을 많이 올리게 될 것으로 예상 추단한다. 觀

47) 출생 시?, 辛亥생과 재혼, 이복형제, 씨 다른 형제

壬 辛 甲 辛　남
辰 巳 午 卯
　　　午未

61	51	41	31	21	11	1
丁	戊	己	庚	辛	壬	癸
亥	子	丑	寅	卯	辰	巳

본 사주는 자기의 본업과 철학관을 겸업하면서
사주통변을 필자한테 재수강하고 있는 사주이다.
辛金일간 5월에 월지午火 편관 격이다.
용신은 시지辰土 정인으로 통관용신하며
시간壬水 상관으로 조후용신한다.
사주원국에서 卯辰巳午로 동과남만 이루어져 있으며
서와 북은 없어 조열한 사주이다.
다행한 것은 연지卯木에서 木생火 火생土로 오행이 상생하며
일지와 시지가 辰巳합하는 것은
좋은 현상으로 시지辰土 인수로 용신한다.
5월 한여름에 辛金일간이 木재성의 생을 받아
火세가 왕하여 시간壬水 상관이 조후하므로 壬水 조후용신하게 된다.
따라서 시지辰土 정인과 시간壬水 상관이 길하게 작용한다.
천간 水식상이 길운으로 작용하며 戊己土인성은 기신으로 작용하게 된다.
지지 辰土인수와 丑土편인 水식상이 길운으로 작용하게 되고

戌土와 未土가 기신으로 작용하게 된다.
火기가 왕성하여 눈동자에 빛이 있겠으며
辛金일간으로 얼굴이 희면서 일지巳火의 속성인 붉은색이 감돈다.
辛金일간은 水로서 씻어주고 火조명을 받게 되면
보통 얼굴 동안인 사람이 많게 된다.
성격은 일시지 辰巳합하여 辰土인수와 巳火정관이
일주와 합하므로 융화를 잘하게 되며 선비적, 보수적이고
사대부적인 성격이 있게 된다.
또한 상관격의 성정인 잘 믿지 않는 성격과
시시비비를 가리는 성격도 있게 된다.
지지 木火土로 오행 상생되어 부드러우며
외유내강의 성격도 가지고 있다.
직업은 일시지 辰巳합으로 辰土인수가 길신이며
시간壬水 상관 역시 길신으로 辰土인수는
인쇄출판, 학문 부동산 종교 등에 인연이 좋으며
壬水상관은 유통업과 기술직에 길하다.
31세庚寅 대운은 겁재와 정재 대운으로
직장생활은 어려우며 자영업하게 되었다.
건강은 오행 구비하여 건강에는 이상이 없으나
풍과 심장질병, 결석, 담석을 조금 주의해야 하겠다.
처는 88丙申생 원숭이띠, 82癸巳생 뱀띠 중에 인연배필이다.
丙申생 원숭이띠는 卯申원진 띠가 되나
일간과 丙辛합하고 일지巳火와 申巳합으로
申金원숭이띠를 응하게 된 것이다.
癸巳생 뱀띠는 일지巳火로 癸巳생 뱀띠를 응하게 된 것이다.

본 처를 丙申생원숭이띠를 만났으나 풍파를 겪게 되는 사주이다.
처는 월간甲木 정재 처가 기신이 되겠으며
월간甲木 정재 처는 午火 사지 도화와 탕화에 좌하고
甲木정재 처의 뿌리는 연지卯木이며 양인과 도화가 된다.
또한 卯木천간에 辛金비견을 두어
본처는 바람을 피우게 되어 초혼의 처와는 인연이
좋지를 못하며 풍파를 면하기 어려운 사주이다.
따라서 본처와 이혼을 하게 되었다.
사주의 기운은 木火土로 시지辰土에 오행의
기운이 모이게 되고 일지와 辰巳합한다.
따라서 이혼 후 두 번째 처는 시지 辰중乙木 편재 처는
어린 여성으로 나이 차이가 많이 나게 된다.
85己亥생 돼지띠, 82辛亥생 돼지띠중 어린여성과 재혼이다.
己亥생 돼지띠 亥水는 壬水용신의 건록이고
연지卯木과 亥卯합으로 재산도우며
길한 띠로 작용하여 己亥생 돼지띠를 응하게 된 것이다.
辛亥생 돼지띠 역시 약한 壬水상관 용신의 건록으로
辛亥생 돼지띠를 응하게 된 것이다.
돼지띠 중에 己亥생 돼지띠 己土는 壬水용신에 이롭지 못하고
辛亥생 돼지띠는 辛金이 壬水용신을 도우고
壬水용신의 다 같은 건록이나 나이 차이가 많이 나는
辛亥생 돼지띠를 응하여 辛亥생 돼지띠 처녀와 재혼하게 되었다.
辛亥생 돼지띠를 만났을 당시에 상대가 나에게 마음을 열게 되고
辛亥생 돼지띠 처가 水종강 윤하 격 사주로
본 사주와 길하여 평생 해로하게 된다.

본 사주 본인도 시를 辛卯시인지 壬辰시인지 잘 모르고 있다.
辛卯시이면 첫 부인을 丙申생 원숭이띠 처가
되지 않는 것으로 추단하게 된다.
따라서 壬辰시이므로 초혼의 처가 丙申생 원숭이띠가
첫 부인이 되었던 것으로 추단한다.
본 필자는 손님이 간혹 어느 시인지 잘 모르는 경우에
지나간 운의 대입과 배우자 띠로 시를 결정하게 된다.
아들자식은 巳중丙火가 아들이 되겠으며
딸자식은 午중丁火가 되므로 아들딸이 다 있는 사주이다.
그러나 월지午火 편관이 공망되어 午중丁火 딸은
본 사주와 동거하기가 어렵게 된다.
또한 午중己土 딸의 마음은 월간甲木과 甲己합하여
본처와 가까이하고 따르며 본처와 성격도 그의 유사하겠다.
午중丁火 딸의 남편은 시간壬水로 壬辰괴강에
壬水자좌 辰土묘지이며 辰土과숙에 좌하였다.
따라서 丁火딸은 남편과 풍파가 있게 될 것으로 예상한다.
일지 巳중丙火 아들은 일간辛金과 丙辛합하고
일시辰巳 합하여 巳중丙火 아들은 가까이 할 수 있다.
41세 己丑대운 편인 운에 甲木정재 처가 甲己합하며
대운 丑土편인은 월지午火와 丑午귀문 원진을 한다.
甲木정재 처의 상관인 午火상관 도화가 움직이게 되며
甲木정재 처의 상관인 午火상관 도화와 귀문 원진을 한다.
따라서 甲木정재 처의 나쁜 일이 발생하는 것으로 추단해야 한다.
천간壬水 상관을 용신한 사주가 己土편인 운을 만나
己土편인이 壬水용신을 土극水로 탁壬水하고

천간己土 기신 운으로 그렇다고 할 수가 있겠으나
세부적인 통변과는 다르게 되는 것이다.
己丑대운에 甲木처는 甲己합하므로
甲木처의 午火상관 도화에 원진 귀문을 하게 되는 것이다.
대운과 세운이 사주팔자 내에 어느 오행육신에 영향을
미치게 되는 것인가를 잘 판단하는 것이 통변의 묘미가 되는 것이다.
다시 말하여 내 것과 남의 것 오고가고 움직임 등
음양오행 육신의 종합적인 사항판단이 통변이 되는 것이다.
용신과 기신의 운에도 길흉관계는
사주 내의 어느 음양오행 육신에 따라서
좋고 나쁨이 일어날 것은 일어난다는 것이다.
甲木정재 돈과 己土편인 문서가 甲己합土
천간 기신 운으로 돈과 문서가 되며 변화한 土가
시간壬水 용신 상관을 土극水로 용신 壬水를 흐리게 한다.
문서적인 일로 자기 자신의 사업은 내리막길로
들어서게 되며 부도가 나게 되어 어려움을 당하게 된 것이다.
또한 처와도 이혼하는 일이 발생하게 된 것이다.
사주팔자는 용신과 통변에 있는 것이라 하겠다.
용 희 기신을 잘 찾아내야 할 것이며 움직이고 변화한
오행역할 역시 참작하여 보아야한다.
또한 각각의 육신에 대한 통변 역시 잘 파악하는 것이
추명 명리이며 추명명리의 묘미라 생각한다.
대운 己丑편인 기신 운에 午火편관이 움직이게 되어서
문서로 인하여 본 사주역시 관재구설이 있게 되는 것이다.

처가 바람이 나게 된 이유를 다시 요약하면
- 본 사주에 甲木정재 처 자신이 상관도화에 앉아 바람기가 있다는 점
- 甲木정재 처의 뿌리는 연지卯木 겁재 양인 도화 재살에 뿌리를 둔다는 점
 따라서 바람으로 인하여 말썽까지 생기게 되는 것이다.
- 己丑대운은 甲木정재 처가 대운己丑과 甲己합하게 된다는 점
- 甲己합하므로 甲木처의 상관인 午火도화와 대운丑土는 귀문과 원진하게 된다는 점
 따라서 甲木처가 자기 본정신 아니게 바람나고 후회하게 되는 것이다.
- 己丑대운은 甲木정재 처의 상관인 午火상관 도화 생식기가 움직이게 된다는 점

상기 사항들을 미루어 처의 바람으로 인하여
이혼하게 된 것으로 통변 추단하게 되는 것이다.

이혼한 본처가 바람나서 만나게 된 남자는 어떤 사람일까?
- 甲木의 입장에서 연간辛金 외간 남자는 卯木편재 재살 도화에 앉아 있으므로 유흥가 종사자나 돈과 여자 문제로 관재구설 경력이 있는 유부남으로 추단한다.
- 甲木정재 처는 월지午火 상관 도화에 좌하고 연간辛金 남자 역시 연지卯木 도화에 좌하여 午卯파로 연간辛金 남자와 오래가지 못하게 되는 것이다.

51세 戊子대운 子水식신 도화는 子午충과 子卯형하며

일지巳火 정관이 움직이니 관청과 명예 공부에 연관을 두게 된다.
戊土인수가 壬水용신을 극하나 子水식신 대운으로
사업과 이름 명예에 발전과 이익은 적은 가운데
발전과 이익은 있게 된다.
61세 丁亥대운은 대운천간 丁火편관은 辛金비견을 극하여
甲木정재가 보호를 받고 壬水용신이 건록을 얻게 된다.
대운지지 亥水상관 천문은 亥卯로 卯木편재를 생하여
금전에 길한 작용을 하겠다.
현재하고 있는 사업의 발전이나 시지辰土와 辰亥귀문하고
치귀자로 종교계통으로 수입이 괜찮게 되겠으며 안정된 생활이 된다.
일지와 巳亥충하게 되어 丁亥대운 중에
일신상 변화가 일어나게 되며 직업변화 이전 등이
일어날 것으로 예상 추단하게 된다.
亥水상관 천문이 卯木편재와 합하여 치귀자인
종교적인 사업이나 철학에 인연을 전적으로 두어
수입을 만들게 될 것으로 예상한다.
63세 癸巳년에 문서의 변화와 일신상 변화가
있을 것으로 예상 추단한다.
丁亥대운에 안정된 생활과 발전이 있으리라 예상하며
시지 辰중乙木 처가 능력을 발휘하여 도움이 될 것으로 예상 추단한다.
그러나 亥水상관 대운에 건강과 사고는 주의해야 할 것으로 예상한다.
가족관계에서 월간甲木 부친은 午火상관 사지와
도화에 좌하였으며 巳午未 병 사 묘지로 연결된다.
癸巳대운은 시지辰土 水묘지가 움직이게 되고
壬水가 자좌 묘지와 巳火절지에 들어가게 된다.

시간 壬水가 甲木을 생하기가 어렵게 된다.
따라서 월간甲木 부친은 甲木의 사지인 甲午년 甲木의
묘지인 乙未년 甲木의 절지인 丙申년을 넘기지 못한다.
따라서 丙申년 이전에 부친의 사망이다.
辰巳합 巳午합하고 지지 辰巳午에 암장된 土인성이 모친이다.
부친의 전처는 午중己土가 되고 연간辛金은 전처의 자식이 된다.
일지 巳중戊土가 본인의 모친이 되며 巳중庚金 형제가 있게 된다.
일시지 辰巳합하면서 巳중戊土 모친의 식신인
巳중庚金이 辰중乙木 戊土모친의 乙木남자와 乙庚합하여
모친은 부친사별 후 다른 남자한테 재혼하게 된다.
戊土모친은 巳중庚金을 생산하게 된다.
따라서 모친 두 분에 배다른 형제와 씨 다른 형제가 있게 된다.
본 사주 시간壬水 상관 조모가 용신되고 일시지 辰巳합한다.
따라서 辰巳합으로 인하여 조모 손에서 자라게 되며
조모의 덕이 있게 되니 조모제사를 정성껏 모시면
보이지 않는 덕과 도움이 된다.
71세 丙戌대운은 흉운으로 건강을 주의해야 할 것으로
예상하므로 수분하고 공기 좋고 물 맑은 한적한 곳의
생활이 양생의 길이 된다.
71세 丙戌 대운 중에 물혹(암), 심장 질병, 신경성 질병 등을
주의해야 하며 자식의 근심걱정이 있을 것으로 예상 추단한다.
71세 丙戌대운에 부처님과 인연 맺어 건강을 잘 챙기고 수분하게 되면
81세 乙酉 대운은 어려움이 없을 것으로 예상한다. 觀

48) 甲己합화土격, ◇◇중앙회장

甲 己 丙 乙　남
戌 未 戌 未

55　45　35　25　15　5
庚　辛　壬　癸　甲　乙
辰　巳　午　未　申　酉

甲己합화土격이다.
용신은 土비겁이다.
己土일간 9월 출생으로 지지전부 戌未건土 비겁이며
월간에 丙火정인이 己土일간을 돕는다.
시간甲木은 일간己土와 甲己합土하였으며
연간乙木 편관은 월간丙火 인수를 생하고
연지未土는 월지戌土와 戌未형하여 乙木의 뿌리가 손상되었다.
시간甲木은 시지戌土에 좌하여 뿌리가 없으며
시간甲木은 일간己土와 甲己합화土격으로 변하는데
연간乙木 편관은 방해가 되지 않으며
甲己합화土격을 방해하는 庚金이 없다.
따라서 甲己합화土격으로 종화 격이 된다.
용신은 土비겁이며 火인성운 역시 길운이고
金식상운은 土가 넉넉하므로 역시 길운이 된다.
본 필자의 저서 〈추명명리학 강의〉(도서출판 무량수)를
참고하면 될 것이나 다시 설명하도록 하겠다.

본 저서를 보시는 분들은 알고 있는 사실이지만
아직 부족한 분을 위하여 甲己합화土격에 대하여
지면을 사용하도록 하겠다.
甲己합화土격은
甲木과己土 일간이 辰戌丑월에 출생하고
천간에 일간甲木 외에 甲乙이 없어야하며
지지에 寅卯亥未가 없어야 한다.
천간에 己土하나만 월간과 시간에 있으면 좋다.
천간에 丙丁戊는 좋으며 지지 巳午火도 무방하다.
지지에 辰戌丑未 土가 많을수록 좋아지게 된다.

甲己합화土격의 구성요건
- 甲木일간이 월간이나 시간에 己土하나만 있을 것
- 辰戌丑未월에 천간과 지지에 土가 많을 것
- 천간에 甲乙이 없고 지지에 寅卯亥가 없을 것
- 천간과 지지에 일부 丙丁巳午火는 무방하다.
- 천간에 庚金이 없을 것

甲己합화土격은 일간 甲木이 土로 종화한 격이 된다.
土를 생하는 火운과土운이 길운이 되고
土가 넉넉할 때 설기하는 金운은 비교적 길하다
土가 부족할 때 설기하는 金운은 비교적 아름답지 못하다.
그러나 庚金운은 합하는 甲木을 충 하므로 불길하게 된다.
木운이 최 흉운이 되는 것이며 水운도 흉운이 된다.
사주팔자 격과 용신잡기 또한 어려움이 많은 것이 사실이다.

격이란 천간을 뜻하며 천간은 일주천간인 일간을 말한다.
국이란 지지를 뜻하며 지지는 월주지지인 월지를 말한다.
따라서 추명명리 학에서 일간을 기준 중심하여
월지를 중요하게 살피게 되며 격 국을 정하게 되는 것이다.
사주 격 국이 체라면 용은 정신인 것이다.
일간이 체라면 다른 간지는 용이 되는 것이다.
체인 몸도 튼튼해야 하며 용인 정신도 건강해야
사회 생활하는데 어려움이 없게 되는 것이다.
사주 격을 자동차로 예를 들면 차종이 되는 것이며
고급자동차 중형자동차 소형자동차 등으로 구분하는 것과
같은 것이라 하겠다.
아무리 고급승용차라 할지라도 운전자가 음주운전이나
정신이상자가 운전을 하게 되면 고급승용차라 할지라도
목적지까지 안전하게 갈수 없는 것과 같다하겠다.
소형자동차라 할지라도 건강하고 운전을 잘하는 사람이
운전을 하게 되면 목적지까지 안전하게 가게 되는 것이다.
격 국은 차종이므로 결코 손상을 받지 않아야
목적지까지 안전하게 도착할 수가 있게 된다.
따라서 사주 일간과 격 국은 손상을 받지 않아야 된다.
즉 고장 난 자동차가 되지 않아야 한다는 것이다.
현재 일부 역학인 가운데 격 국을 무시하는 경향이 있다.
그러나 격 국을 무시하고 용신만 가지고 결정하다보니
길흉관계가 다르게 나오는 문제가 발생하게 되는 것이다.
격국은 추명명리 학에서 사주팔자를 추리함에 있어서
기본이 되는 체이다.

격 국을 이해하지 못한다는 것은
산에 가서 물고기를 구하고
바다에 가서 산짐승을 구하는 것과 같다하겠다.
甲己합화土격 중에 甲木이 己土일간에 합하는 현상은
己土일간에 甲木정관이 나에게 합土하여 들어와
己土일간을 도우는 형상이다.
따라서 대운과 세운이 길운으로 좋으면
명리가 모두 빛나게 되는 이점이 있다.
그러나 대운과 세운이 흉운으로 나쁘면
불상사와 액운이 크게 되는 단점 또한 있다.
대운과 세운에 따라서 길흉이 극과 극으로
기복이 크게 나타나게 되는 것이다.

본 사주로 들어가서 30세 이후로 대운이
甲己합화土격에 부합되는 火土金의 길운으로
흘러오게 되어 명리를 모두 가지게 된다.
45세 辛巳대운은 대운천간 辛金은
연간乙木 기신을 乙辛충하여
乙木을 제거하고 대운지지 巳火는 길운으로
명예와 재산을 모두 얻게 된다.
55세 庚辰 대운은 甲己합화土격에 기신인
庚金기신을 보게 되어 흉하게 작용한다.
그러나 대운천간 庚金과 연간乙木이 乙庚합하여
기신 운을 조금 면하게 된다.
乙庚합과 甲庚충이 일어나게 되나 나이가

55세 대운으로 시주甲戌과 甲庚충 辰戌충으로
시주를 천지 충하여 외부의 여러 가지 변화가
많이 일어나는 대운이라 하겠다.
庚金대운 중 56세 庚寅년과 57세 辛卯년, 58세 壬辰년은
가정과 사업 명예에 손재와 명예손상 있게 되니
자중하면서 주의해야 한다.
따라서 庚金대운은 사회적·가정적 재산 사업 건강 등
모든 면에 어려움이 따르게 된다.
성격은 甲己합화土격의 영향으로 土의 후중함으로
의리와 신용이 있으면서 주장과 고집이 강한 성격이다.
건강은 戌土겁각과 戌未형 곤랑도화로 인하여
상처 상골 신장 방광부위의 질병은 주의해한다.
처는 88丙申생 원숭이띠, 43辛丑생 소띠 중에 인연배필이다.
丙申생 원숭이띠는 일지 未중乙木이 투출하여
연지未申 합으로 甲己합화土격 길한 띠로
丙申생 원숭이띠를 응하게 된 것이다.
辛丑생 소띠는 연간乙木 기신을 乙辛충하여
辛丑생 소띠를 응하게 된 것이다.
띠끼리 丑未충하여 다투게 되어 좋지 못한 띠가 된다.
따라서 丙申생 원숭이띠가 길하여 처가 된다.
본 사주가 일시에 곤랑도화를 이루어 외간여자를
가까이하는 사주로 처와 풍파 갈등은 있게 되는 사주이다.
53세 丁亥년은 대운지지 巳火길신과 亥水기신이 巳亥충한다.
연 일지未土와 亥卯未합하고 시간甲木이 亥水장생 기신을
얻어 甲己합화土격을 거부하게 된다.

따라서 丁亥년은 명예손상, 가정파탄
재물손해가 일어나게 되는 것이다.
丁亥년에 ◇◇중앙회장에 연임하지 못하고 낙선하게 되며
애인으로 인하여 가정까지 깨어지게 된 것이다.
戊子년에 戊戌생 애인과 가정생활하나 편안하지 않게 된다.
현재까지 대운이 좋아서 재산은 가지고 있다.
己丑년 55세 새로운 일은 시작하지 말 것이며
하던 일을 계속하는 것이 이롭다.
현재 여성과 己丑년 올해 헤어지게 될 것으로 예상하며
내년 庚寅년은 넘어가지 않을 것으로 추단한다.
65세 己卯대운은 甲己합화土격에 다시 己土가 나타나게 되고
대운지지 卯木편관은 기신 운으로 작용하게 되므로
생명과 관계가 있을 것으로 예상 추단한다.
55세 庚金대운과 65세 己卯대운 중에
큰 불상사가 없기를 기원하는 마음이다.
종격이나 종화격인 사주는 운의 길흉이
극에서 극으로 가는 경우가 많게 되므로
운이 좋을 적에 많이 베풀고 많은 선덕을
쌓아두어야 흉운을 조금이나마 면하여 갈 수가 있게 된다.
15세 甲申대운 중 甲木은 기신으로 작용하여
사주에 비하여 일류고등학교는 졸업 못하나
申金대운은 길운으로 작용하게 되므로
4년째 대학을 졸업하게 된 것이다.

49) 甲午시?, 庚子생 쥐띠가 남편이면 乙未시

乙 辛 丙 壬　여
未 巳 午 寅

62	52	42	32	22	12	2
己	庚	辛	壬	癸	甲	乙
亥	子	丑	寅	卯	辰	巳

5월에 辛金일간 격은 火종관 격이다.
용신은 火종관격인 火관성으로 용신한다.
본 사주를 상담할 당시 甲午시로 상담하려다가
乙未시인지 확실하지 않다하여 남편 띠를 보고
乙未시로 결정하게 된 사주이다.
甲午시이면 남편 띠가 99乙未생양띠가 남편이 되고
乙未시이면 남편 띠가 54庚子생쥐띠가 남편이 된다.
본 사주 남편 띠가 庚子생 쥐띠이므로 乙未시로 결정하게 되었다.
본 사주는 甲午시든 乙未시든 격과 용신의
변화가 없는 사주이며 또한 같은 직업으로 나타나는 사주이다.
본 사주는 민감한 구체적인 상담내용은 생략하고
요점만 정리하도록 하겠다.
火종관격 사주에 辛金일간 5월 한여름 출생으로
巳午未방합 남방을 이루고 월간丙火 정관이 투출하여 아름답다.
연간壬水 상관은 연지寅木 정재에 좌하여 水生木한다.
辛金일간 뿌리가 전혀 없으며

연간壬水 상관 역시 뿌리가 전혀 없다.
辛金일간 월간丙火 정관과 丙辛합하고 있다.
辛金일간 丙火정관에 따르고자 한다.
따라서 격은 火종관격이며 용신은 火관성으로 용신한다.
천간과 지지 木재성과 土인성이 길운으로 작용하며
金비겁과 水식상이 기신으로 작용하게 된다.
직업은 정관 격에 火관성 종관한 사주로 공직에 인연이 있다.
재 관 인이 일주와 합하여 금융계, 경제계, 세무직 등에
인연이 있게 된다.
성격은 정직하며 예절을 지키는 성격이다.
가정은 辛金일간이 관살 혼잡하였으나 종관하여
한 남편으로 종사하게 된다.
남편직업 역시 월간丙火가 일지巳火 건록에서
투출하여 공직자가 남편이다.
결혼은 28세, 29세 중에 결혼하였을 것으로 추단한다.
연간壬水 상관 아들은 기신이며
연지寅木은 시지未土와 寅未귀문으로
아들은 마음과 뜻대로 되지 않아 걱정이 있을 것이다.
직장은 25세27세 중에 공직으로 진출하였을 것으로 추단한다.
42세 辛丑대운 이전까지 木희신운으로
마음과 뜻대로 이루게 되어 재산도 늘리게 되며
진급도 하였을 것이다.
42세 辛丑대운 중 辛金기신 운으로 직장에서
바라는 일이 마음과 뜻대로 되지 않으며 손재 역시 있다.
辛金대운은 辛金동료 경쟁자는 진급하나

본 사주 자신은 진급에서 밀리게 된다.
48세 己丑년은 午火편관 길신이 움직이고
역시 길년이 되고 己土가 연간壬水를 극하여
辛金과 丑土대운에 걸려 있으나 진급가능성은 보인다.
49세 庚寅년 寅木정재는 길신으로 辛金일간의 천을 귀인이고
일지巳火 정관 길신이 움직이게 되어
확실하게 진급으로 아름다울 것으로 예상 추단한다.
그러나 庚金겁재로 인하여 지출이 생기게 될 것으로 예상한다.
진급 후 타처로 인사 이동할 것으로 예상한다.
丑土편인 대운은 무난하고 안정 된 대운으로 예상 추단한다.
51세에 아랫사람으로 구설 말썽이 일어날 것으로 예상되니
아랫사람을 잘 보살피고 연루되지 않아야 할 것이다.
52세 庚子대운부터 기신 운에 들어가게 된다.
특히 57세 子水식신 대운부터 흉운되어
사고, 건강, 직장문제 등을 주의하고 자중해야 할 것으로 예상한다.
55세, 56세 흉한 삼재가 되므로
동료 친구 형제로 직장이 흔들리게 되니
동료 친구를 믿지 말고 인정에 연루되지 않아야 하며
子水식신 대운 이전에 스스로 명예롭게 명퇴하는 것이
덕이 될 것으로 예상 추단한다.
58세, 59세가 흉운에 해당하여 사고 건강을 주의해야 하겠다.
辛丑대운부터 물혹(암)이 발생하게 될 것으로 예상하며
51세, 58세, 59세 중에 수술이 있을 것으로 예상한다.
子水식신 대운 중에 신상에 큰 불상사가 없기를 기원한다.
62세 己亥대운은 월시지 午火와 未土 길신이 움직여

길하게 작용하고 대운亥水는 寅亥합과 亥卯未합으로
일지와 巳亥충을 하지 않겠다.
움직임의 사항으로 추단한 것이다.
그러나 사고 건강은 조금 유의하는 것이 좋겠다.
72세 戊戌대운은 寅午戌합으로 왕신인 火관성이
戌土묘지로 들어가게 되어 건강(물혹)과 사고를 주의해야 한다.
82세 丁酉대운 중 酉金비견이 제일 기신으로 작용하게 된다.
따라서 신상에 어려움이 나타나게 될 것으로 예상 추단된다. 觀

50) 己丑년 처와 이혼 예상, 자식 무, 주류배달

乙 丁 戊 乙　남
巳 未 子 卯
　　寅卯　　子丑

```
55  45  35  25  15   5
壬  癸  甲  乙  丙  丁
午  未  申  酉  戌  亥
```

丁火일간 11월 출생으로 월지子水 편관 격이다.
용신은 월지子水 편관으로 용신한다.
월간戊土 상관과 일지未土 식신이 극하고 공망되어
子水편관 격과 子水편관 용신으로 어려움이 있을 것 같다.
그러나 乙卯木 편인이 木극土하여 子水편관은
보호를 받게 되어 子水편관을 격과 용신한다.
丁火일간 11월 출생이지만 비겁이 왕하고
木인성의 도움으로 불 약하다.
천간과 지지 金재성이 길신으로 작용하며
土식상이 기신으로 작용하게 된다.
결혼은 庚辰년과 辛巳년 중 辛巳년 27세에 결혼하였다.
처는 51辛酉생 닭띠, 35丁巳생 뱀띠 중에 인연배필이다.
辛酉생 닭띠는 천을 귀인 띠가 되며 酉金편재가 길신으로
辛酉생 닭띠가 제일 좋은 띠가 되나
金 무 재성 사주이고 卯酉충되어 조혼하므로

만나기에 어려움이 있게 된다.
丁巳생 뱀띠는 金재성 처가 나타나지 않으며
시지巳火를 지시하고 일주와 巳未합으로
시지 巳중庚金 정재가 암장되어
丁巳생 뱀띠를 응하게 된 것이다.
본 사주는 처 인연배필을 어떤 띠를 만나도
본처와 평생 해로하기는 어려운 사주이다.
처의 상항은 시간乙木 편인과 월간戊土 상관의
사항동태를 추리 판단하게 된다.
丁亥대운은 亥水정관 천을 귀인으로
亥卯未삼합 木국 희 신으로 未土식신을
木극土하여 子水편관 용신이 보호를 받게 되어 무난하다.
15세 丙戌대운은 흉운으로 학교생활에 지장을 받게 되었다.
15세 丙戌대운 丙火겁재는 丁火일간을 어둡게 하며
대운 戌土상관은 시지巳火 겁재와 巳戌원진 귀문하고
시지巳火 겁재 기신이 움직이게 된다.
또한 연지卯木 편인과 卯戌합한다.
시지巳火 겁재는 일지未土 식신을 생하여
식상태과 되며 일지未土는 월지子水 편관 용신을 土극水하게 된다.
또한 연지卯木 편인은 卯戌합이 좋아 未土식신을 극하는 것을
망각하게 되어 월지子水 편관 용신을 보호하지 않게 된다.
따라서 15세 丙戌대운 중에 학생시기에 공부가 되지 않으며
시지巳火 겁재 친구의 움직임과 월지子水 편관 용신이 극을 받게 된다.
巳戌원진 귀문으로 친구와 어울려 공부를 지속하지 못하게 된다.
이후 戌土상관 대운은 丁火일간의 戌土상관 고지 운이다.

흉운 중에 용신子水 편관으로 외항선원생활로
군 복무를 면제받게 되었다.
무재사주로 재물에 집착이 강하게 되어
외항선원생활로 돈을 제법 모으게 되었다.
외항선을 타지 않고 육지생활 하였다면
어려움을 많이 겪게 되었을 것이다.
25세 乙木대운은 일지未土 식신과
연지卯木 편인이 움직이게 된다.
乙木대운 중에 pc방을 개업하여 戌土대운에
선원으로 벌었던 돈을 그의 손해를 보게 된 것이다.
30세 酉金편재 대운은 길운으로 주류배달
직장생활로 안정된 생활이 된다.
35세 甲申대운 甲木정인은 乙木편인과 차이가 나게 된다.
甲木인수는 기신인 戌土상관을 극하게 되나
乙木편인은 기신 戌土상관을 극함이 부족하다.
따라서 35세 甲申대운 중
壬辰년부터 안정된 생활이 될 것이며
본 사주는 항상 삼재시기에 삼재의 영향을 받게 되므로
甲申대운 중 巳午未년을 잘 넘기면 45세까지 무난하게
생활이 될 것으로 예상 추단한다.
酉金편재 천을 귀인 길신대운 중
戊子년에 부친의 도움으로
작은 빌라를 경매 받게 되었다.
酉金편재 대운과 甲木인수 교차시기인
己丑년 35세 배우자궁 일지未土와 丑未충하여

처와의 일이 발생하게 될 것으로 예상 추단한다.
본 사주를 辛巳년 결혼 할 당시에
丁巳생 아가씨의 사주에서 자식이
어려운 사주로 나타나 있었으며 본 사주 역시
자식이 어려운 사주이므로 첫 배우자와 자식 생산하기가
어려울 것으로 예상한다.
본 사주는 무 재성 사주이며 비겁 태과로
초혼의 처와는 평생 해로 못하게 되는 사주이다.
모친은 2분으로 나타나는 사주이다.
일지 未중乙木 편인이 연간에 투출하고
卯중乙木 편인 역시 연간에 투출하여 卯未합한다.
연지卯木 편인과 일지 未중乙木 편인이 움직여
모친이 2명 이상이 된다.
건강은 상골을 특히 주의해야 하겠으며
기관지 폐 대장을 주의해야 한다.
직업은 월간戊土 상관이 월지子水 편관과
戊癸합하여 주류, 유흥, 돼지고기, 수산물, 어류 등에 인연이 있다.

51) 합작용 화물차 지입, 己丑년 사고

癸 丁 庚 戊   남
卯 巳 申 午

45 35 25 15 5
乙 甲 癸 壬 辛
丑 子 亥 戌 酉

丁火일간 7월 출생으로 월지 申중庚金이
월간에 투출하여 정재 격이다.
용신은 정재격인 金재성으로 용신한다.
천간甲木 인수가 길신으로 작용하게 되며
火비겁이 흉운으로 작용하게 된다.
지지水 관성과 土식상이 희 신으로 작용하며
火비겁이 흉운으로 작용하게 된다.
丁火는 酉시 이후에 태어나야 丁火의 소임을 다하게 되는 것인데
卯시에 태어나 밝음을 발휘할 수가 없게 된다.
庚金재성이 먼저 나타나고 卯木인성은 뒤에 나타나서
학생시기에 공부에 관심을 가지지 않았던 것으로 본다.
또한 丁火일간에 庚金이 투출하면 甲木정인을 보아야
공부를 좋게 보게 되는 것이다.
따라서 학생시기에 공부는 하지 않았던 것이 된다.
성격은 丁火일간 자체가 타인을 생각하는 마음과
배려하는 마음이 있으면서 丁巳일주 간여지동으로 고집이 있다.

일지巳火와 월지申金이 申巳합 형 파를 이루고
움직여 있으므로 몸에 흉터나 점이 있게 된다.
재산은 庚金재성이 건록을 얻어 학벌은 없으나
금전에는 어려움이 없겠으며 재산가지고 생활이 되겠다.
일월 申巳합하여 재물에 연연하고 집착이 강하다.
결혼은 33세, 35세에 2살 연상인 丙辰생 용띠, 辛酉생 닭띠,
庚申생 원숭이띠 중에 결혼할 것으로 예상 추단한다.
처는 26丙辰생 용띠, 101辛酉생 닭띠, 82庚申생 원숭이띠 중에
인연배필이 될 것으로 예상 추단한다.
丙辰생 용띠는 비겁의 퇴신인 2살 연상 丙辰생 용띠를 응하게 되며
일지巳火와 辰巳합 월지申金 정재와 申子辰삼합을 응하게 될 것이다.
辛酉생 닭띠는 丁火일간 酉金편재 천을 귀인이
일지巳火와 巳酉합으로 辛酉생 닭띠를 응하게 될 것이다.
庚申생 원숭이띠는 월주庚申 정재가 일주와 申巳합이며
일지 巳중庚金이 투출하여 庚申생 원숭이띠를 응하게 될 것이다.
庚申생 원숭이띠와 辛酉생 닭띠의 확률이 높게 되겠다.
일지巳火와 월지申金 정재가 申巳합하여
처를 생각하는 마음이 많겠으며 본 사주보다
더 많이 공부하고 현명하고 주체성이 강한 처와
결혼하게 될 것으로 예상한다.
직업은 월지申金 정재 역마가 일지巳火와 巳申합하여
운수업, 유통업, 영업 자동차 등에 인연이 있다.
가족관계는 월지申金 정재가 음직이고 일지巳火와 申巳합한다.
따라서 일지巳중 庚金과 戊土 월지 申중庚金
정재 연지 午중己土 식신이 암장하고 각각 움직여

조모 두 분에 부친형제는 이복형제가 있게 된다.
또한 巳중庚金과 戊土 申중庚金과 戊土 정재와
상관을 암장하여 장모 두 분에 처의 형제 역시
색다른 형제가 있는 곳에 결혼할 것으로 예상 추단한다.
연주 월주 일주가 동일 순중 공망으로
조상과 부모를 생각하는 마음이 많으며
부모조상과 깊은 전생에 인연으로 현생에 출생한 사주로 추단한다.
15세 壬戌대운 중 壬水정관은 월지申金 정재가 움직이게 되며
일간丁火와 丁壬합하고 일지巳火와 巳戌원진 귀문하게 된다.
따라서 천간甲木 정인 운이 아니므로
학생시기에 공부가 잘 되지 않았다.
戌土상관 대운은 방위산업체 근무로 군 복무를
무난하게 면제 받게 되었다.
25세 癸亥대운은 일주 간지가 천지 충 되나
천간癸水 편관 대운은 연간戊土 상관이 戊癸합 극하여 무난하다.
30세 이후 亥水정관 역마 겁살 대운은 金水木으로
지지 순생 통관하여 무난하게 작용한다.
따라서 30세 丁亥년은 대운과 연운 亥水역마가
움직이게 되어 화물운송으로 지입차를 하게 되었다.
그러나 일지巳火 지살 망신이며 대운과
연운亥水 역마 겁살이 일지巳火를 巳亥충한다.
巳火겁재 망신은 자기 잘못으로 사고와 손재가 되며
亥水정관 역마 겁살은 타인이나 외부에 의하여
사고와 손재를 당하게 되니 주의해야 한다.
따라서 亥水정관 대운 중에 사고와 손재를 주의해야 한다.

32세 己丑년은 일지巳火가 巳丑합하여
丁火일간이 丑土묘지에 임하게 된다.
따라서 사고, 입원, 관재 등이 예상되므로
주의해야 하나 수입은 무난하게 된다.
대운亥水와 일지巳火가 巳亥충하면서
일지巳火 겁재 망신 발동으로 자기 잘못이 될 것이다.
겁재 망신의 영향으로 구체적인 사항이 통변이 되는 것이다.
본 필자의 저서〈추명명리학 강의〉(도서출판 무량수)
'12신 살'을 참고하면 될 것이다.
庚寅년 33세에 수입은 무난할 것이나
寅巳申삼형을 이루어 관재와 사고 손재를 주의해야 할 것이다.
35세 甲子대운과 乙丑대운까지 노력의 댓가가 있을 것이며
재물에는 안정된 생활이 될 것으로 예상한다.
그러나 50세 이후 丑土대운은 사고와 건강을 주의해야 한다.
50세 이후 丑土대운 중 52세, 53세를 주의해야 한다.

52) 비천록마 격

己 辛 己 辛 여
亥 亥 亥 亥

45　35　25　15　5
甲　癸　壬　辛　庚
辰　卯　寅　丑　子

본 사주는 乙酉년에 상담한 사주로 기억한다.
辛金일간 亥월에 지지亥水를 전부 놓았다.
비천록마 격에 전실이 되는 巳火와 丙火 戌土 寅木을
만나지 않아서 비천록마 격이 성립된다.
용신은 비천록마 격에 亥水상관이 용신이다.
기신은 비천록마 격에 전실이 되는
巳火 丙火 戌土 寅木과 火남방운이 된다.
25세 이전 庚子와 辛丑대운은 비천록마 격에
용신 운이 되므로 학창시기에 공부도 뛰어났으며 장래가 촉망되었다.
그러나 25세 壬寅대운 중 寅木대운 30세부터
비천록마 격에 전실이 되는 寅木정재 대운을 만나
한의원을 경영한다고 하였으나 재산에 큰 손해만 보게 되었다.
아직 결혼도 못하고 어려움 속에서 생활하고 있는 실정이다.
내격으로 풀이하게 되면 水종아격으로 寅木정재 운에
사업이 잘되어야 할 것인데 부모재산에 큰 손해만 끼치게 되고 자신은 신용문제까지 이르게 된 것이다.
본 사주를 일반적인 방법으로 풀이 통변하여
용신을 정하게 되면 寅木대운에 발전이 크게 있어야 하는 것이다.
종아 격으로 용신 및 풀이통변하게 되면
크나큰 오류가 발생하게 되는 사주라하겠다.
따라서 寅木정재 대운에 비천록마 격인가
비천록마 격이 아닌가가 결정이 나게 되는 것이다.
35세 이후 癸卯대운은 비천록마 격에 기신 운이 아니므로
寅木정재 대운과 같은 어려움은 되지 않는다.
앞으로 수입을 만들게 되겠으며 어려움에서 풀리게 되어
원하는 일이 성취 될 것으로 예상한다.
45세 甲辰대운을 내격으로 통변하면 亥水상관
왕신입묘 운으로 아주 나쁘게 풀이통변하게 된다.
그러나 45세 甲辰대운은 비천록마 격이 좋아하는
辰土를 만나게 되어 아름다움이 크다 하겠다.
35세 癸卯대운 막 들어올 때에 몸매가 시원하게 생기고
예쁘게 생긴 아가씨가 상담한 것으로 기억한다.
본 필자는 비천록마 격으로 판단하고
寅木대운에 많은 어려움을 당하였으리라 추단하고
상담을 임하게 된 것이다.
이렇게 寅木정재 기신 운에는
사업도 어렵게 되며 결혼도 하기가 힘들게 되는 것이다.
좋은 대학 좋은 학과를 졸업하였으며
얼굴이나 몸매도 어디하나 빠지는 데가 없는데
비천록마 격에 기신인 寅木정재 대운에서

마음과 뜻대로 이루지를 못하고 어려움 속에 빠지게 된 것이다.
본 사주가 종아 격으로 판단하여서는 큰 오류가 발생하게
된다는 것이다.

35세 癸卯대운과 45세 甲辰대운은
비천록마 격에 부합하여 발전이 클 것으로 예상 추단한다.
그러나 55세 乙巳대운 중 巳火정관 대운은
비천록마 격에 巳火정관 기신 운으로 건강 수명 사고 등
본인이나 집안에 액화가 적지 않을 것으로 예상 추단한다.
결혼은 丁亥년이나 戊子년에 결혼할 것으로 추단한다.
남편은 2살 연하인 99癸丑생 소띠 위로는 99甲辰생 용띠,
36丁未생 양띠 중에 인연배필이 될 것으로 예상 추단한다.
癸丑생 소띠는 비천록마격에 丑土가 巳火를 불러오는 데
길한 띠로 도움이 되어 癸丑생 소띠를 응하게 된 것이다.
甲辰생 용띠 역시 辰巳합으로 길한 띠로 도움이 되어
甲辰생 용띠를 응하게 된다.
丁未생 양띠는 亥未띠 합으로 丁未생 양띠를 응하게 된 것이다.
추명명리 인연으로 추단하면 동갑인 辛亥생 돼지띠가 좋다.
범띠와 개띠, 뱀띠, 천간丙火생은 절대 결혼하지 않아야 한다.
庚寅년은 금전에 어려움이 따르게 되니
확장과 신규는 절대하지 않아야 손해를 적게 보게 된다.
본 사주는 평생에 삼재인 巳午未년에
항상 손재와 관재 사고 등 액화를 주의해야 할 것으로 추단한다.

● 辛亥일주 비천록마 격;

지지에 亥水가 많으므로 亥水가 巳火를 허충하여
巳중丙火를 정관으로 삼고 巳중戊土를 인수로 삼게 된다.
辛金일간 丙火정관과 戊土정인을 얻어 비천록마 귀격으로
작용하게 된다.
지지에 戊土와寅木이 있으면 亥水가 戊土와寅木과 합하느라
巳火를 허충하지 않으므로 파격이 된다.
따라서 천간에 丙火 지지에 戊土와 寅木 그리고
전실이 되는 巳火가 나타나있으면 전실이 되어
기특하지 못하여 비천록마 파격이 된다.
비천록마 격은 운의 길 흉에 따라
극과 극으로 길 흉이 나타나게 된다.
비천록마 격 사주는 허충하여 정관을 사용하게 되므로
검찰, 고위경찰, 법조계, 의사, 영관급이상 군인 등의
직업을 가지게 된다. 觀

53) 역학서적에 자주 등장하는 거지 사주

丙 壬 壬 壬　남
午 子 子 子
寅卯 寅卯 寅卯 寅卯

丁 丙 乙 甲 癸
巳 辰 卯 寅 丑

비천록마 파격의 사주를 예로 든다.
壬水일간 子월에 월지 양인 격이며
지지에 子水를 3개 놓아서 비천록마 격이 될 것 같으나
전실이 되는 시지午火를 만나서 비천록마격 파격이 된다.
비천록마격의 파격이 되어서 어려운 삶을
살아갈 사주로 추단하게 된다.
본 사주가 용 되려다 이무기가 되었다고 본다.
비천록마 격을 이루고 파격이 되었으면
비천록마 격에 파격이 된 오행을 제거하여
다시 비천록마 격으로 성격을 이루게 되면 무난하게 되는 것이다.
따라서 子水겁재 양인 운과 金水 운이 길하게 작용한다.
상기 사주는 오래 전 인물로 역학서적에 등장하는 사주이다.
상기 사주를 여러 서적에서 격과 통변 해석하는 것을
옮기게 되면 보통 다음과 같이 해석하고 있다.

• 水비겁이 丙午재성을 군겁 쟁재하여 걸인 생활하다가

수명을 마감한 것으로 해석하고 있다.
- 丙午재성 밥 그릇 하나를 두고 여러 명이 나누어 먹으려고
  서로 싸우는 형상이 되어 걸인이 되었다고 격과
  사주풀이 통변을 하고 있다.

본 필자 또한
- 비겁 쟁재(군겁 쟁재)는 사주구성상 맞는 표현이라 본다.
- 水 비겁이 태과하고 식상이 없으니 여러 명이 밥 그릇 하나를 두고
  서로 싸우는 형상 또한 일리가 있다고 생각한다.

본 필자 또한 사주구성은 식상이 없으므로
전부 맞는 말이 되어서 다른 이론의 전개는 할 수가 없다.
그러나 甲寅대운과 乙卯대운의 식상 운을 어떻게 설명할 수가 있겠는가.
사주 자체에서 군겁 쟁재가 일어나 있으면
甲寅과 乙卯대운은 강력한 식상 운으로
군겁 쟁재를 통관시켜 재산이 늘어나게 된다고
통변하게 되는 것이 일반적인 통변이론이라고 생각한다.
그렇게 되어야 용신과 통변이론이 이치에 맞는다고 생각하게 된다.
걸인이 되어 수명을 마감하게 된 것을 궁색하게나마
단식판단으로 통변한다면

- 연주壬子와 월주壬子 일주壬子 복음으로
  걸인이 되었다고 볼 수 있으며
- 연주壬子는 寅卯木식상 대운에 寅卯식상이 공망 되어서
  자기 전생에 지은 업이나 조상을 잘 돌보지 않아서

걸인이 되었다고 통변 할 수가 있겠으며
(저자는 길신 공망인 경우 상기 내용을 사용하게 된다.)
- 일주壬子의 寅卯공망은 자기 자신의 잘못이나
 자기 자신의 습성으로 걸인이 되었다고 통변할 수가 있겠다.
 (저자는 길신 공망인 경우 상기 내용을 사용하게 된다.)
- 연주 월주 일주 시주 네 개의 기둥 전부가 寅卯공망으로
 아주 귀한 사주로 보아야 하므로 공망에 대한 원인설명은
 문제가 따르게 되는 것이다.

따라서 甲寅과 乙卯대운에 발복하지 못한 것을
단식판단으로 이론전개를 궁색하나마 할 수가 있겠다.
사주팔자 자체는 이론상 전부 맞는 말이라 하더라도
문제는 甲寅木식신 대운과 乙卯木상관 대운이 문제가 되는 것이다.

본 필자는
상기 사주를 비천록마 격의 파격으로 본다.
비천록마 격이 시지午火 때문에 파격이 되었다.
따라서 午火를 제거하는 子水겁재 양인 운이 흐르게 되어야 하며
대운의 흐름이 金水운으로 흘러가야 길한 운이 된다고 본다.
그런데 金水길운은 도래하지 않고 午火때문에
비천록마 격이 파격이 되어있는데 甲寅 乙卯대운이 전실인
午火를 木식상이 생하게 된다.
비천록마 격에 寅木은 전실이 되는 午火가 없을 때에
寅木을 기뻐하게 되는 것인데 전실이 되는 午火가
있을 때에는 기신으로 변하여 싫어하게 된다.

본 사주와 같이 午火로 인하여 파격이 되었을 때에는
寅木은 희신 역할을 하지 못하고
오히려 기신 역할을 하게 되는 것이다.
따라서 寅卯木 식상 운이 비천록마격 격의 파격을 만든
午火를 생하게 되어 비천록마 격의 전실인 午火기신을 생하여
걸인이 되었으며 수명 또한 마감하였으리라 추단한다.
丙辰대운에는 비천록마 격 파격사주로 왕신水가
辰土에 왕신입묘이며 丙火재성이 나타나 쟁재가 되어
역시 수명을 마감하게 된 것으로 생각한다.
앞으로 火운으로 진행하므로 더 이상 길운이 없으며
寅卯木 식상 운에도 어려움을 당하고 있으니
火재성 운에는 오죽하겠으면 어떻게 되겠는가.
寅卯木식상 대운에 더더욱 비천록마 격을 사용 못하게
만들게 되었다는 것이다.
본 사주가 용 되려다 이무기가 되었으며
그 와중에 대운의 흐름이 마땅하지 못하여
이무기도 되지 못하고 보잘 것 없는 뱀이 되었다고 생각한다.
외격에 속하는 사주는 운의 길흉을 많이 좌우 받게 되는 것이다.
격 국의 판단을 바르게 판단하여서 용신과
희신 기신을 잡아 통변해야 한다고 생각한다.
본 필자가 여러 번 이야기하지만
내격 중에 외격이 있게 되며
외격 중에 내격이 있게 된다는 것이다.
일간이 체이며 격국 또한 체가 되는 것이다.
일간을 기준하여 용신을 찾게 되는 것이며

또한 격 국을 기준하여 용신을 찾아야 한다고 생각한다.
일간과 격 국은 체로서 몸이며
용신은 용으로서 정신이 되는 것이다.
일간과 용신이 떨어질려도 떨어질 수가 없는
상호간 밀접한 관계가 되는 것이다.
또한 격 국과 용신은 떨어질려도 떨어질 수가 없는
상호간 밀접한 관계가 되는 것이다.
본 필자 역시 종전에는 일간만 기준하여 용신을 정하다 보니
전자에 정한 용신이 지금은 다르게 정해지는 경우가
종종 있게 되었다.
손님을 상담하는 과정에서 용신의 운인데도
용신 운과 상반되게 살아가는 것을 보고
용신을 잘못 정한 이유를 찾게 된 것이다.
격국용신 통변을 깊이 있게 공부를 하지 않은 이유라
생각하고 격국용신 통변을 다시 생각공부하게 되었다.
역학이란 간단명료하지 않다는 것을 말로만 하는 것이 아니라
실제로 피부로 느끼면서 어떤 때에는 산속이라도
도피하고 싶은 심정이 한두 번이 아니었다고 생각한다.
주위에 얽혀있는 것들과 당장 수입이 없으면
사람행세와 사람의 도리를 못하게 되어
변명이나마 지금까지 이렇게 초라한 철학관을 지키고 있는 것이다.
몇 년 전까지만 하더라도 수입이 모자라
돈이 부족하여 사람의 도리를 못한 일을
되풀이 하지 않으려고 지금까지 초라한 철학관을 지키면서
공부하고 있는 중이다.

● 壬子일주 비천록마 격에 대하여

壬子일주 ; 지지에 子水가 많으므로 子水가 午火를 허충하여
　　　　　午중丁火를 정재로 삼고 午중己土를 정관으로 삼게 된다.
　　　　　壬水일간 丁火정재와 己土정관을 얻어 귀격으로 작용한다.
　　　　　지지에 丑土가 있으면 子水가 丑土와 합하느라
　　　　　午火를 허충하지 않으므로 파격이 된다.
　　　　　또한 천간에 丁火와 己土 지지에 丑土와 午火가
　　　　　나타나 있으면 전실이 되며 기특하지 못하여
　　　　　비천록마 파격이 된다. ㊣

54) 의사 남편 바람, 이혼

己 癸 壬 戊　여
未 酉 戌 申

47　37　27　17　7
丁　戊　己　庚　辛
巳　午　未　申　酉

본 사주는 중후하고 점잖은 부친이 상담하였다.
癸水일간 戌월에 월지 戌中戊土 투간하여 정관 격이며
시주己未土 편관으로 관살혼잡 격이 된다.
용신은 金인성으로 용신한다.
癸水일간 戌월 가을에 일지酉金 연지申金 인성으로
여명에 약하지 않으며 관왕신왕 사주로 木식상이 없어
살인상생으로 金인성으로 용신한다.
성격은 癸酉자생일주로 주관이 뚜렷하겠으며
고집과 자존심이 강한 성격이다.
외형적으로 지식을 좋아하고 갖추었겠으며
내면으로 굽히지 않는 성격이다.
건강은 디스크, 관절염, 간의 질병을 주의해야 하겠다.
남편은 86丁未생 양띠, 87丙午생 말띠,
49甲辰생 용띠 중에 인연배필이다.
丁未생 양띠가 50점이며, 丙午생 말띠가 50점이고
甲辰생 용띠가 70점 인연 띠가 된다.

丁未생 양띠는 월지戌土 정관이 움직이고
서로가 마음에 들어 좋아하므로 丁未생 양띠를 응하게 된 것이다.
丙午생 말띠는 월지戌土 정관과 午戌합이며
상대가 본 사주를 좋아하게 되므로 丙午생 말띠를 응하게 된 것이다.
甲辰생 용띠는 辰土정관이 일지酉金과 辰酉합이며
본 사주가 마음에 들어 하며 관살혼잡에
시간己土 편관을 합 극하고 申子辰삼합으로
甲辰생 용띠를 응하게 된 것이다.
甲辰생 용띠가 제일 길하여 좋으나
본 사주는 관살혼잡 사주로 甲辰생 용띠는 만나기가 어렵게 되겠다.
이중에 丁未생 양띠가 남편이 되었으니
지시신의 합으로 인연이 된 것이다.
남편은 연간戊土가 되겠으며 戊土정관은
연지申金 식신 문창에 좌하여 언변이 좋고 학문이 있는 남편이다.
戊土남편의 재성은 申중壬水 편재이므로
申酉戌방합으로 일지酉金 천의 활인성 따라 치과의사이다.
일지 배우자궁 酉金편인이 도화이며
지지申酉戌로 방합하여 申金과 酉金은 戌土에 모이게 된다.
월간壬水 겁재가 연간戊土 정관을 가로막고 있으니
연간戊土 정관은 연지 申중壬水와 월간壬水를
더 가까이 하게 되어 다른 여성과 합정이 되는 것을
본 사주에서 이미 암시하고 있다하겠다.
월지戌土 정관이 연간戊土 정관 남편의 뿌리이며
戌중丁火가 월간壬水와 丁壬합되어 월간壬水
상대녀는 유부녀이거나 실패한 여성임을 알 수 있다.

초년 辛酉와 庚申대운 인성 운에 공부도 뛰어났으며
부유한 부모 밑에서 유복한 생활로 일류대학을 진학하여 졸업하고
월간壬水 따라 유학 공부하여 총명영리하다.
己未대운에 결혼하였을 것이며
시주己未 편관이 움직이게 되어 관살혼잡을
더욱 부채질하여 부부간에 다정하지 못하였을 것으로 추단한다.
37세 戊午대운 火土재관 운에 대운천간 戊土정관은
戊土가 움직이게 되어 연간戊土 정관 남편의 뿌리가 되니
연간戊土 정관의 발동이다.
대운午火 편재 도화가 되어 월지戌土와 午戌로 합하게 되어
연간戊土의 도화가 된다.
따라서 연간戊土 정관 남편의 도화가 되는 것이다.
흔히 본사주가 戊午대운에 戊土정관이 일간癸水와
戊癸합하고 일지에서 午火도화가 되어
본 사주가 바람이 생긴다고 통변하나 그렇지가 않는다는 것이다.
戊午대운이 어디에 붙으며 누구의 것인가를 잘 살펴보아야
된다는 것이다. 따라서 본 사주 남편의 바람이다.

나의 것과 남편의 것을 구별해야 한다.
본 사주가 관살 혼잡에 일부 종사는 힘든 사주이다
대운이 잘 흘러간다면 그나마 면할 수가 있으나
관살혼잡 사주에 대운마저 관운으로 흘러오게 되니
부부풍파는 면할 수가 없게 되겠다.
원인은 남편의 바람으로 2006년 친정부친이 상담하였으며
상기사항들로 미루어 부부의 문제로 판단하고

사위가 바람이 났느냐고 물으니 상담 중 아무 이야기 없다가
딸이 사위와 다시 재결합 할 수 있겠느냐고 질문 받게 되었다.
본사주가 일부 종사가 힘든 사주이니
재결합은 따님이 원하지 않을 것이라고 대답하게 되었다.
대운이 해롭게 흐르고 있으며 차후 己土편관 연하의
남자를 만나 살겠으며 42세 이후 午火대운 중
42세 己丑년이나 47세 甲午년에 재혼하게 될 것으로 예상한다.
사주팔자 통변은 용신과 격 국이 두말 할 나위 없이
물론 중요하지만 음양오행 육신 육친 신살 운성
생 극 합 충 형 파 해 등이 오고가고 죽고 살고
내 것과 남의 것 움직임 등 여러 가지를 종합하여
통변해야 된다고 본 필자는 믿는다.
하나의 사주를 풀이 통변하여 찍어 맞추어 낸다는 것은
본 필자 역시 어려움이 많은 것은 사실이나
찍어 맞추어 내는 확률을 가깝게 하기 위하여 노력 중이다.
우리 역술 인들이 떳떳하게 자신을 가지려면
상담이 아닌 감정 쪽으로 생각을 많이 해야 할 것으로 생각한다.
1984년부터 하원갑자로 여성시대, 신과 영의 시대,
정신시대, 물의시대, 흑인시대, 종교시대 등에
들어와 있는 시기로 본다.
앞으로 예상하건데 역술 인은 더욱 배출되어
철학관간판은 더욱 늘어나게 되므로
역술인으로 살아남고 유지하려면
사주감정에 어떠한 독창적이고 전문적인 지식이
필요하게 될 것으로 예상한다. 觀

55) 나이 차이 나는 유부남과 결혼, 이혼, 형제 뒷바라지

```
壬 辛 丁 丁   여
辰 巳 未 酉
   申酉   辰巳


50  40  30  20  10
壬  辛  庚  己  戊
子  亥  戌  酉  申
```

辛金일간 未월에 월지 未中丁火 투간하여 편관 격이다.
용신은 시간壬水 상관으로 용신한다.
辛金일간 일지巳火 정관과 巳午未방합 火국하고
연 월간 양丁火가 투출하여 관살혼잡으로 조후가 시급하고
辛金일간은 水식상을 희 하므로 시간壬水 상관으로 용신한다.
지지 습土 또한 희 신이 된다.
巳午未 방합하고 다시 巳酉합하며 일시 辰酉합을 이루어
지지 전부 합으로 이루어져 壬水가 辰酉합金의 생부를 받게 되었다.
巳午未에서 午火를 대신하여 연 월간 丁火편관을 투출시켜
午火편관 천을 귀인이 협공된다.
따라서 여명에 합과 귀인이 많으면 좋지 못하다.
요즘에는 합과 귀인이 많으면 사회활동과 대인관계가
원만하다고 판단하여 좋게 보아야 하나
관살혼잡에 합이 많으면 좋지 못한 것으로 추단한다.
협공된 午火편관이 천을 귀인과 도화되어

귀인의 역할보다 관살혼잡으로 나쁜 경향이 더욱 많이 작용하게 된다.
따라서 남자로 인하여 몸과 마음만 흔들리게 되는 것이다.
연지酉金 홍염이 움직여 일간으로 홍염의 작용이 나타난다.
따라서 외모적으로 미를 갖춘 여성이다.
10세 戊申대운에 일지巳火 정관이 움직이니
정관의 발동이고 대운지지 申金겁재는
壬水상관 용신의 뿌리가 되며 장생지가 되어 총명하고
壬水상관 용신이 힘을 얻어 공부에 성과가 있어서 공부가 우수하였다.
20세 己酉대운 土金운에 己土는 월지未土가 움직이게 되며
酉金홍염이 움직이게 되어 이성관계가 있게 되었다.
남편은 나이 차이가 많은 68戊寅생 범띠, 49丁丑생 소띠,
21甲午생 말띠 중에 인연배필이다.
戊寅생 범띠는 일지 巳중戊土와 寅木정재 천을 귀인으로
寅酉원진띠가 되나 戊寅생 범띠를 응하게 된 것이다.
丁丑생 소띠는 연지酉金과 巳酉丑삼합으로
丁丑생 소띠를 응하게 된 것이다.
甲午생 말띠는 협공된 午火편관 천을 귀인이며
마음에 들어하게 되므로 甲午생 말띠를 응하게 된 것이다.
연간丁火 편관이 첫 남자가 되어 나이 차이가
20여세 안팎으로 많이 나는 남편이며
辛金일간의 뿌리인 酉金이 연지에 있으므로
나이 차이가 많이 나는 남편으로 추단하게 된 것이다.
丁火편관 남편은 酉金겁재 홍염에 좌하였다.
丁酉연주는 연주자체가 바람기가 있으면서
연간丁火 편관 남편은 연지酉金 전처가 있었던

한번 결혼한 남자와 가정생활이다.
30세 庚戌대운에 첫 남자와 헤어지고
庚午년에 일지巳火 정관이 움직이고
午火편관 도화가 일지와 巳午未방합을 이루어
2-甲午생 말띠와 다시 가정생활하게 되었다.
그러나 본 사주가 가정 생활하기는 극히 어려운 사주이므로
甲戌년은 일지巳火와 巳戌원진 귀문하고
戌土는 관성입묘 운으로 甲戌년에 또 다시 헤어지게 되었다.
50세 壬子 대운 이전 가정생활은 어렵게 되므로
50세 壬子 대운 이후가 되어야 그나마 가능하게 된다.
직업은 관살혼잡에 壬水상관 용신이며 壬水상관
용신은 辰土묘 고지에 좌하여 물 창고 실내이며
酉金홍염은 찻잔 술잔으로 사주에 火관살이 태과하여
여러 남자 상대하는 유흥업, 다방, 술집, 코너주 등에 인연이 있다.
재산은 乙木편재 돈은 未中乙木 편재와 辰中乙木 편재가 된다.
辰酉합하면서 辰中乙木 편재는 酉中庚金 겁재와
乙庚합하여 乙木편재 돈은 酉中庚金 겁재
형제한테 돈이 가게 된다.
未中乙木 편재 역시 丁火를 연간에 투출하여
未中乙木 편재는 酉中庚金 겁재와 乙庚합하여
乙木편재 돈은 酉中庚金 겁재 형제한테 돈이 가게 된다.
따라서 돈 벌어서 庚金겁재 형제 뒷바라지로
지출하게 되어 본 사주가 가지고 있는 재물은 없게 된다.
40세 辛亥대운 金水운에 유흥업으로 성실히 돈은 좀 벌었으나
본 사주 자신에게는 돈은 없게 된다.

辛亥대운은 연지酉金 비견이 움직이게 되어
형제 뒷바라지 하느라 본 사주가 가지고 있는
재물은 없게 된 원인이다.
본 사주가 형제에게 가는 돈이기 때문이다.
재성이 비겁과 합하는 것은 결코 좋지 못하다는 것이다.
辛亥대운 중에 또 다시 가정을 만드나 헤어지게 된다.
대운亥水 상관은 壬水용신이 건록을 얻어 수입은
가지게 되나 일지巳火 정관을 巳亥충하게 된 원인이다.
50세 壬子대운은 壬水상관 용신이 子水에 뿌리를 얻어
길하게 작용한다.
대운壬水가 관살혼잡인 丁火편관을 丁壬합으로
丁火편관을 제거하게 되어 가정생활은 무난하게 되겠다.
본 사주의 결점인 형제만 생각하지 않으면
안정된 생활이 될 것으로 예상 추단한다.
60세 이전 子水대운 중에 친정모친이 돌아가실 것으로 예상 추단한다.
60세 癸丑대운 역시 水운으로 안정된 생활이 될 것으로 예상 추단한다.
관살혼잡에 결혼생활은 여러 번 겪어야하는 사주이다.
자식은 시지 공망이고 辛金일간 壬辰시 출생이면
자식을 두지 못하는 확률이 높은 것을 몇 번 경험하였다.
따라서 본 사주 자식은 없다.
오래 전 1994년 정도에 상담한 사주로 기억한다. 觀

56) 巳火대운 중 남편 사망, 종재 격

戊 丙 乙 庚　여
子 辰 酉 辰
　　子丑

61	51	41	31	21	11	1
戊	己	庚	辛	壬	癸	甲
寅	卯	辰	巳	午	未	申

丙火일간 8월에 출생으로
정재 격에서 金재성으로 종재 격이 된다.
용신은 金재성으로 용신한다.
8월에 丙火일간이 子시에 출생하였으면
일지 자좌 辰濕土에 설기되고 乙木인성은 乙庚합金하였다.
따라서 정재 격에서 종재 격으로 변하게 된다.
성격은 재물과 남자에 연연하겠으며
일지 辰중戊土 식신이 투출하여 베풀고 배려하는 마음이
있으면서 모든 일을 자기 자신의 생각대로 처리하는 성격이다
丙火일간이 의지할 곳을 월간乙木 인수로 하려 하나
辰土가 辰酉합金하므로 辰中乙木이 酉中辛金과
庚金에 충하고 합하여 乙木인수가
辰土에 뿌리를 내리지 못하게 된다.
월간乙木 인수는 乙庚합金하여 金으로 변하게 된다.
따라서 정재 격에서 종재 격으로 변하게 되어 金재성으로 용신한다.

일지辰土와 월지酉金이 서로 바뀌어

월지가 辰土였다면 종재 격으로 하지 않고

정재용인격으로 하였을 것이다.

흔히들 丙火양간은 종을 잘 하지 않는다고 하는데

본 사주는 金재성 왕신을 따르는 것이 안정된다.

丙火일간 일지辰土가 월지酉金과 辰酉합하므로서

丙火일간이 월지酉金 정재에 사지가 되므로

본 사주는 죽을 고비를 언젠가는 한번 넘어가야 하겠다.

배우자인 남편 시지子水는 일지辰土에 子辰합으로

입묘되고 공망이며 辰土식신 묘지가 움직인다.

시지子水 정관 남편은 월지酉金과 子酉귀문한다.

39세 戊午년 巳火대운 중에 일지辰土 관성 묘지가 움직이고

대운巳火 역시 움직인다.

식상인 土가 왕하게 되며 시지子水 정관 남편과

연운지 午火와 子午충함으로 子水정관 남편이

午火겁재 기신 절지에 임하게 된다.

따라서 남편이 사망하게 되는 것이다.

상담 중에 남편과의 사별이 30대에 있었느냐고 물으니

아무 말 없던 사람이 눈물을 흘리면서 사별하였다 한다.

巳火대운은 일간丙火가 건록에 해당하며

시간戊土 식신도 건록이 되므로 시간戊土 식신이 왕하여져

시지子水정관을 土극水로 그 남편 子水정관은 어찌 견디어 내겠는가.

시지子水 정관은 戊午년에 子午충되어 子水정관은

午火 절지에 임하고 본 사주 남편 사망으로 추단하게 된 것이다.

각 육친의 사망은 12운성 사 묘 절에 많이 죽게 된다.

巳火대운에 남편이 밍크 및 카펫공장을 하였으나
사업을 어렵게 만들고 사망하여 많은 어려움을 겪다가
본 사주는 경제사범으로 전과 기록까지 남기게 되었다.
巳火대운에 남편이 사망하게 된 원인은
시지子水 정관 남편은 申子辰에서 대운巳火는 정재와 겁살이 된다.
따라서 금전문제가 어렵게 되어 겁살의 작용으로
자기 스스로 차를 몰고 戊土담벽을 들이받았으며
子酉귀문 원진 작용으로 자살하게 되었다.
42세 庚辰대운은 金재성 용신 운으로
대기업 건설회사 회장을 만나 호화롭게 생활하며
자기 자식을 훌륭히 키우고 기사 딸린 벤츠 자가용 타면서
공주생활까지 하였다.
己土대운에 재혼 자와 다시 이혼하고 직업을 가지고
스스로 무난히 살아가는 사람으로
寅卯인성 대운은 발전은 없으나
본 사주의 금전은 좋은 사주이므로
돈의 애로는 겪지 않으면서 생활하고 있다.
1999년 己卯년에 큰 교통사고로
뼈를 크게 다치고 1개월간 앞도 보지 못하고 움직이지 못할 정도였다.
戊土대운으로 지금은 완쾌되어 직업생활하면서 살고 있다.
己卯년에 기신의 해이나 庚金재성 용신이
12운성으로 양지에 해당하여 사망하지는 않게 되었다.
寅木대운 중 71세~72세 庚寅년과 辛卯년 중에
생명의 위험이 있으리라 예상 추단한다.
본 사주는 삼재해가 좋지 못하므로

삼재 중에는 사고 건강을 조심해야 하며

나이가 들면 수명과 연관이 된다.

사별한 첫 남편은 71丙子생 쥐띠, 49丁丑생 소띠 중으로 예상 추단한다.

남편은 丁丑생 소띠보다 丙子생 쥐띠가 확률이 높게 된다.

통상적으로 아무리 사주에 배우자인연 띠를 만나서

살게 되어도 사주와 궁합 그리고 운에 따라

남편의 길흉은 있게 되는 것이다.

본 사주와 같은 사주는 상기 띠 중에서

맞는 좋은 궁합을 만나기가 어려움이 있게 되며

남편 또한 갈등 풍파 단명하는 사주를 만나게 되는 것으로 경험하였다.

따라서 배우자인연 띠가 있는 것은 틀림이 없으나

사주가 나쁘면 남편과 문제가 발생하게 되는

남자사주를 만나게 된다.

좋은 사주나 좋은 궁합 남자는 멀리하게 되고

나쁜 사주나 나쁜 궁합을 만나 인연이 되더라.

사주에 남편과 좋은 사주는 인연 띠 중에서

좋은 사주나 좋은 궁합 남자와 인연이 되는 것이 인연법인 것이다.

남자는 재성과 배우자궁이 기신이 되고 나쁘면

처나 여자의 도움은 없게 되고 도움이 되는 처와

여자는 멀리하게 되며 좋지 못한 여성만 마음이 가게 된다.

여자 역시 관성과 배우자궁이 기신이 되고 나쁘면

남편과 남자의 도움은 없게 되고 도움이 되는 남편과

남자는 멀리하게 되며 좋지 못한 남성만 마음이 가게 된다.

따라서 이런 것을 사주팔자 따라 산다고 하게 된다. 観

57) 신경성 질병, 부친 액화

甲 庚 辛 辛　여
申 寅 丑 酉

59　49　39　29　19　9
丁　丙　乙　甲　癸　壬
未　午　巳　辰　卯　寅

본 사주는 戊子년에 본인이 상담한 사주이다.
庚金일간 丑월에 출생으로 丑中辛金 투출하고
비견과 겁재는 격으로 취하지 않으므로
비견과 겁재가 태과하여 격은 시간甲木 편재 격이다.
용신은 일지 寅중丙火 편관으로 가용신한다.
일지寅木 편재는 편재 격 뿌리와 가용신이 되므로
일지寅木 편재를 절대 충하지 않아야 한다.
지지는 일시지 寅申충을 해소 통관하는 亥水식신 운이
제일 길운으로 작용하게 된다.
천간은 火관성이 길운으로 작용하게 된다.
연지酉金 시지申金 연 월간 辛金겁재 비겁이
태과하여 군겁 쟁재의 사주이다.
월지丑土는 양辛金을 생하기가 바쁘고
酉丑합 반金局하니 인수의 역할은 부족하고 기신이 된다.
성격은 비겁 태과로 고집과 주장이 강하면서
외면으로 돈에 집착을 하겠으며

내면으로 남에게 지기를 싫어하고 외유내강의 성격이다.
寅申충과 寅酉원진으로 산만하면서 신경이 예민하겠다.
건강은 월지丑土 급각이 움직여 상골, 디스크를
주의해야 하겠으며 물혹(암)과 두통, 신경성을 주의해야 한다.
일지 寅중甲木 편재가 시간에 투출하고
酉中辛金 겁재가 연간과 월간에 투출하였다.
寅酉원진 되나 寅未와 子酉 귀문도 加한다.
원진 귀문의 발동이며 甲庚충과 寅申충의 발동이다.
따라서 정신적 고통에 시달리게 되는 것은
본 사주에서 이미 암시하고 있다하겠다.
정신적 고통(신기 예민 우울증 불면증)은 오행 중에서
木과 火오행으로 정신 신경계통에 해당하며
金과 水는 육체에 대체적으로 분류한다.
木과 火는 확산하는 성질과 분열하는 성질이 강하다.
木과 火는 정신세계이며 金과 水는 육체로 크게 분류한다.
木은 머리에 해당하니 군겁쟁재의 사주로서
寅木은 申金의 충 극을 받고 甲木은 申金절지에 앉아
甲木편재는 이미 허물어진 상태이다.
따라서 木인 정신적 고통을 받게 된다.
9세 壬寅대운은 시지申金과 일지寅木이 움직이니
寅申충과 寅酉원진이 움직이게 된다.
이때부터 신경정신계통에 질환을 앓게 되었으리라 추단한다.
19세 癸卯대운 역시 卯申귀문하여
정신적 고통이 있었을 것으로 생각한다.

○ 우울증이나 불면증이 있습니까?

● 우울증과 불면증으로 고생하게 되어
  병원에서 처방을 받아 약을 먹고 있습니다.
  아직까지 다 나은 것 같지는 않습니다.
  언제쯤 괜찮아지겠습니까?
○ 30살부터 좀 나아지겠습니다.

가용신은 甲寅木 편재이지만 운은 水식상 운이
길하게 작용하며 火관성(巳火제외)운이 오게 되면 최 길운이 된다.
식상과 관성 운에 본 사주가 평정을 찾으니 안정된 생활이 될 것이다.
결혼은 壬辰년과 甲午년 중에 1살 연하인 壬戌생 개띠나
위로는 丁巳생 뱀띠 중에 결혼 할 것으로 예상 추단한다.
남편은 49壬戌생 개띠, 65丁巳생 뱀띠 중에
인연배필이 될 것으로 예상 추단한다.
壬戌생 개띠보다 丁巳생 뱀띠가 배우자 인연 띠로 더 좋으나
길한 띠 배우자를 만나기가 어려운 사주로 예상한다.
일지 寅중丙火 편관은 일시지 寅申충으로
申중壬水에 충 극을 받게 되었다.
일지 寅중丙火 편관은 월지丑土와 丑寅합하면서
寅중丙火는 丑중辛金 겁재와 丙辛합하게 된다.
또한 일지와 연지 寅酉원진하면서
일지 寅중丙火 편관은 丑중辛金 겁재와 丙辛합하게 된다.
따라서 남편과 평생 해로하기는 어려움이 따르게 될 것으로
예상 추단하게 된다.
본 사주의 고집과 주장, 지기를 싫어하는 성격을
감소해야 남편과 풍파를 조금이나마 면하게 될 것이다.
29세 甲辰대운 중 辰土편인 대운은 甲木편재가

뿌리를 내리게 되어 수입은 괜찮게 될 것으로 예상한다.
39세 乙巳대운 10년간 乙木정재는 양 辛金에
乙辛충으로 손상을 받고 대운지 巳火편관은
巳酉丑삼합 金국하여 木재성을 극하게 된다.
따라서 乙巳대운은 乙木정재와 巳火편관으로
길신 운이 되지 않으므로 10년간은 손재가 많이 따르게 되니
자영업은 절대하지 말고 친구나 형제와 금전거래 동업은
절대하지 않아야 한다.
49세 丙午 대운부터 火관성운이 제대로 발휘하게 되어
안정된 생활과 아름다움이 있게 되겠으며 건강하게 생활이 되겠다.
부친성인 시간甲木 편재는 일지寅木에 뿌리를 두었으나
시지申金과 寅申충 받고 시간甲木 편재는 자좌申金 절지에 앉아있다.
따라서 부친은 일찍 액화가 있게 된다.
또한 앞으로 시집가서 시어머니 역시 액화가 있을 것으로
예상 추단한다. 観

58) 남편은 유흥가 여성이나 유부녀와 바람

庚 庚 丙 丁　여
辰 申 午 酉

47　37　27　17　7
辛　庚　己　戊　丁
亥　戌　酉　申　未

庚金일간 午월에 출생하여 월지 午중 丁火 투출하여 정관 격이다.
용신은 申辰중 水식상으로 용신한다.
庚金일간 일지 申金 비견 건록으로 간여지동이며
庚金과 酉金 辰土로 庚金일간 신왕하다.
관성 역시 한 여름에 丙 丁 午火로 왕하여 관왕신왕 사주가 되었다.
신왕관왕 사주에 관살혼잡 되었으니 申辰에 암장하고 있는
壬癸 水식상이 길운으로 작용하여 용신한다.
성격은 庚申일주 간여지동으로 고집과 자존심이 있으면서
남아적인 성격을 가지고 있다.
그러나 5월 庚金일간 신왕사주에 丙火와 丁火가 투출하여
마음을 조절하고 마음을 잘 다스리는 성격이 된다.
건강은 두통과 간의 질병을 주의해야 하겠으며
혈압과 풍을 주의해야 하겠다.
申辰합하면서 辰中 乙木과 申中 庚金이 암합하여 담석증이나
결석증이 있는 사주로 판단하게 된다.

● 저가 담석과 결석을 수술하였는데 또 수술이 있겠습니까?
○ 수술하였으면 없을 것이나 항상 주의해야 합니다.

본 사주 성격 따라 본인이 먼저 확인 질문하여
사주풀이 통변이 수월하겠다고 생각이 든다.
남편은 49乙未생 양띠, 68丙申생 원숭이띠,
62癸巳생 뱀띠중에 인연배필로 추단한다.
남편 午中丁火가 연간에 투출하여
丁火정관이 남편 성이며 연간丁火 정관은
酉金도화위에 좌하여 본 사주 남편과 연애 결혼하였겠다.
연간丁火 정관 남편이 酉金겁재 도화 위에 앉아
본 사주의 남편은 타여와 합정하고자 하는 마음이 항상 있다고 하겠다.
47세 辛金겁재 대운은 연간丁火 남편이 앉은
酉金겁재 도화가 움직이게 되어서 辛金겁재 대운에
남편은 바람이 생기게 된다.
남편의 돈은 酉金도화와 申金역마 지살에 있으니
본 사주 남편은 申金개혁적인 금전이 되므로
헌 것을 뜯어 고치고 새로 만들게 된다.
酉金도화의 재물로 새로 치장 단장하는 인테리어업자이다.
또한 申金역마 재물로 타지로 나가 공사를 많이 하게 된다.
丁火정관 남편은 酉金편재인 돈 버는 데는 능력이 있다고 추단한다.
丁火남편은 酉金겁재 도화의 여자위에 좌하여서
酉金타녀는 유흥가나 유부녀인 여성과 통정이 있게 된다.
丁火정관 남편의 뿌리는 월지午火가 되므로
午중丁火는 일지 申중壬水 식신과 암합하여
속궁합이 잘 맞아서 본 사주와 이혼은 하지 않는다.

관살혼잡에 상관과 정관이 합되어 있으며
시지 辰중火 관성이 있으니 다음 통변은 추리하기를 바란다.
결혼은 27세 己酉 대운에 월지 午중丁火 남편이 움직이고
酉金도화로 己土대운 중에 결혼하였을 것으로 추단한다.
일주庚申과 대운己酉가 회오리가 일어나
본인의 갈등이 있었을 것으로 추단한다.
37세 庚戌대운 일지申金 비견이 움직이고
火관성 남편의 입묘 운으로 남편과 갈등이 있었겠다.
47세 辛亥대운 연간丁火 정관 남편이 좌한
연지酉金 겁재 도화가 움직여 남편의 바람을 더욱 부채질하게 된다.
그러나 亥水식신 문창 길운을 만나 본 사주가
마음을 잘 다스려 어려움 없이 즐겁게 잘 지내게 된다.
亥水식신 역마에 甲木편재를 암장하여 본인 역시 수입을 만들게 된다.
37세 庚戌대운 중에 시지辰土를 辰戌충하여
水식상 자식의 묘지인 辰土가 열리게 되면서
辰중癸水가 土극水를 당한다.
따라서 水식상 자식의 사고 건강이나 戌土는
火관성 남편의 묘지이므로 남편의 사고, 건강이
있었을 것으로 추단한다.

59) 50대 유방암으로 사망, 장애인 자식

戊 戊 戊 丙　여
午 午 戌 戌

51　41　31　21　11　1
壬　癸　甲　乙　丙　丁
辰　巳　午　未　申　酉

戊土일간 9월 출생으로 월지 戌중戊土 투출하여 종강 격이다.
용신은 土비견으로 용신한다.
사주전체가 火土인성과 비겁으로 이루어지고
온난한 기운만 있으며 한 습한 기운은 전혀 없는 사주이다.
火土로 종하여 종강 격으로 손색이 없는 사주로
火인성 운과 土비겁 운 金식상 운이 길운으로 작용한다.
水재성 운이 최 흉운으로 작용하게 된다.
水재성인 재물을 돌로 보고 재물에 집착과
욕심내지 않는 것이 양명의 길이 된다.
그래서 그런지 돈에 욕심을 내지는 않았다.
건강은 물혹(암)과 디스크, 신경통을 주의해야 한다.
성격은 일시지 양 午火인수 양인과 양8통 사주이면서
연주丙戌 백호와 월주戊戌 백호가 일주와 午戌합하여
주장과 자존심이 강하면서 흑백이 분명한 성격이다.
戊土일간 믿음과 신용을 중히 여기면서
보수적인 성품이 있으며 모태신앙인 절실한 기독교 신자이나 불교 토속종교가 더 좋다 하겠다.
남편은 일지와 월지가 午戌하여 寅木편관을 끌고
일지에 들어오므로 寅木편관이 남편이 되겠다.
또한 연간丙火 편인으로 남편의 사항도 보아야 하겠다.
남편은 53癸未생 양띠, 54壬午생 말띠 중에 남편으로 추단한다.
癸未생 양띠는 戊土일간과 戊癸합하고 未土천을
귀인으로 癸未생 양띠를 응하게 된 것이다.
壬午생 말띠는 연지午火와 午戌합과
일지午火로 壬午생 말띠를 응하게 된 것이다.
21세 이전 丁酉와 丙申대운에 사주 火土상을 어지럽히지 않고
순응하여 학창시절에 부유한 가문에서 자랐으며
서울 일류대학을 졸업하고
21세 乙未대운에 乙木정관과 대운未土가
일지午火와 午未합하고 들어오니 成家하는 대운이다.
31세 甲午대운 10년간 길운이라 아름답고 편안한 생활이었다.
午火인수 대운에는 일시지 양 午火정인이 움직이고
甲木편관 운으로 甲子년에 이성 간에 만남이 있게 되는 해이다.
애인은 5-壬辰생 용띠 6살 연하를 만나게 되었다.
壬辰생 용띠 6살 연하는 일지午火가 움직이고
다시 움직여 연하를 만나게 된 것이다.
본 사주가 壬辰생 용띠는 기신으로 만나면
해로운 띠를 만나게 되었던 것이다.
甲子년은 子水재성 기신이 일지午火를 충 극하여
편안한 남자를 만나기는 힘든 중에 만나게 되었다.
癸巳대운 癸水정재는 천간 각 戊土들과 쟁재로 戊癸합하고

巳火편인은 건록 망신에 해당하여
돈을 빌려주고 받지 못하게 되고 장사를 시작하였으나
비겁 쟁재가 붙어 손해가 이만 저만이 아니었다.
본 사주는 암에 노출되어 있는 사주로 巳火편인 망신 대운에
巳戌원진 귀문하여 자궁이나 가슴에 암이 자라게 되는 운이다.
癸巳대운 중에 암을 주의하라고 몇 차례 이야기 하였으나
믿지 아니하다가 그 뒤에 유방암을 진단받게 되었다.
유방암을 수술하고 항암치료를 받아오다가
壬水기신 대운 중에 사망하게 되었다.
51세 壬辰대운 대운천간 壬水편재 기신은
비겁 쟁재가 일어나게 되며 辰土비견은
戌土의 묘지인 戌土를 辰戌충하여 묘고 문을 열리게 되어
사망하게 되었다.
자식은 월지 戌중辛金 상관이 자식이며
辛金상관 자식은 戌土 급각살 속에 암장되었다.
辛金상관 자식은 午戌火국하여 火극金으로 극을 받게 된다.
따라서 소아마비 자식을 두게 되었다.
본 사주 戌중辛金 상관 자식은 급각살과 火의 극으로
불구자식을 두게 되었던 것으로 추단한다.
戌중辛金 상관 자식은 딸이 된다.
본 사주가 빠른 나이에 수명을 마감하였으나
저승에서 편안히 안식하기를 기원한다.

60) 자영업 사주, 부모관계, 대운 길

己 庚 甲 癸　여
卯 辰 寅 卯

49　39　29　19　9
己　戊　丁　丙　乙
未　午　巳　辰　卯

戊子년 봄에 본 사주를 상담한 사주이다.
庚金일간 1월 출생으로 월지 寅중甲木 편재가
월간에 투출하여 편재 격이다.
용신은 일지辰土 편인으로 용신한다.
寅卯辰 木방국 재성 국을 이루고 일지辰土 편인은
庚金을 자양한다고 하나 봄에 辰土가 허약하고
시간己土 또한 卯木재성 위에 좌하여 庚金일간을
생하기가 쉽지 아니하여 용신이 미약하다.
土인성을 용신하지만 왕신인 木재성을 설기하고
조후하는 火관성이 土인성을 통관 보호하니
土인성 용신보다 제일 길운으로 작용하게 된다.
火관성은 이빨 빠진 기아가 잘 돌아가지 않다가
火관성의 도움으로 水木火土金 오행상생으로
일지辰土로 연결되어 기아가 잘 돌아가게 된다.
성격은 외유내강이며 외면으로 재성 돈에 연연하고 집착하겠으며
내면으로 남에게 지기를 싫어하는 성격이다.

건강은 풍과 위장질병을 주의해야 하겠다.
본 사주의 월지寅木 편재 역마 망신이 월간에
甲木편재가 투출하여 가정생활만 하는 사주가 아니므로
직업을 가지게 된다.
직업은 木火의 속성인 의류 농장 화원 등에 인연이 있으며
寅卯辰방합한 일지 辰중癸水가 상관생재로 음식업에 인연이 있게 된다.
음식 중에는 생선음식 어류 회 닭고기 등에 길하다.
남편은 15己亥생 돼지띠, 12壬寅생 범띠 중에 인연배필이다.
己亥생 돼지띠는 토끼띠와 삼합으로 己亥생 돼지띠를 응하게 된 것이다.
壬寅생 범띠는 관성이 암장되어있는 월지寅木으로
壬寅생 범띠를 응하게 된 것이다.
남편은 寅卯辰 木방국하여 寅中丙火를 남편 성으로 삼으며
甲木이 투간하여 남편의 지시 신으로 본다.
남편의 상황은 월간甲木 편재 역시 살피게 된다.
월간甲木 남편 지시신이 寅木에 좌하고
丙火남편 또한 寅中에 있으므로 寅木재성은
역마성에 해당하여 본 사주 남편은 운수업, 유통업,
영업, 무역 등에 종사하겠다고 추단한다.
39세 戊午대운에 대운천간 戊土편인은
일지辰土 편인과 寅木편재가 움직이게 된다.
따라서 문서나 돈의 움직임이며 문서와 돈 관계의 일이 된다.
기신인 寅木재성의 움직임으로 새로운 일을 시작하여
금전에 손실만 보게 되는 운이 된다.
재성을 생하고 있는 연간癸水 상관을 戊癸합하여
癸未년 甲申년 乙酉년에 손해를 보게 되었겠다.

본 사주는 火관성 운이 길운으로 작용하며
金비겁 운은 기신 운으로 작용한다.
일지 辰중癸水 상관을 연간에 투출시켜
나의 생각과 마음은 항상 돈 만드는 일에 있게 되며
베풀고 배려하는 마음이 있는 사람이다.
46세 午火정관 대운 길운 중에 戊子년 일지辰土 편인과
월지寅木 편재가 움직이게 되어 문서와 돈 관계 일이 발생하게 된다.
또한 대운午火 정관과 연운子水 상관이 子午충한다.
일반적으로 연운과 대운이 상충하게 되면
변화가 일어나는 확률이 높은 것으로 본 필자는 생각한다.

○ 40세 이후 손해를 좀 보게 되었습니까?

● 전에 옷 가게를 하여 손해를 보았습니다.

○ 남편은 영업, 운수업, 유통업 계통에 종사하고 있습니까?

● 백화점에 근무하다가 지금은 쉬고 있습니다.
  조금 전에 식당이 맞는다고 하던데 공단 주위에
  회사 지정식당을 인수하여 남편과 같이하려고 하는데 괜찮겠습니까?

○ 운이 길하고 업종도 맞으므로 식당해도 좋겠습니다.
  올해 후반기에 시끄러운 일이 있을 것 같으니 잘 보고 하면 되겠습니다.

● 잘 보고 인수하도록 하겠습니다.

본 사주 모친은 己土정인이며 부친은 甲木편재가 된다.
모친 己土인수는 본 사주 태어난 후 모친과의 인연이 박하겠다는
것이 이미 본 사주와 대운에서 예시되어 있다.
己土인수 모친은 관살혼잡이 되어서

9세 乙卯대운에 모친과 생활이 어려웠겠다.

○ 어릴 적에 모친과 인연이 없었던 것으로 보입니다.
● 어릴 적에 엄마는 아버지와 헤어지고
  엄마는 재혼하고 아버지도 다른 여자와 살았습니다.

작년 丁亥년에 본 사주 남편은 사고로 인하여
갈비뼈 두 개가 부러지게 되었다.
원인은 寅亥합木하여 일지 辰土 배우자 궁을
木극土하여 남편의 일이 발생하게 된다.
亥水식신이 寅木편재를 생하고 寅木은 다시
寅중丙火를 木생火하여 통상적으로 좋다고 판단한다.
寅중甲木은 亥水식신에 장생을 얻어 살 수가 있게 된다.
그러나 寅中丙火 편관 남편은 亥水식신에
절지가 되어 사고가 있게 되는 것이다.
생명에 지장이 없는 것은 그나마 대운이
午火대운으로 희신 운이기 때문이었다.
50세 이전 午火정관 대운지에 음식업으로
재미를 보게 될 것으로 예상한다.
그러나 戊子년은 寅木편재가 움직이고 문서가 움직이게 된다.
戊子년 子水상관이 대운지 午火 정관 길신을 극 충하게 된다.
따라서 일신상에 변화가 있게 되겠으며
계약 문서관계가 좋지 못하여 신경 쓰이게 될 것으로 예상하게 된다.
대운은 길하나 연운이 좋지를 못하여서
문서의 말썽이 조금 따르게 될 것으로 예상 추단하게 되는 것이다.

본 사주를 戊子년에 상담한 후 戊子년에 장사는 잘 되었으나
戊子년 연말에 식당 집의 문제로 결국 옮기게 되었다.
己丑년에 옆 다른 곳에서 식당운영 중이다.
49세 己未대운 중에 자식의 근심이 예상되는
사주와 대운으로 추단한다. 觀

61) 고등학교 때 집단 성폭행으로 구속

戊 戊 己 乙 남
午 午 卯 卯

32 22 12 2
乙 丙 丁 戊
亥 子 丑 寅

본 사주는 십 오륙년 전쯤 모친이 상담한 사주이다.
戊土일간 2월 출생으로 월지 卯중乙木이 투출하여
정관 격이며 木火土로 관인상생 격이다.
용신은 일지午火 인수를 용신한다.
戊土일간 천간으로 木土로 구성되어 있으며
지지는 木火상이 되어 木火土형상을 이루어 사주는 괜찮아 보인다.
木火土형상을 무너뜨리는 金식상운과
子水정재 운이 기신 운으로 작용한다.
2세 대운 戊寅편관 운에 午火와 寅午戌합하여
형상을 거슬리지 않아 공부도 잘하고 착실하였다.
12세 丁丑대운 丁火정인 운에 공부도 잘하여 유망하였으나
대운지 丑土겁재 운에 들어서면서 일지午火 정인과
丑午귀문 원진하여 丑습토가 되며 己土겁재가
움직이게 되어 친구들과 어울려 정신없는 짓하게 되었다.
丑午귀문 원진에 丑中辛金과 午中丙火가 丙辛合水하여
水재성은 여자와 돈이 되며 丑중辛金 상관은 재살(수옥살)이 된다.

丑土가 午火도화를 움직이게 하여 丑土친구들과 어울려
여자를 함께 범하여 丑중辛金 상관 재살 기신이
丑土창고 속이 되므로 입원, 관재구설 등이 되어 소년원에 가게 되었다.
丑土대운에 상기 사항들로 미루어 상담하게 되었던 사주이다.
人事는 지지 장간에 있는 것이며
지장간의 육신과 신살 운성 등의 움직임을 종합판단하게 되면
사람의 일을 어느 정도는 알 수가 있을 것이다.
22세 丙子대운 대운천간 丙火편인은 무방하나
대운지지 子水정재 재살 도화 기신으로 일시지 午火와 子午충하게 된다.
사주가 온난한 기운만 있는 중에 대운이나
연운이 한 습한 기운은 좋지 못하게 된다.
북방 水운에 평범한 생활은 힘들 것으로 예상한다.
여자는 목석같이 보고 가까이 하지 않아야 할 것인데
대운이 그렇게 놓아두지를 않게 될 것으로 예상 추단한다.
32세 乙亥대운 이후에 생각이 올바르게 될 것이다.
사람의 일은 지장 간에서 합 충 형 파 신살 운성 등을
잘 살펴보아야만 상세히 통변할 수 있다고 말하고 싶다.
天地人 삼재 중에 天은 하늘이요,
地는 땅이며
'地藏干은 人事이다'를 다시 상기하면서……. 觀

62) 처 바람 이혼, 무자식, ◇◇회장 己丑년 낙선 예상한다

```
庚 丙 乙 丁   남
寅 午 巳 丑
    寅卯
```

74	64	54	44	34	24	14	4
丁	戊	己	庚	辛	壬	癸	甲
酉	戌	亥	子	丑	寅	卯	辰

丙火일간 巳월 출생으로 월지 巳中庚金 투출하여
편재 격이며 시상편재 격이다.
용신은 시상편재 격으로 庚金으로 용신한다.
丙火일간 木火인성과 비겁으로 신왕하며
巳丑합한 巳中庚金과 丑中辛金에 뿌리한 시간庚金과
입태 월이 7월申金으로 시간庚金으로 용신한다.
丑土가 희 신이며 水관성이 희 신이 된다.
천간 土金水운이 길운으로 작용하며
천간 木火운이 기신 운으로 작용하게 된다.
지지 土金운이 길운으로 작용하며
지지 木운과 戌土와 未土가 기신 운으로 작용하게 된다.
성격은 丙午일주 간여지동이며 午火겁재 양인과
비겁태과로 주관과 자존심이 강하면서 외면으로 배려하는 성격이다.
건강은 물혹, 염증, 신장, 방광을 주의해야 하겠으며
음주를 가까이하면 간에 손상을 받게 되니 조심해야 한다.

일지 午中丁火 양인이 투출하며 연주丁丑 백호로서
고집과 자존심, 추진력, 결단력이 강하다하겠다.
결혼은 壬寅대운 중에 결혼하였겠으며
寅木은 일지午火와 寅午합하면서 지장 간에서 甲己합하게 된다.
연지丑土와 丑寅합하면서 지장 간에서
甲己합과 丙辛합 戊癸합으로 각각 합하게 되어
결혼으로 추단하게 된 것이다.
寅中丙火는 일간이 움직이게 되어 일간 자신의 움직임이 된다.
직업은 시간庚金 편재가 격이자 용신이 되어
庚金편재 용신이 寅木역마 지살에 좌하여 운수업 하고 있다.
辛丑 庚子 己亥대운 북방 金水재성과 관성 운에
용 희신 운이 되어 명예와 실리를 모두 성취하게 되었다.
배우자 처는 丑中辛金 정재가 처 성이 된다.
辛金재성 처의 입장에서 관살혼잡이 되었으며
일지午火와 丑午귀문 원진하고 丁丑백호로서
처는 까다롭고 성질이 있다.
丑中辛金 정재는 연간丁火 도화를 머리에 이고 있으므로
끼가 있으며 丑中辛金 정재 처는 火관살혼잡이다.
辛金이 巳中丙火 역마지살과 丙辛합하여
丙火일간보다 巳中丙火가 가까우므로 바람이 나서
가출하여 이혼하게 된다.
34세 辛丑대운은 연지丑土가 움직이므로
丑中辛金 정재 역시 움직이게 되어 이혼하게 될 것이다.
자식은 水관성으로 丑中癸水가 있으므로
癸水정관 딸이라도 있어야 하나 巳丑합하면서

巳중戊土와 戊癸로 합하여 癸水가 없어지게 된다.
寅卯가 공망 되어 시지 자식 궁 역시 공망으로 無자녀이다.
자식이 없게 된 것은 자기 자신 사주에서
무자식으로 되어 있어서 누구를 원망할 수가 없겠다.
연 월지 巳丑합하면서 巳중丙火와 丑중辛金이
丙辛합水로 水관성하고 연지丑土가 12운성으로
양지에 해당하여 양녀 한명 두고 지금껏 홀로 살게 된 것이다.
처는 76庚辰생 용띠, 35辛巳생 뱀띠, 丁丑생 소띠 중에 처로 예상한다.
庚辰생 용띠는 비겁의 퇴신인 辰土를 응하여
庚辰생 용띠를 응하게 된 것이다.
辛巳생 뱀띠는 辛金정재가 일간丙火와 丙辛합이며
움직임과 합으로 辛巳생 뱀띠를 응하게 된 것이다.
丁丑생 소띠는 지시 신으로 丁丑생 소띠를 응하게 된 것이다.
64세 戊戌대운 戊土식신 운에 寅午戌삼합 火국하여
용신金을 녹이니 재물에 손재수가 있었으며 구설 또한 있게 된다.
명예도 가지기가 힘들겠다고 추단한다.
戊土식신 대운 중에 앞에 나서게 되면 손재가 있게 되고
물러서서 자중하는 것이 명리에 손상을 당하지 않는다.
74세 丁酉대운은 일지午火 겁재 장성이 움직여
고집과 자존심 주장을 세우지 않아야 손실을 적게 당하게 된다.
酉金정재 천을 귀인 대운 노후는 안정된 생활이 될 것이다.
己丑년 73세 연운은 길하나 戊土기신 대운 중이며
己丑년은 일지午火 겁재 경쟁자 기신이 움직이게 된다.
己丑년에 오래도록 유지해 온 ◇◇회장 선거에서 낙선된다. 觀

63) 모친과 의가 나쁘다, 丁亥년에 결혼

```
庚 壬 庚 丙    여
子 子 寅 辰
   寅卯   子丑
```

```
58  48  38  28  18  8
甲  乙  丙  丁  戊  己
申  酉  戌  亥  子  丑
```

본 사주는 戊子년 초에 본인이 상담한 사주이다.
壬水일간 1월에 출생으로 월지 寅中丙火 투출하여
편재 격이다.
용신은 편재격인 연간丙火 편재로 용신한다.
壬水일간 1월 출생으로 실령하였으나 일시지 양
子水겁재와 양인이며 월 시간 양 庚金편인이 생하여 신왕하다.
따라서 조후용신과 생활용신으로 연간丙火 편재를 용신한다.
천간 火재성 운이 길운으로 작용하며
水비겁 운은 기신으로 작용하게 된다.
지지 木식상운과 火재성운 건土관성운이 길운으로 작용하며
金인성운과 子水겁재 丑土정관운이 기신으로 작용하게 된다.
성격은 壬子일주로 간여지동이며
일지子水 겁재 양인이 움직여 고집과 자존심이 강하면서
자기 자신 주관대로 하려고 하며 고집과 자존심 주장이 강한 성격이다.
여명에 양8통 사주이며 외면은 편인의 작용으로

자기 자신이 똑똑하고 모든 것을
잘 알고 있는 것으로 생각하게 된다.
내면으로 남에게 지기를 싫어하고
타인을 잘 믿지 않는 성격이다.
건강은 위장질병을 주의해야 하겠다.
직업은 월지寅木 식신 역마가 연지丙火 편재를 투출시켜
직업을 가지게 되겠으며 활동적인 직업인 보험, 카드영업,
통신영업, 화장품 판매 등에 직업일 것으로 추단한다.
재산은 본 사주가 수입을 만들게 되어
48세 이전 丙戌대운은 수입에 어려움은 없을 것으로 예상한다.
남편은 움직임과 지시 신으로 연지辰土 편관을 남편으로 한다.
그러나 연지辰土 편관 남편은 능력이 부족하게 될 것으로 추단한다.
본 사주는 재산을 지키는 데 부족한 사주이므로
많은 현금을 보관하지 말고 양지바른 땅과 밭이나
임야 상가에 묻어두어야 재산을 지킬 수가 있게 된다.
월주庚寅과 일주壬子는 회오리로
부모 형제와의 관계가 나쁘며
특히 월주庚寅의 월간庚金 편인 모친 기신은
월지寅木 식신 문창 길신을 庚金이 천간에서 극하니
모친과의 관계는 원만하지 못하겠다.
己丑대운과 戊子대운은 水북방 기신 운이며
寅木식신과 辰土편관 子水겁재 양인이
움직여 공부는 진전이 없었겠다.
丁亥대운 대운천간 丁火는 庚金편인 기신을 극하고
대운지지 亥水는 寅亥합木하여 28세 이전 戊子대운 보다

丁亥대운이 같은 水운이지만 오히려 길하게 작용한다.
결혼은 31세 丁亥년은 월지寅木 식신과 대운亥水가
寅亥합하여 연지辰土 편관과 일지子水와 申子辰삼합이 된다.
따라서 연지辰土 편관 남편이 일주와 가까이 오게 된다.
일간壬水와 丁火가 합을 이루어 결혼하게 되었다고 추단한다.
2007년 상기 정황으로 보아 결혼이 틀림없겠다.
사주 내의 육신이 오고가고를 참고하게 되면
알 수가 있을 것으로 생각한다.
남편은 99癸丑생 소띠, 21壬子생 쥐띠,
한살연하인 15丁巳생 뱀띠 중에 인연배필이 되겠다.
癸丑생 소띠는 연지辰土 편관이 움직이고
월지寅木 식신과 丑寅합하므로 寅중甲木 식신과
丑중己土 정관의 합으로 癸丑생 소띠를 응하게 될 것이다.
壬子생 쥐띠는 연지辰土와 申子辰삼합과
일지子水를 응하여 壬子생 쥐띠를 응하게 될 것이다.
丁巳생 뱀띠는 관성의 진신 그리고 巳火천을 귀인과
辰巳합을 응하게 되어 丁巳생 뱀띠를 응하게 될 것이다.
남편으로 좋은 띠는 丁巳생 뱀띠가 인연배필로 제일 좋다.
그러나 길한 띠 남편을 만나기가 어려운 사주이다.
28세 丁亥대운 중 亥水비견 대운지에
연지辰土와 亥水가 辰亥원진 귀문하여
부부간에 갈등이 있을 것으로 예상한다.
대운지 亥水는 일간壬水가 움직이게 되며
연지 辰土편관이 움직이는 戊土세운이나
寅卯辰삼재 중에 남편과 갈등이 있을 것으로 예상한다.

38세 丙戌대운은 대운천간 丙火편재가
庚金편인 기신을 극하고 월지寅木 식신 역마 길신이 움직이게 된다.
연간丙火 편재 용신이 조력을 얻게 되어
본 사주의 활동으로 재산을 늘리게 될 것이며
안정된 생활이 될 것이다.
대운지 戌土와 연지辰土가 辰戌충하여
土끼리 충은 붕 충으로 무방하나 대운지 辰土와
戌土가 충 하면서 辰중癸水가 戌중丁火를
水극火하므로 戌중丁火 정재가 손상이 되므로
재산에 손실은 있으니 보증, 동업, 금전대차 등은
절대하지 말아야 할 것이다.
또한 辰戌충하면서 辰중戊土 편재 남편이
튀어나와 대운지 戌土에 편관 남편이 입묘하게 되고
월지寅木 식신 역마가 움직여 戌土편관 남편을 극하게 된다.
따라서 남편의 교통사고 건강을 많이 주의해야 하겠다.
48세 乙酉대운 중 건강에 담석과 결석 암 염증을
특히 주의해야 할 것으로 예상 추단한다.
자식은 寅卯식상 자식 공망과 일시子水 자식 궁이 공망이다.
40이전 亥水대운에 자식을 두어야 자식이 있게 되겠으며
연지辰土 편관 남편이 허약하여
辰土편관을 참작하면 丙戌대운으로 예상한다.
본 사주는 영기 신기가 있겠으므로 신경성 질병을
주의해야 할 것이며 선 몽을 받을 것으로 예상한다. 觀

64) 비천록마격, 戊戌대운 사시낙방

己 辛 辛 辛　남
丑 亥 丑 亥
　寅卯　　寅卯

75 65 55 45 35 25 15 5
癸 甲 乙 丙 丁 戊 己 庚
巳 午 未 申 酉 戌 亥 子

본 사주 37세 丁亥년에 모친이 상담한 사주이다.
辛金일간 12월 출생으로 월지 丑中己土가 투출하여
편인 격이나 辛亥일주 연지亥水를 얻고 연월亥丑과
일시亥丑에 각각 子水를 협공하였다.
사주에 辛亥일주 비천록마 격의 기신인 巳火와
戌土 寅木과 丙火가 없으며 지지전부 비천록마 격이
희하는 亥水와 丑土만 이루어져 비천록마 격이 된다.
용신은 비천록마 격에 亥水상관으로 용신한다.
지지 亥水 子水와 申金 酉金과 辰土 丑土운이
길운으로 작용하게 되며 戌土 寅木 巳火 남방 운이
기신으로 작용하게 된다.
천간은 庚金 辛金 壬水 癸水가 길운으로
작용하게 되며 천간丙火 정관이 기신으로 작용하게 된다.
따라서 천간과 지지 기신은 戌土 寅木 巳火 丙火
남방 운이 기신으로 작용한다.

일반적으로 판단하면 辛金일간 지지전부
亥丑으로만 이루어져 한습지기이며
土金水 형상으로만 이루어져 있어서
지지 木재성 운이 길운으로 작용하고
천간과 지지 戊戌土 정인 운이 길하게 판단하는 것
또한 무리가 아니라고 생각한다.
그러나 대운과 세운에서 비천록마 격에 기신인
戊土 寅木 巳火 丙火 남방 운의 길흉에 따라
격을 판단하게 되면 될 것으로 생각한다.
庚子대운과 己亥대운 金水운은 비천록마 격에 부합하여
일류대학 법대를 진학하여 졸업하게 되었다
대운 25세~34세까지 戊戌土정인 운으로
비천록마 격에 전실이 되는 戊土 기신 운이 된다.
25세 戊戌土정인 운에 사법고시 공부하다가
합격하지 못하고 그만두게 되었다.
흔히들 水식상이 왕하므로 戊戌土 정인 운이
이롭다 할 것이나 비천록마 격에 戊土가 전실이 되기 때문이다.
완전 한습지기에 온난 지기는 해로운 운으로
판단하게 될 경우도 있을 것이다.
그러나 본 사주는 비천록마 격에 戊土가 기신이 되기 때문이다.

○ 아들이 아직 직장을 못 가지고 있습니까?
● 고시 공부하다가 한 3년 전에 취직하였습니다.
○ 사주는 고시에 인연이 있으나 운이 나빠서
　합격하지 못한 것으로 생각합니다.
● 몇 번이나 떨어졌습니다.

戊戌대운에 아무것도 이루지 못하다가
甲申년 연운이 길하여 기업체에 취직하여
丁亥년까지 직장생활에 만족하고 안정된 생활하고 있다.
35세 丁酉대운은 비천록마 격에 서방酉金
길운을 만나 45세까지 10년간 어려움이 없이
안정된 생활이 될 것이다.
그러나 35세 丁火대운 중 36세 丙戌년과
40세 庚寅년은 좋지 못하여 직장에서 조심해야 할 것이다.
45세 丙申대운은 대운지지 申金은 길운이나
대운천간 丙火가 기신이 된다.
45세 丙火대운 중 48세 戊戌년은 직장문제와
관재가 발생할 수가 있으니 직장과 건강 사고를 많이 조심해야 한다.
본 사주는 삼재가 악 삼재로 평생 동안
삼재시기에는 직장과 사고 건강 관재 손재를
항상 주의해야 될 것이다.
연주와 일주 공망이 寅卯재성으로 처 성이 공망 되고
또한 寅木정재 처는 기신되어 戊戌대운 역시 좋지 못하여
아직 결혼하지 않은 것으로 추단하게 된다.

○ 아들이 아직 결혼 안했습니까?

● 예, 아직까지 결혼을 안했습니다.
   언제 결혼하겠습니까?

○ 올해 37세나 38세에 乙卯생 토끼띠(60점), 丙辰생 용띠(50점)
   연상으로 己酉생 닭띠(70점), 庚戌생 개띠(50점) 중에
   결혼할 것으로 예상합니다.

37세 丁亥년은 비천록마 격에 길년을 택하게 되었으며
38세 戊子년은 비천록마 격에 길년이고 子水도화되어
일지 亥중甲木 정재 배우자궁이 움직이게 되어
결혼할 것으로 예상하게 된 것이다.
처는 77乙卯생 토끼띠나 76丙辰생 용띠
연상으로 94己酉생 닭띠 庚戌생 개띠 중에
인연배필이 될 것으로 예상한다.
乙卯생 토끼띠는 연지亥水와 亥卯합으로
乙卯생 토끼띠를 응하게 된 것이나 공망이 되어
만나지 못할 것으로 예상한다.
丙辰생 용띠는 丙火가 비천록마 격에 기신이며
돼지띠와 원진이 되나 비천록마 격에 辰土는 무방하므로
丙辰생 용띠를 응하게 된 것이다.
己酉생 닭띠는 비천록마 격에 酉金이 길신으로 작용하고
丑중辛金과 己土로 己酉생 닭띠를 응하게 된 것이다.
己酉생 닭띠는 연상이지만 제일 길한 띠 배우자가 된다.
庚戌생 개띠는 제일 좋지 못한 띠로 나타나게 된다.
본 사주는 寅木정재 천을 귀인이 기신이 되므로
좋은 인연배필 띠 배우자를 만나지 못할 것으로 생각한다.
丁火대운 중에 결혼하면 본 필자가 추단한 띠 중에
나쁜 띠 배우자를 만나게 될 것으로 예상한다.
55세 乙未대운은 남방火운이 되어 재산상 손실이 있겠으며
남방 火관성 운되어 55세 이후는 길운이 없게 되겠다.
75세 癸巳대운은 비천록마 격에 전실인 巳火기신 운을 만나
대단히 나쁘게 작용하게 된다.

辛金일간 대운巳火 정관 사지 기신에 임하게 되고
대운巳火와 일지亥水가 巳亥충하면
일지亥水가 巳火절지에 임하게 되어
격과 일주가 무너지게 되어 수명과 연관 될 것으로 예상한다.
午火대운 역시 위험하니 어려움이 따르리라 예상한다.
본 사주는 비천록마 격으로 좋아 보이나
진로가 결정될 시기에 戊戌기신 대운을 만나
성취하지 못하게 된 사주이다.

● 辛亥일주 비천록마격;
지지에 亥水가 많으므로 亥水가 巳火를 허충하여
巳중丙火를 정관으로 삼고 巳중戊土를 인수로 삼게 된다.
辛金일간 丙火정관과 戊土정인을 얻어
비천록마 귀격으로 작용하게 된다.
지지에 戊土와 寅木이 있으면 亥水가
戊土와 寅木과 합하느라 巳火를 허충하지 않으므로 파격이 된다.
따라서 천간에 丙火와戊土 지지에 戊土와 寅木
그리고 전실이 되는 巳火가 나타나 있으면
전실이 되어 기특하지 못하여 비천록마 파격이 된다.
비천록마 격이 있다 없다하지 말고 모든 것을
열심히 배우고 익히고 습득하여 나의 것으로
습득한 연후에 버리더라도 될 것이다.
어떤 사주팔자가 내방할지 알 수 없으므로
익혀두는 것이 도움이 되리라 생각한다.
일부 역학인 중에는 8정격만 고집하고

8정격과 음양오행 육신만 정법이다.
'다른 격과 신살 운성 등은 사용할 가치가 없으며 사법이다.' 라고
말하고 있는 실정이다.
더욱 깊이 공부를 하게 되면 알게 될 것으로 생각하며
본 필자 역시 아직 너무 부족한 것이 많다고 항상 생각하고 있다.
정법이 무엇이고 사법이 무엇인가를 알고 있는 사람이
얼마나 되겠는가.
내가 알고 있는 것이 정법이고 전부라고 생각하면
자기 자신의 발전이 적을 것이다.
모든 음양오행 육신 12신살 12운성 기타 살 등은
음양오행과 태극 구궁 천문 등 일정한 법칙이나
공식에서 생겨나게 된 것으로 생각한다.
모든 것은 하나이면서 둘이 되고 둘이면서 하나라고 생각한다.
필연인 것 같으면서 우연이고 우연인 것 같으면서
필연이며 필연과 우연은 하나의 원안에서
다 같이 공존하는 것으로 본 필자는 생각한다.
지금까지 독학공부 한 필자의 푸념하소연이라 생각하고
이해하기 바란다.

65) 木火상 사주, 土재성 길, 육 고기 칼질

丁 甲 庚 甲　남
卯 午 午 寅

45　35　25　15　5
乙　甲　癸　壬　辛
亥　戌　酉　申　未

甲木일간 5월 출생으로 월지 午中丁火가 시간에 투출하여 상관 격이다.
용신은 木火상을 따르는 木火를 용신한다.
甲木일간 5월 火상관이 강하고 시지卯木 겁재 양인에 뿌리가 있어
水인성을 바란다고 하겠으나 본 사주는 木火상을 이루었다.
木火동심을 무너뜨리는 지지金관성과 천간水인성 운이
나쁘게 작용하게 된다.
木火상을 따르는 것이 이로우므로 木비겁과
火식상 土재성이 길운으로 작용하게 된다.
그러나 본 사주는 火식상 왕신을 설기하는 土재성이
최 길운으로 작용하게 된다.
본 사주를 火식상이 태과하여 조후용신과 자연용신으로
생각 추단하면 水인성과 金관성운이 길하다고 하겠다.
월간庚金 편관은 火국에 좌하고 庚金편관의 뿌리가 없으며
金관성은 지지 木火상에 극전만 일으키게 되어
길운으로 작용할 수가 없게 된다.
水인성 역시 5월 조열한 사주에 한 컵 물로 다스리게 되면

火기가 노하고 甲木일간은 갈증만 일으키게 되어
길운으로 작용할 수가 없게 된다.
따라서 천간과 지지 土재성운이 제일 길하게 작용하게 된다.
용신은 사주전체와 일간이 바라는 바가 무엇인지가 중요하다.
일간甲木은 일지 午중己土 정재와 甲己합하게 된다.
일지 午중丁火 상관이 시간에 투출하고
卯木겁재 양인 도화를 바라보게 된다.
따라서 丁火상관과 卯木겁재 도화 己土정재를 좋아하고
찾게 되어 직업이나 처가 될 것으로 예상 추단한다.
건강은 庚金편관이 木火 제살태과로 숨차고
천식 기관지를 항상 주의해야 하며 화재와 화상 중독성을
평생에 주의해야 할 것으로 예상한다.
직업은 일지와 월지 午中丁火 상관이 투출하고
시간丁火 상관은 卯木겁재 양인 도화와 동주하여
유흥, 인테리어, 과수원, 하우스농장 등에 직업이 되겠으며
시주丁卯 상관 겁재 양인 따라 육 고기 칼질하는 직업이다.
처는 26丙辰생 용띠, 27乙卯생 토끼띠,
69癸丑생 소띠 중에 인연배필이 된다.
丙辰생 용띠는 辰습土재성이 길신이 되고
비겁 진신이며 寅卯辰방합으로 丙辰생 용띠를 응하게 된 것이다.
乙卯생 토끼띠는 지시 신 영향으로 시지卯木인
乙卯생 토끼띠를 응하게 된 것이다.
癸丑생 소띠는 丑土정재 천을 귀인을 응하게 된 것이다.
종합적으로 판단하면 乙卯생 토끼띠가 확률이 높을 것으로
예상 추단한다.

15세 壬申대운 壬水편인과 申金편관 운은 천간과
지지 기신인 金水운이라 공부를 성취하지 못하게 되었다.
25세 癸酉대운 역시 癸水인수와 酉金정관 운은
천간과 지지 기신인 金水운이라 옳은 직장 없이
수입에 어려움이 많았다.
본 사주를 식상으로 신약하니 水인성 운이 길하다고 하나
그렇지 아니하며 용신은 사주전체와 일간이
바라는 바가 무엇인지가 중요하다.
처 성은 일지 午中己土 정재이며 己土정재 처는
午火건록에 암장 되었으며 己土정재 처는
火인성의 생을 받아 공부는 본 사주보다 많이 하였다고 생각한다.
35세 甲戌대운 이후 木火상에 부합되고
대운지 戌土편재는 寅午戌삼합 火국하여
수입이 증대되고 자영업을 하여도 번성하리라 예상한다.
甲戌대운 중에 자기사업을 하게 되겠다고 예상한다.
결론적으로 본 사주는 木火상을 따르면서 土재성을 원하므로
土재성 운이 제일 길운이 된다. 觀

66) 31세 丙子년 남편 사별

```
壬 己 甲 丙   여
申 亥 午 午
```

```
51  41  31  21  11  1
戊  己  庚  辛  壬  癸
子  丑  寅  卯  辰  巳
```

본 사주는 1996년 4월쯤 상담한 사주로 기억한다.
己土일간 午월 출생으로 월지午火 인성 격에서
월간甲木 정관 격이 된다.
용신은 월간甲木 정관으로 용신한다.
己土일간 5월 한여름 火인성 강왕하고 水재성 또한 왕하다.
지지 金水火로 상을 이루고 여명이 일지 亥中甲木 정관이
월간에 투출하여 일간己土와 甲己합하고
여명에 관성이 중요하므로 水火를 통관 시키는
甲木정관으로 용신한다.
천간과 지지 水재성 운이 희신 운으로 작용하게 된다.
성격은 외강내유이면서 일지 亥중壬水 정재가
시간에 투출하여 시지申金 상관에 좌하여
직업을 가지게 되겠으며 돈을 연연하고 좋아하게 된다.
직업은 유통 보험 통신 자동차 수산물 등에 인연이 좋다.
남편은 일지亥水에서 투출한 월간甲木 정관은
일간己土와 甲己합을 잘 이루어 남편과 서로 정다운 생활이다.

그러나 월간甲木 정관이 용신이 되나
甲木정관이 午火사지에 좌한 것이 마음에 걸린다.
21세 辛卯대운 卯木편관은 일지亥水와 亥卯未삼합으로
卯木편관 연살이 일지와 합하게 된다.
辛卯대운은 甲木정관이 움직이게 되고
일간己土의 辛金식신 생각과 생식기가
甲木남자의 丙火식신 마음과 생식기와 丙辛합한다.
따라서 21세 辛卯대운 중에 결혼하였던 것으로 추단한다.
31세 庚寅대운은 庚金상관이 일간己土와
甲己합한 월간 甲木정관 남편을 甲庚충 극한다.
庚寅대운은 시지申金 상관이 움직이게 되어
월간甲木 정관 남편의 시지申金 상관 역마 절지가 움직이게 되는 것이다.
세운 丙子년31세 甲木의 사지인 연 월지 午火가 움직이며
子午충하여 甲木의 사지가 발동하게 된다.
월지甲木 정관 남편이 좌한 월지午火 역시
丙子년 子水절지에 임하게 된다.
따라서 1996년 본주 나이 31세에 남편과 사별하게 되었다.

본 사주를 기문둔갑을 적용하여
사주팔자와 대운 세운에 팔괘 팔문을 붙여 보면
연지와 월지午火가 화해와 생문에 해당하며
대운은 귀혼과 경문이다.
세운도 상문과 천의에 해당하며
본 사주 연지와 월지 화해는 화액의 아주 나쁜 팔괘이며
寅대운에 귀혼과 경(驚)문은 혼벽이 사라지며

놀라게 된다고 해단하게 되는 것을 이 책을 쓰면서 참고 하였다.
흔히 甲木이 庚寅대운은 庚金은 寅木절지에 좌하여
庚金 상관의 역할이 부족하며 寅木건록을 얻어
남편의 영화와 발전으로 통변이 가능하겠다고 통변할 수가 있겠다.
丙子년은 연운丙火가 대운庚金을 극하고
월간甲木 정관이 子水의 생을 받아 좋다고 통변할 수가 있을 것이다.
그러나 庚寅대운은 시지申金이 움직이게 되어
甲木정관의 절지와 역마가 움직이게 된 것이다.
따라서 甲木정관이 庚金의 충 극을 받게 되고
甲木정관의 역마와 절지가 움직이게 되어
근무하는 현장에서 추락 사망하게 되었다.
본사주가 1996년 4월 정도 상담하러 온 것으로 기억한다.

상기 사항들로 미루어 본 사주 남편의 일로 단정하고
남편과 조금 떨어져있는 것이 좋겠다고 하면서
남편의 액화를 주의해야 하겠다고 말하였더니
그 해 음력 1월에 남편이 공사현장 높지도 않은 곳에서
떨어져 사망하였다고 하였다.
연초에 와서 막았다면 사망은 면할 수 있었겠느냐고
물으면서 눈물을 흘리기 시작하여 연초에 왔어도
나의 능력이 부족하여 힘들었겠다고 달래어 주게 되었던 사주이다.
여명에 일간이 정관과 합하고 있으면
정관을 충 하고 나쁜 살과 운성 시기에 남편한테
액화가 있게 되는 것을 여러 번 경험한바가 있다.
그 뒤 경남 충무시로 이사하여 의류가게로 돈 벌면서

잘살고 있다고 전화와서 알게 되었다.
寅대운은 혼자 생활하기가 힘들 것으로 추리하면서
그 뒤에는 아직 소식이 없는 것으로 보아
잘 살아가고 있을 것으로 생각한다.
본 사주는 돈과 남편에 대하여 집착하고 연연하는 사주이다.
사별한 남편은 49甲辰생 용띠, 71癸卯생 토끼띠,
87丙午생 말띠 중에 남편으로 예상 추단한다.
甲辰생 용띠는 시지 申中壬水가 시간에 투출하여
시지申金 상관과 申子辰합하고 일지 亥中甲木으로
甲辰생 용띠를 응하게 된 것이다.
癸卯생 토끼띠는 일지亥水와 亥卯합으로
癸卯생 토끼띠를 응하게 된 것이다.
丙午생 말띠는 지시신과 지시신의 사항으로
丙午생 말띠를 응하게 된 것이며
丙午생 말띠가 남편으로 확률이 높겠다.

남편이 사망하게 된 원인을 다시요약하면
- 사주에서 월간甲木 정관 남편이 午火사지에 앉아 있으며
  午火사지가 움직여 결점이 된다는 점
- 庚金상관 대운에 庚金이 甲木정관 남편을 충 극한다는 점
- 庚寅대운에 시지申金이 움직이게 되어 甲木정관 남편의
  시지申金 편관 절지와 역마가 움직인다는 점
- 丙子년에 甲木정관 남편의 사지인 월지午火가 움직인다는 점
- 丙子년에 甲木정관 남편이 좌한 午火와 子午충으로
  甲木남편의 상관午火가 子水 절지에 임하게 된다는 점

상기 사항들로 미루어 남편의 액화로 추단하게 된 것이다.
용신과 격 국을 잘 찾아야 하며 사주 내의 각 육친의
통변을 잘해야 한다고 생각한다.
일간 외에 각각의 육친 또한 용신이 있게 되는 것이다.
용신 운에도 자식이나 남편 처 부모 형제의 근심이나
액화가 있는 것을 추리할 수 있는 학문이 추명명리라 생각한다.
손님한테 일어날 가능성이 있는 일을 감정 상담해줄 수 있는 것이
통변의 묘미라 하겠다.
결론적으로 격 국과 용신 그리고 각 육신의 통변이
가장 중요한 역할을 하는 것이다.
사주팔자는 일간만 존재하는 것이 아니라
각 육신과 여러 요인들로 복잡다양하게 이루어져있게 된 것으로
생각하면 될 것이다.
41세 己丑겁재 대운은 길운이 아니므로
월간甲木 정관이 甲己합하고 월지午火 편인과
丑午원진 귀문하고 월지午火가 움직여 丑土에 입묘하게 된다.
따라서 己丑대운 중에 재혼 자와 풍파나 불상사가
우려되고 자기 자신이 고달프게 될 것으로 예상 추단한다.
또한 손재가 따르게 되니 보증 금전대차 투기는
절대하지 않아야하겠으며 친정모친의 근심이 있겠다.
51세 戊子대운과 61세 丁亥대운은 안정된 생활이 될 것으로
예상 추단한다.
본 사주의 재산관계는 지시신과 합의 사항으로
남편의 불상사 이후 재물이 생기게 되는 사주로 보면 될 것이다.

67) 식도암 수술, 점술가, 남편 사별, 애인

丁 丙 乙 丙　여
酉 戌 未 戌

61	51	41	31	21	11	1
戊	己	庚	辛	壬	癸	甲
子	丑	寅	卯	辰	巳	午

본 사주는 오래전에 상담한 사주이다.
丙火일간 6월 출생으로 월지 未中乙木이 월간에 투출하여
인수 격에서 상관생재 격이다.
용신은 시지酉金 정재로 용신한다.
丙火일간 6월 한 여름에 丙丁火 비겁과 土식상에 火기가
각각 암장하여 열기가 강하므로 시지酉金 정재를 용신한다.
木인성과 火비겁운이 흉운으로 작용한다.
성격은 일주와 연주 丙戌백호 월주 乙未백호이며
비겁태과로 고집과 성질이 있으며 집착이 있다.
건강은 丙戌일주 특히 물혹(암)을 주의해야 하며
두통과 신경성 질병을 주의해야 한다.
재산은 시지酉金 정재가 丙火일간 자신의 재물이며
시지酉金 정재 천을 귀인이 일지戌土와 酉戌합으로
금전의 애로는 없는 사주이다.
그러나 비겁태과와 水관성이 없으므로
재산을 지키기가 어려움이 있는 사주가 된다.

평생에 보증과 금전대차하지 않아야 하겠으며
재산을 지키기 위하여 땅, 건물에 묻어야 지킬 수가 있게 된다.
배우자 남편 水관성은 사주에 전혀 없으나
일주와 연주 丙戌백호가 丙辛합하여
壬水편관이 생기게 되므로 남편은 연주 丙戌백호 중에
壬水편관이 첫 남편이 된다.
시지와 일지가 酉戌로 방합하여 申酉戌로
申金편재 역마를 끌어오게 되어 申中壬水 편관도 남편이 된다.
연 일지 戌中丁火가 투출하고 월지未중 乙丁이 투출하여
연 일주 丙戌백호와 월주 乙未백호가 움직이고 있다.
월지未土 상관 과숙이 乙木과 丁火를 투출하고 戌未형하여
未土과숙이 역시 움직이고 있다.
일주와 연주 丙戌백호와 월주 乙未백호가 戌未刑으로
백호가 움직이고 발동이다.

다시 종합하면
1) 연주 丙戌백호가 丙辛합으로 壬水편관이 첫 남편이 된다.
2) 연주 丙戌백호와 월주 乙未백호가 움직이고 있다.
3) 戌未刑하여 백호와 백호의 刑이며
4) 월지未土 과숙이 움직이고 있다.
5) 火土비겁과 식상태과 사주이다.
6) 31세 壬水편관 남편은 辛卯대운 기신에 사지가 된다.
7) 무관 사주이다.
상기 사항들로 미루어 상담하게 된다.

○ 남편의 불상사가 있었습니까?

- 30대에 사별하였습니다.
○ 운을 보니 재산은 먹고 살만큼 있는 것으로 보입니다.
- 앞으로도 괜찮겠습니까?
○ 71살까지는 괜찮을 것으로 보입니다.
  물혹(암)을 주의하라고 하였는데 수술이 있었습니까?
- 식도암을 수술했습니다.
  앞으로 괜찮겠습니까?
○ 66세 이전에 자주 검사를 받아 보는 것이 좋겠습니다.

본 사주를 상담할 적에 물혹(암)을 주의하라고 하였다.
일주 자체가 丙辛합하므로 물혹(암)이 항상 잠재되어 있는
사주이며 여형제가 있다면 역시 유사한 질병을
가지고 있겠다고 생각한다.
윗대로부터 유전하여 내려온 질병으로 보게 된다.
일지戌土 식신은 인체 외부로는 배이며
인체내부로는 위 입 식도 등이 된다.
따라서 식도암에 걸려 수술하게 되었었다.(寅대운)
참으로 추명명리의 人事관계 통변의 오묘함을 다시 느끼게 된다.
본 사주 자식 중에 차후 본인이 살아 온 과정과 유사함이
있을 것으로 예상한다.
첫 남편은 오래 전에 사별하고 앞서 말한 바와 같이
申中壬水 편관 역마 남편은 열기를 식혀주고
본 사주를 안정되게 만들어주게 된다.
선원이나 운수업 계통에 남자가 들어오게 되므로
그쪽 계통에 애인이 있게 된다.
실제로 운수업 하는 남자와 만나고 있으며 많은 도움이 된다.

51세 이전에는 어려움이 많다가
51세 이후 己丑대운부터 손님이 많게 되어서
점사로 수입을 제법 올리게 되었다.
점하는 보살들도 사주팔자와 운의 영향을 벗어날 수가 없는 것이다.
점술 인이 된 것은 戌土화개 천문과 未土반안살이 움직여
시지酉金 정재가 요령, 방울, 물잔, 찻잔 등이 되기 때문이다.
각각 지지는 각 물상을 지니고 있으니
기회가 되면 각 지지의 물상을 쓰고자한다. 觀

68) 저서 추명명리학 강의에서 자식액화를 예상한 사주

己 甲 戊 乙　남
巳 寅 寅 未
　　　　辰巳

66　56　46　36　26　16　6
辛　壬　癸　甲　乙　丙　丁
未　申　酉　戌　亥　子　丑

본 필자의 저서 추명명리학 강의 중에 사주풀이와
통변 부분에 자식액화를 예상 추단한 사주이다.
甲木일간 1월 출생으로 월지寅木 건록 격에서 재성 격이다.
용신은 재성 격인 土재성으로 용신한다.
甲木일간 甲寅일주 간여지동과 월지寅木 비견으로
신왕하며 木火土상을 이루면서 재성 격이다.
木火土상을 거역하지 않는 운이 길하게 작용한다.
성격은 외유내강의 성격을 지니고 있겠으며 총명하고 영리한 사람이다.
건강은 신경성 질병을 주의해야 하겠으며
상골과 폐 대장 기관지 질병을 주의해야 한다.
직업은 월지와 일지 양 寅木건록에 뿌리를 두고
寅木건록이 움직여 공직에 인연이 있다.
일시 寅巳형이 巳중戊土를 월간에 寅중甲木은
일간을 투출시켜 일시 寅巳형살의 움직임으로
직업은 검찰청, 경찰, 법원, 공무원에 인연이 있다.

乙亥대운 26세 庚申년 연운申金 편관을 대운 亥水편인이
金水木火土로 寅申충을 해소 상생 통관하여
경찰공무원 시험에 합격하게 되었다.
寅巳申삼형이 완전히 발동하는 해가 되며
申金관성은 대운亥水가 통관작용으로 희신 운으로 작용하게 되었다.
자식은 巳중庚金 편관 아들이 되겠으며
辛金정관 딸은 없는 사주로 보인다.
시지巳火 식신이 공망 되었으며 역마와 망신에 해당한다.
56세 이전 酉金정관 대운은 대운지 酉金정관이
시지巳火 식신 망신 역마가 酉金정관과 巳酉丑합하게 된다.
따라서 시지巳火 식신 망신 역마가 움직이게 되는 연도에
酉金자식의 액화를 조심해야 할 것으로 추단하게 된다.
경찰직을 사퇴하고 29세에 법원 서기직에 다시 합격하여
30세에 발령받아 근무하면서 진급시험 공부를 열심히 하여
辛巳년에 5급사무관 시험에 합격하여 현재까지 근무하고 있는 중이다.
53세 丁亥년, 55세 己丑년 중에 서기관으로 진급할 것으로 예상한다.
61세 申金편관 대운에 퇴직하여 왕성한 활동을 하면서
가산을 늘리면서 살아가겠다.
申金대운 중 62세 丙申년, 63세丁酉년에 건강과 사고를
주의해야 할 것으로 예상한다.
이전 저서에서 자식의 액화가 있을 것으로 예상하였으나
戊子년에 딸이 뺑소니사고로 사망하게 되었다는 것을 뒤에 알게 되었다.
본 사주 자식 불상사에 대한 설명은

앞전에 출간한 저서와 상기 내용과 동일하며

본 필자의 저서 추명명리학 강의에서 예상하였지만
현실로 나타나게 되어 다시 정리 요약하도록 하겠다.

- 시주 자식 궁이 공망이며 시지巳火는 역마 망신이라는 점
- 사주원국에 金관성 자식이 없다는 점
- 庚金편관 아들은 시지巳火에 장생지가 되나
  辛金정관 딸은 시지巳火 사지에 임하게 된다는 점
- 사주 지지전부 火기운을 암장하여 火기운이 왕한 사주에
  酉金정관 대운을 만났다는 점
- 酉金대운은 시지巳火와 巳酉합하면서 酉중辛金 정관 딸은
  시지巳火 사지로 임하게 된다는 점
- 戊子년은 자식 궁인 시지巳火 역마 망신 공망이 움직여
  자식에 관한 일이 발생하게 된다는 점
- 戊子년 卯辰巳월은 辛金정관 딸의 사 묘 절이 된다는 점

따라서 상기 사항들로 戊子년에 딸을 뺑소니 교통사고로 잃게 되었다.
추명명리는 예측추리 판단하는 학문이다. 観

69) 庚金대운 부친조사, 卯木대운 모친조사, 항해사

```
?  辛  己  庚    남
?  亥  丑  寅
   寅卯
```

```
58  48  38  28  18   8
乙  甲  癸  壬  辛  庚
未  午  巳  辰  卯  寅
```

본 사주는 오래 전에 본 사주 부인이 상담하였다.
辛金일간 丑월에 월지 丑中己土 편인이 투간하여 편인 격이다.
용신은 연지寅木 정재로 용신한다.
辛金일간 己土편인과 丑土편인 庚金겁재가 도우므로
辛金일간 불 약하여 寅亥합木으로 유정한 연지寅木 정재로 용신한다.
조후용신으로 火관성을 희 하는 사주가 된다.
성격은 시주가 없으나 외강내유의 성격이겠으며
따뜻하고 포근한 면이 적으면서 차가운 면이 있게 된다.
대인융화는 잘 하면서 고집과 자존심을 세우는 성격이다.
건강은 辛亥일주 일지와 월주 土가 한 습하므로
하체나 발에 피부병 습진 등을 앓게 되겠으며 상골을 주의해야 한다.
직업은 일지와 연지가 寅亥합하여 寅中甲木 정재와
亥중甲木 정재가 역마지살 되어 자동차 선원 무역 영업 등의
직업에 인연이 있다.
甲木정재 돈이 물위에 떠있으므로 배타는 항해사이다.

가족은 본 사주의 부친은 甲木이며 모친은 己土편인이 된다.
丑월에 寅木재성이 2양지기로 씨앗에서 싹이 솟아나오려는
寅木재성을 연간 庚金겁재가 탈재하고 극한다.
따라서 부친은 庚金겁재 대운에 부친이 일찍 사망하였다고
추단하게 된다. (庚金대운에 부친사망 확인되었음)
모친은 己土편인 모친이 자좌 묘지인 丑土위에 좌하고
연월 丑寅합하여 己土편인 모친은 寅木 사지에 임하게 된다.
辛卯대운에 卯木편재는 寅卯木 방국하고 木재성이 편인인
土인성을 극하고 丑土묘지가 움직여 卯木대운에
己土모친 역시 사망으로 추단하게 된다.
(卯木대운에 모친사망 확인되었음)
己土모친은 亥丑합과 丑寅합하여
亥중甲木 정관과 寅중甲木 정관이 己土의 정관으로
각각 암합하여 己土모친은 남편 사별 후 타남과
통정하게 되었던 것으로 나타나게 된다.
지나온 대운이 木火길운 대운을 지나오게 되어
58세 乙未까지 어려움 없이 안정된 생활로 추단한다.
58세 丙申대운 중 건강에 어려움이 있을 것으로 예상하며
사고를 조심해야 한다.
68세 丁卯대운 중에 촛불이 깜박이게 될 것으로 예상한다.

70) 통관용신. 戌土대운 관재구설, 각 천간과 지지 요점

癸 己 己 乙 남
酉 卯 卯 酉

52　42　32　22　12　2
癸　甲　乙　丙　丁　戊
酉　戌　亥　子　丑　寅

己土일간 2월 출생으로 월지 卯中乙木 편관이 투출하여
편관 격이다.
용신은 시간癸水 편재로 용신한다.
己土일간 뿌리가 전혀 없으며 연월과 일시 卯酉충극으로
격의 뿌리가 손상되었다.
시간癸水 편재가 乙木편관 격의 뿌리인 卯木이
酉金식신과 卯酉충 극되어 격 충을 해소하는 시간癸水를
통관용신과 자연용신으로 癸水를 용신한다.
천간과 지지 火인성이 희신 되며 천간은 土비겁이 기신으로 작용한다.
지지는 酉金식신이 기신으로 작용한다.
성격은 편관 격을 충 극한 사주로 눈빛이 빛나고
참지 못하며 기분대로 행동을 잘 옮기게 되는 성격이다.
건강은 뼈 손상이 있으며 간과 대장을 주의해야 한다.
처는 88丁亥생 돼지띠가 인연배필로 추단한다.
丁亥생 돼지띠는 일지卯木과 亥卯未삼합으로
卯酉충을 해소 통관하여 丁亥생 돼지띠를 응하게 될 것이다.

일 월지 卯中乙木이 투출하고 卯酉충이 발동되어
卯木편관은 재살이며 酉金식신 또한 재살에 해당하여
식신과 편관의 각각 재살이 움직이고 충 하므로
본 사주에 관재구설이 있게 되는 사주이다.
따라서 42세 甲戌대운에 친구 동료 간에
금전문제로 구속수감 되는 일이 생기게 되었다.
甲戌대운은 일지卯木 편관 재살이 움직이고
일지卯木이 卯戌합과 일지 卯중乙木이
대운戌土 겁재 묘지 기신에 임한다.
己土일간은 戌土겁재 고지에 임하게 되어
금전관계로 구속되게 된 것이다.
대운 亥子丑 水북방 재성 운에 지지卯酉충을 통관하며
용 희 신에 부합하여 재산을 많이 가질 수 있게 되었다.
亥子丑 水북방 대운에 사업발전이 많았을 것으로 추단한다.
甲戌대운에 甲木은 지지에 뿌리를 내리지 못하고
卯木편관 재살이 움직이게 되며 대운지지 戌土는
己土일간을 부조하여 水재성을 극하니 흉운이 되었다.
따라서 사업은 침체상태에 들게 되어 어렵게 되고
관재까지 당하게 된 것이다.
52세 癸酉대운에 癸水편재 운은 다시 사업을 재기하였으나
酉金식신 대운부터 격을 충 극하여 신상에 질병을 얻고
사업 또한 원활하지 못하겠다.
乙木편관 격이 대운酉金 식신에 절지가 되고
乙木의 뿌리인 卯木을 충 극하여
생명과 연관이 되겠으니 주의해야 하겠다.

戌土대운부터 癸水대운에 여러 차례 상담하였으나
酉金대운에 찾아오지 않아 이후로는 알 수 없게 되었다.
酉金대운에 불상사가 없기를 바라는 마음이다.
육신과 신살의 종합적인 관계를 무시하지 말고
움직이는 것을 잘 보고 용 희 신을 구별하면
사주감정 상담통변을 한 단계 높일 수 있을 것이다.
己土일간이 2월에 卯木을 酉金이 충 극하는 것이
해롭게 작용하게 된다.
2월에 木은 줄기가 나와 자라서 무성하게 땅으로 퍼져나가는
형상이 된다.
따라서 金으로 자르게 되면 여름에 꽃을 피우지 못하여
가을에 수확 거둘 수가 없는 것이 자연의 이치인 것이다.
卯木과 酉金이 卯酉충으로 각각 재살에 해당하게 되고
戌土대운은 乙木이 묘지에 임하게 되어 관재를 당하게 된 것이다.

71) 자식수액 사, 치과원장

戊 丙 庚 己　남
戌 辰 午 酉
　　　子丑

51	41	31	21	11	1
甲	乙	丙	丁	戊	己
子	丑	寅	卯	辰	巳

본 필자한테 입문하여 추명명리를 수강 중인 여성(혜심) 수강생의
동기라 하여 공부자료로 통변해준 사주이다.
丙火일간 5월 출생으로 월지午火 양인 격이나
월지 午中己土가 투출하여 상관 격에서 상관생재 격이다.
용신은 월지午火 겁재 양인으로 용신한다.
丙火일간 午월 겁재 양인에 출생하였으나
木인성이 없는 중에 土金식상과 재성이 왕하여
월지午火 겁재 양인으로 용신하게 된다.
사주자체는 火土金의 형상을 이루고 있다.
木인성이 길신으로 작용하며 지지 水관성이
최 흉운으로 작용하고 습土식상도 기신으로 작용한다.
성격은 午火양인과 土식상으로 성격이 급하면서
배려하고 베푸는 마음을 가지고 있는 성격이다.
건강은 암과 염증 간 담석을 주의해야 하겠다.
배우자 처는 연지 酉中辛金 정재성이 처가 되며

일지 辰중癸水 정관이 자식이 된다.
처는 101壬子생 쥐띠, 1살 연상인 35戊申생 원숭이띠 중에 인연배필이다.
壬子생 쥐띠는 일지辰土와 申子辰합으로
壬子생 쥐띠를 응하게 된 것이다.
戊申생 원숭이띠는 연지酉金과 시지戌土와 申酉戌방합이며
申金은 일지辰土와 申辰합하고 일시지 辰戌土가 움직이게 된다.
또한 戊申생 원숭이띠는 본 사주가 마음에
바람이 일어나게 되며 여성이 좋아하게 되는 띠이므로
戊申생 원숭이띠를 응하게 된 것이다.
연지酉金 정재 도화 처가 연지에 좌하여
1살 연상인 戊申생 원숭이띠가 처가 된 것이다.
보통 정재 처가 연간에 있었다면 1살 연상이 아닌
나이 차이가 더 많이 나는 처를 많이 만나게 된다.
어느 띠를 만나더라도 처와 갈등이 내재되어 있는 사주로 예상된다.
癸水관성 자식은 辰土에 암장되어 辰戌충하면
 辰중癸水 정관은 戊土에 합 극을 당하게 된다.
辰土와 戌土가 시간戌土를 투출하여 辰戌충이 발동하고 있다.
일지辰土 식신과 월지午火 겁재 양인은 수액살(부침살)에 해당한다.
辰중戊土가 시간에 투출하고 午中己土가 연간에 투출하여
辰午수액 살이 움직이고 있다.
따라서 본인이나 처와 자식의 액화가 잠재되어 있는 사주로
추단하게 된다.
대운 寅木편인 운 중에 2006년 丙戌년 38세에
세운지 戌土식신이 일지辰土를 충 극하여
辰中癸水 자식이 튀어나와 戊土에 합 극을 당하여

본 사주 자식은 물에 빠져 사망하게 되었다.
사주팔자에 자식의 불상사가 잠재되어 결점이 있는 사주인데
丙戌년 연운을 만나게 되어 결점인 자식을 잃게 된 것이다.
본 사주는 己土상관 격이 酉金문창에 앉아 상관생재하고 있다.
己酉가 상관생재가 되며 酉金정재가 움직여 있다.
酉金정재는 입, 요령, 구설, 방울, 소녀, 놀램, 소금, 이빨 등으로
보게 된다.
따라서 치과의사로서 병원을 잘 운영하고 있으나
본 사주 자식의 액화는 면할 수 없는 사주가 되는 것이다.

2005년 乙酉년에 수강중인 여성제자(혜심)가
본 사주와 학교 동기라 하여 공부자료로 사주풀이를 해주게 되었다.
내년 2006년 丙戌년에 자식의 액화가 있겠다고
상기 사항들을 종합하여 사주풀이 통변하여 이야기 하였던 바
다음해 2006년 丙戌년에 역시 자식이 물에 빠져 사망하였다고
수강생이 놀라면서 이야기하여 알게 된 사주이다.

사주팔자의 모든 것이 100%는 아니지만
하나의 사주에서 비중이 크게 나타나있는 부분은
80~90% 나타나게 된다.
우리 역술인 들이 하나의 사주에서 장점과 결점으로
비중이 적게 나타나 있는 부분을 이야기하게 되면
맞는 확률이 떨어지게 되고 장점과 결점으로 비중이
크게 나타나 있는 부분은 적중률이 높게 되는 것이다.
음양오행 육신의 죽고 살고는 사주의 구성과

지장 간 신살 등을 종합하여 통변해야 오류가 없게 된다.
세상은 한가지로 이루어지는 것이 아니라 복잡다양하게
이루어져 있는 것이 아니겠는가.
종교 역시 한 종교만 믿으면 되는 것이지
많은 종교가 있어 각자 취향대로 믿는 것이 아닌가.
우리 사주팔자도 용신 격 국 음양오행 육신 태과불급
신살 운성 지장 간 등을 종합하여 통변해야 오류가 적게 된다.
41세 乙丑 대운 중에 집안에 화가 있을 것이라고 하였으니
앞으로 검증해 볼 일이다.
대운 51세 子대운에 본 사주 자신의 액화가 있을 것으로
예상 추단한다. 觀

72) 미혼, 은행원, 부친 행방불명

```
甲 庚 丁 己   남
申 辰 卯 未
```

```
43  33  23  13  3
壬  癸  甲  乙  丙
戌  亥  子  丑  寅
```

몇 년 전에 본 사주가 상담한 사주이다.
庚金일간 2월 출생으로 월지卯木 정재 격이다.
용신은 정재격인 월지卯木 정재로 용신한다.
庚金일간 2월이지만 土金인성과 비겁으로 남명이 신왕하며
월지卯木 정재가 일지辰土에 寅卯辰합으로 뿌리를 내리므로
정재 격인 卯木정재를 용신한다.
지지로 水식상과 火관성운이 길하게 작용하고
천간은 木재성 운이 길하게 작용한다.
천간과 지지 金비겁이 기신 운으로 작용하게 된다.
성격은 남아적인 성격으로 화끈하고
재물을 좋아하고 집착하는 성격이다.
건강은 신경성 질병을 주의해야 하며
결석, 담석, 상골, 디스크를 주의해야 한다.
卯未로 수액이 비치어 있으니 癸亥대운과 壬水대운에
낚시와 물가를 가까이하지 않아야 하며 조심해야 하겠다.
직업은 월지卯木 정재가 일지辰土 편인과 寅卯辰방합하고

연 월지 卯未합 되어 일지辰土 편인과 卯木정재 丁火정관
재 관 인이 모두 일주와 합하게 되어 금융계직업이 인연이다.

● 은행에 근무하는데 직장에 오래 근무하게 되겠습니까?
○ 대운이 50세 정도까지는 괜찮아서 근무하게 되겠습니다.

水식상 희신 운은 은행원으로 木재성 용신을 상생하여
무난하게 발전할 것이다.
결혼은 甲子대운 중에 월지卯木 정재가 움직이게 되므로
30세, 31세에 결혼하게 될 것으로 예상한다.
처는 27甲子생 쥐띠, 19壬戌생 개띠 중에 인연배필이
나타나게 될 것으로 예상한다.
甲子생 쥐띠는 일지辰土와 시지申金이 申子辰삼합을 이루고
월지卯木 정재가 움직이고 연간己土의 천을 귀인이 되므로
甲子생 쥐띠를 응하게 된 것이다.
壬戌생 개띠는 월지卯木 정재 처가 있는 월주丁卯와
천간과 지지가 丁壬합 卯戌합한다.
사주 卯申원진을 卯戌합으로 卯木정재 처를
원진에서 풀리게 하므로 壬戌생 개띠를 응하게 된 것이다.
壬戌생 개띠는 일지와 辰戌충 하므로
甲子생 쥐띠가 壬戌생 개띠 보다 확률이 있는 인연 띠가 된다.
모친은 연간己土 정인이며 부친은 시간甲木 편재가 된다.
시간甲木 편재는 申金비견 절지 지살과 겁살에 좌하였다.
본 사주는 甲木편재가 길신이 되나 부친과의 인연이 없는 사주이다.
흔히 甲木편재 부친이 길신이 되어

부친과 처 재물에는 좋을 것으로 통변하게 되나
사주의 상황을 잘 보아야 된다는 것이다.
대운이나 세운에서 어느 오행 육신이 움직이고 있는 가를
잘 살펴야 한다.

○ 부친과 일찍 인연이 없었던 것으로 생각합니다.
● 제 나이 2~3살 때 부친이 행방불명되어 얼굴조차도 모릅니다.

2세 庚申년으로 보게 되며 庚金은 甲木을 충 극하고
甲木편재 부친이 앉아있는 시지申金 지살 겁살과 절지가 움직이게 되어
본 사주 甲木편재 부친은 밖으로 나가 지금껏 행방불명으로
생사를 모르게 되었던 것이다.
성격은 시지申金이 庚金일간 자신의 뿌리이며
월지 卯중甲木 편재가 시간에 투출하여
卯申귀문이 발동이 되어 까다롭고 걱정과 생각이 많고
예민하면서 총명영리하다.
대운33세 癸亥식상운 중 癸水상관은 월간丁火 정관을
丁癸충하여 직장에서 자리보존을 잘 해야 할 것이며
상하로 샌드위치 되지 않게 노력을 많이 해야 하겠으며
슬기롭게 넘겨야 될 것으로 생각한다.
亥水식신이 亥卯未삼합 木국하여 亥水가 卯木에 합하므로
癸水상관은 월간丁火 편관을 극하기 때문이다.
그러나 亥卯未삼합 木국이 丁火를 생하여
직장에서 큰 화는 없겠다고 통변하게 된다.
역학에서 용신이란 일간을 위주로

억부 조후 통관 병약 전왕 격국 용신 등이 있다.
더 나아가면 각 육친에 대한 용신을 구별해야
그 각 육친에 대한 길흉화복이 판단된다는 것을 이해하였으면 한다.
투출된 천간은 길흉화복이 급속히 일어난다는
옛 선배님들의 이론에 근거하여
다시 한번 생각해보아야 하지 않겠는가 생각한다.
다시 말하여 천간에 노출되면 길흉화복이
급속히 빨리 일어나게 되는 것이다.
사 묘 절지가 있다고 하여 그 육친의 일이
일어난다는 것이 아니며 사 묘 절이 움직여야 하고
각 육친 기신 운이 되어야 해당하는 그 육신의 일이 발생하게 된다.
신 살을 무시하는 역학인들이 일부 있으나
신 살의 깊이와 음양오행의 생 극 제 화
그리고 움직이는 것을 깊이 생각하지 아니하고
신살 들을 매도하는 것은 이치에 맞지 아니하다고
우려를 표한다.
甲木이 申金편관에서 겁살을 먹는데 甲木이 申에
12운성으로 절에 해당하여 끊어지는 것이 아니겠는가.
투출된 육신은 운명의 길흉화복을 빨리 받게 된다는 것이다.
용 희 신은 지지에 숨어 있으면 큰 발전은 적으나
타격은 적게 받게 되어 이롭게 추단하게 된다.
기신은 천간에 뿌리 없이 나타나면 이롭다는 말이라 하겠다.
지지 충 극은 서로 상호간에 복잡하게 이루어지게 된다.
천간의 길흉은 급속히 일어나니 빨리 알 수가 있으며
지지의 길흉은 지장 간 상호간에 얽히고 섞이어 복잡하게 이루어지므로 깊이 있게 살펴야 할 것이다.
다시 말하지만
용신과 격국은 중요한 것은 두말할 나위 없지만
통변 또한 중요한 것이다.
인사는 지지 장간에 있는 것이므로
지지의 움직임을 잘 살펴 지지 장간의 죽고 살고
오고 가고 내 것과 남의 것 등을
통변에 잘 활용하게 되면 될 것으로 생각한다. 觀

73) 연상의 여자만 좋아하게 된다

辛 庚 癸 丁　남
巳 寅 卯 未
　　午未　　寅卯

47　37　27　17　7
戊　己　庚　辛　壬
戌　亥　子　丑　寅

丁丑년에 본 사주 모친이 상담한 사주이다.
庚金일간 2월 출생으로 월지卯木 정재 격이다.
용신은 재성격인 木재성으로 용신한다.
길신은 천간 木재성과 火관성이 길신으로 작용하게 되며
지지는 火관성 土인성이 길하게 작용한다.
庚金일간 木火상을 이루며 일간은 절지에 좌하고
뿌리가 없고 태 월 역시 巳월이 되어 木상을 따르는 것이 이로우므로
木재성 격이 용신이 된다.
寅卯합과 卯未합 巳未합으로 木재성 처는
연지未土 정인에 전부 모이게 되고
연지는 조상, 마당, 화장실 등이 되어
나이 차이가 많은 여자와 살게 되는 사주이다.
1997년 丁丑년 31세에 본 사주의 모친이 상담하러 온 것으로 기억한다.
상기 사항들로 미루어 아들이 나이 차이가 많은 여성과
살고 있는 것 같다고 물으니 아들이 동거하고 있다고 하면서

언제 헤어지게 되겠냐고 물었다.
확인하여 보니 10살이나 연상인 丁酉생과 혼인 신고하여
자식까지 낳고 동거생활하고 있다고 하였다.
丁丑년에 재성이 모여 있는 연지未土를 丑未충하면
未中乙木 재성 처가 튀어나와 흩어지게 되는 것을 감안하여
丁丑년 올해 헤어지게 된다고 상담하게 되었던 것이다.
未中乙木 여자의 자식은 연간丁火 딸이 되므로
동거중인 여성한테 딸자식을 두게 되는 것은 당연하다하겠다.
丁酉생닭띠 처가 된 것은 재성과 관성이
연주丁未에 있기 때문에 나이 차이가 많이 나는
7-丁酉생 닭띠가 인연배필로 들어오기 때문이다.
1년 후에 본 사주가 직접 상담하러 오게 되어
그 여성과 그해 丁丑년에 헤어지고 딸은 그 여성이 키운다고 하였다.
그런데 다시 만난 여성 또한 6살인가 연상인
유흥가 여성과 만나 현재 동거하고 있다고 하면서
유흥업을 운영하고 있다고 한다.
子대운은 상관 도화가 되며 월간癸水 상관 도화가
움직이게 되니 유흥업을 운영하게 되고
유흥가 여성과 또다시 동거하게 되었다고 본다.
子대운 己亥대운 유흥업으로 재물을 모을 것으로 예상한다.
결혼은 36세 壬午년이나 38세 甲申년 중에 결혼하게 될 것으로 예상한다.
처는 연상으로 51癸卯생, 77丙午생, 69甲辰생 중에
앞으로 만나서 살게 될 것으로 예상한다.
丁未연주에서 일지와 월지 寅卯재성 공망의 작용으로
전생의 일이나 조상한테 잘못한 이유로

정상적인 가정을 가질 수가 없게 된 것으로 예측한다.
본 필자의 저서 중에 〈추명명리학 강의〉에서
공망 부분을 참고하면 될 것이나 일부분만 옮기도록 하겠다.
연주에서 공망을 보아서 각 육신의 길신이 공망되면
윗대 조상에서 돌보지 않으니 자신이 잘 되려면
조상을 잘 섬겨야한다.
일주에서 공망을 보아서 각 육신의 길신이 공망되면
자기 자신의 잘못으로 인한 것이니 자신의 잘못을
돌이켜 보도록 해야 한다.
공망의 개운방법이라 하겠다.

◇ 남성의 경우 처 관계
연주는 根이며 조상 궁으로 보게 되는 것으로
재성이 연주에 있으면 나이가 많은 연상의 여성과 인연을 가지게 되고
상기 사주와 같이 재성이 합을 하여 연주로 가게 되어도
나이가 많은 연상의 여성과 인연을 가지게 되는 경우가 확률이 높게 된다.

시주는 實이며 자식 궁으로 보게 되는 것으로 재성이 시주에 있으면
나이가 많이 어린 여성과 인연을 가지게 되고 재성이 합을 하여
시주로 가게 되어도 나이가 많이 어린여성과
인연을 가지게 되는 경우가 확률이 높게 된다.

◇ 여성의 경우 남편관계
연주는 根이며 조상 궁으로 보게 되는 것으로 관성이 연주에 있으면
나이 차이가 많이 나는 남성과 인연을 가지게 되고

관성이 합을 하여 연주로 가게 되어도 나이 차이가 많이 나는 남성과
인연을 가지게 되는 경우가 확률이 높게 된다.
또한 壬癸水일간 여성은 戊己土가 관성 남편이 되므로
남편土는 구세대이며 생각이 많고 보수적인 성정을 가지고 있게 되므로
나이가 많은 남자와 인연을 가지게 되는 확률이 높게 된다.

시주는 實이며 자식 궁으로 보게 되는 것으로 관성이 시주에 있으면
나이가 어린 연하의 남성과 인연이 있게 되고
관성이 합을 하여 시주로 가게 되어도 나이가 어린 연하의 남성과
인연을 가지게 되는 경우가 확률이 높게 된다.
또한 丙丁火일간 여성은 壬癸水가 관성 남편이 되므로
남편水는 신세대이며 신식적인 성정을 가지고 있게 되므로
나이가 어린 연하의 남자와 인연을 가지게 되는 확률이 높게 된다.

남자는 재성의 동태를 보며
여자는 관성의 동태를 보면 알 수가 있을 것이다.
유부남과 유부녀와 연애하는 것도 재성과 관성의 앉은 자리를 보아서
추단하게 되면 확률이 있게 된다.

◇남자는
사주에서 재성이 비겁과 관성을 동주하여 일주와 합하게 되면
유부녀와 인연을 가지게 되는 확률이 높게 된다.
대운이나 세운에서 재성이 비겁과 관성을 동주하여 일주와 합하여
들어오게 되면 유부녀와 관계를 가지게 되는 확률이 역시 높게 된다.

◇여자는

사주에서 관성이 비겁과 식상을 동주하여 일주와 합하게 되면

유부남과 인연을 가지게 되는 확률이 높게 된다.

대운이나 세운에서 관성이 비겁과 식상을 동주하여

일주와 합하여 들어오게 되면 유부남과 관계를 가지게 되는 확률이

역시 높게 된다.

남자는 재성 여자는 관성의 동태를 보아서

남자와 여자를 만나는 장소 성정 직업 등 여러 가지를

추단할 수가 있는 것이 추명명리의 묘미라 할 수 있다.

음양오행 육신 신살 운성을 종합적으로 깊이 들어가 보면

예측추리 판단할 수가 있게 된다고 생각한다.

74) 탐합 망충, 申金대운 이혼, 시모와 남편이 폭행

```
甲 己 辛 壬   여
子 巳 亥 寅
   戌亥   辰巳
```

```
46  36  26  16  6
丙  丁  戊  己  庚
午  未  申  酉  戌
```

본 사주는 戊寅년 37세에 본인이 상담한 사주이다.
己土일간 10월 출생으로 월지 亥중壬水 정재가 연간에 투출하여
정재 격에서 연월 寅亥합이 시간甲木 정관을 투출하여
정관 격이다.
용신은 일지巳火 인수로 용신한다.
己土일간 水木 재살태과로 일지巳火 정인으로
용신이 안 될 것 같으나
연지寅木과 월지亥水가 寅亥합하여
일 월지 巳亥충이 탐합 망충으로
일지巳火 정인으로 용신한다.
성격은 巳火인수와 甲木정관이 일간과 甲己합으로
차분하면서 정직한 성격을 소유하고 있다.
담석 결석을 주의해야 하며 위장 질병과 심장 질병 사고를
조금 주의해야 하겠다.
남편은 86戊戌생 개띠, 103辛丑생 소띠, 21癸卯생 토끼띠 중에

인연배필로 예상 추단한다.
戊戌생 개띠는 움직임과 움직임으로 연지寅木과 寅戌합으로
戊戌생 개띠를 응하게 된다.
辛丑생 소띠는 움직임과 지시신의 亥子丑합으로
辛丑생 소띠를 응하게 된다.
癸卯생 토끼띠는 서로 마음에 들어하는 것으로
癸卯생 토끼띠를 응하게 된다.
배우자인 남편은 시간甲木 정관과 연지 寅중甲木 亥중甲木 정관이
남편 되며 월간辛金 식신과 일지 巳中庚金 상관이 자식이 된다.
연간寅木 정관은 월지亥水 정재와 寅亥합하여
일지巳火와 寅巳형을 이루려하게 된다.
일지巳火 인수와 월지亥水 정재의 巳亥충을 연지寅木 정관이
월지亥水 정재와 寅亥합하여 일 월지 巳亥충을 막아주고 있다.
寅중甲木 정관 남편과 결혼 후 월간辛金 식신 딸을 얻게 된다.
戊申대운 申金상관이 연지寅木 정관을 寅申충하면
월지亥水 정재 돈과 시어머니가 寅亥합에서 풀리게 되어
일 월지 巳亥충을 하게 된다.
戊申대운은 일지巳火 인수와 연지寅木 정관이 움직이고
寅巳申삼형을 이루게 된다.
따라서 戊申대운 중에 첫 남편과 이혼하게 되는 운이 된다.

戊申대운에 첫 남편과 풍파가 일어나게 되는 것을 정리하면
- 연지寅木 정관과 일지巳火 배우자궁이 움직이게 된다.
- 연지寅木 정관 남편과 일지巳火 배우자궁이 寅巳申삼형을 이루게 된다.
- 기신인 申金상관 대운은 연지寅木 정관 남편을 寅申충하게 된다.

- 연지寅木 정관은 겁살의 영향으로 자신이 남편한테 당하게 되며
  남편이 자신을 괴롭히게 된다.
- 대운申金 상관은 일지에서 망신이 되고 연지에서 역마가 되어
  자기 스스로 결정을 내리게 되는 상황이 된다.
- 대운申金이 연지寅木을 충하면 寅亥합에서 풀린 월지亥水
  시어머니가 일지巳火 자신을 충 극하게 된다.
- 戌亥와 辰巳공망으로 배우자궁과 가정궁이 비어 있어서
  없는 것과 같은 현상이다.

상기 사항들로 미루어 추단하게 되면
戊申대운에 남편과 풍파를 면하기가 어려우며
가출하게 되었던 것으로 추단하여도 무리가 없을 것으로 본다.
상기 사항들로 추단하여 확인하니
남편의 폭언과 폭행을 못 이겨 남편과 자식을 남겨두고
집을 나와 이혼하였다.
寅巳申삼형과 寅申충 巳亥충으로 申金기신 운이 되어
결혼생활에 많은 애로가 있었겠다.
寅亥합으로 亥水시어머니와 寅木남편이 합작하여
자기 자신인 일지와 寅巳형과 巳亥충으로
본 사주를 괴롭히게 되어 있는 사주가 아니겠는가.
亥水시모와 寅木남편이 합하고 亥중壬水 투출하고
寅중甲木 투출하여 寅亥합木이 완전히 움직이게 된 원인이 된다.
戊申대운에 寅亥합을 깨게 되니 시모와 남편의 반발이
거세게 되어 본 사주가 고립되게 되어 있으므로
견디기가 어렵게 되며 가출하여 이혼하였다.

본 사주 자체가 일부종사가 어렵게 되어 있는 사주이다.
亥중甲木과 寅중甲木 정관을 암장하고
시간甲木 정관을 투출하여 이혼하였다 할 수 있으나
寅亥합木과 巳亥충 寅木정관 겁살이 되어 있지 아니 하였으면
가출하여 이혼하지 않았을 것이다.
寅亥합 하다가 申金이 寅申충하여 亥水시모는
寅亥합에서 풀려나와 일지巳火를 巳亥충하게 된 것이다.
탐합 망충을 세밀히 살피면 통변의 묘미가 있을 것이다.
남편과 시어머니의 사랑을 받지 못한 것도 본인 사주이다.
가출하여 이혼하게 된 것도 본 사주에 내재되어 있으며
대운 역시 탐합 망충으로 가출 이혼하게 된 것이다.
1998년(戊寅) 본 사주 나이 37세 정도에
상담하였던 것으로 생각한다.
본 사주의 두 번째 남편은 시간甲木 정관이 일간己土와
甲己합으로 유정하여 시간甲木 정관 두 번째 남편은
시지 子水편재에 상생을 받아 일간己土와 甲己합을 잘하고 있다.
첫 남편과 인연이 없어 이혼하였느냐고 질문하니 그렇다고 한다.
다른 남자와 결혼하여 자식 낳고 행복하게 잘살고 있겠다고
질문하니 그렇다고 대답한다.
지금 살고 있는 남편과 남방 丁未대운 火인성 길운이 되므로
행복하게 잘 살고 있다.
앞으로 丙午 火인성 용신 운으로 흘러오게 되니
가정생활 행복하고 가산도 날로 늘어나겠다.
첫 남편과 자식은 인연이 없으며
두 번째 결혼한 남편과 자식 인연이 있게 되어 있는 사주이다.

사주팔자는 길흉이 항상 잠재되어 있는 것이며
운은 잠재된 길흉을 나타나게 하는 것으로 보면 되겠다.

◇지지 육합을 풀리게 하려면
 子丑합은 午와未가 풀리게 하며
 寅亥합은 申과巳가 풀리게 하고
 卯戌합은 辰과酉가 풀리게 하며
 辰酉합은 卯와戌이 풀리게 하고
 巳申합은 寅과亥가 풀리게 하며
 午未합은 子丑이 풀리게 한다.

◇지지 충을 해소하려면
 子午충은 丑과未가 해소하며
 丑未충은 子와午가 해소하고
 寅申충은 巳와亥가 해소하며
 卯酉충은 辰과戌이 해소하고
 辰戌충은 卯와酉가 해소하며
 巳亥충은 寅과申이 해소하게 한다.

75) 종재 격 사주, 합과 충의 길흉통변, 처와 풍파

甲 辛 壬 丁　남
午 巳 寅 亥
　　申酉　午未

59	49	39	29	19	9
丙	丁	戊	己	庚	辛
申	酉	戌	亥	子	丑

2007丁亥년 여름에 시외에서 본 사주 부인이 상담하러 온 사주이다.
辛金일간 1월에 월지 寅중甲木이 시간에 투출하여
정재 격에서 木재성 형상을 따르는 종재 격이다.
용신은 甲木정재로 용신한다.
辛金일간 土金인성과 비겁이 전혀 없으며
지지전부 水木火 오행으로 형상을 이루었으며
월지 寅중甲木 정재가 시간에 투출하였다.
천간 역시 水木火 오행으로 水木火형상을 따르게 된다.
따라서 용신은 월지寅木에 뿌리를 둔 시간甲木 정재로 용신하게 된다.
水木火 형상을 깨뜨리고 거역하고 충 극하는
申金비겁 운이 최 흉운으로 작용한다.
辛金일간 월지寅木 정재와 시지午火 편관에
천을 귀인 길신이 되어 부인의 내조가 많다고 보아야 하겠으며
재물 또한 많이 가지고 있겠다고 보아야하겠다.
처는 77戊子생 쥐띠, 79己丑생 소띠 중에 처로 추단한다.

29세 己亥대운 亥水상관이 寅亥합하여
자기 자신한테 길하게 작용하나 일지 배우자 궁을
巳亥충하여 부부간에 갈등이 많았겠다.
39세 戊戌대운은 戊土가 월간壬水를 극하여
연간丁火 편관이 丁壬합에서 풀리게 된다.
시지午火 편관 도화 천을 귀인이 寅午戌삼합 火국한다.
재산을 많이 늘리는 데는 길한 운이 되겠으나
寅午戌삼합으로 월지寅木 재성이 합으로 빠져 나가게 된다.
따라서 연지亥水 상관은 일지 배우자궁 巳火와
巳亥충 극이 일어나게 된다.
일지와 巳戌귀문 원진까지 더하게 되니
타여와 바람을 피우게 되며 처를 보면 짜증스럽고
갈등이 심하게 되어 본 사주 처는 몸과 마음에 상처를 많이 받게 된다.
합과 충하여 오고가는 것을 잘 살피게 되면
길한 운 가운데 흉함이 있는 것을 찾을 수가 있으며
흉한 운 가운데 길함이 있는 것을 찾을 수가 있게 된다.
운이 좋아서 많은 재산은 가지고 먹고 살만은 하나
대운에서 처와의 관계는 나쁘게 나타나는 것을 아는 것이
사주통변의 묘미가 되는 것이다.
길운이라고 전부 다 좋게 나타나는 것이 아니라는 것이다.
혹자는 용신을 잘못 잡아서 그런 것이라고 이야기하게 되나
그렇지가 않으며 이것이 바로 사주통변의 묘미인 것이다.
사주통변을 한 단계 높일 수 있는 지름길이 되는 것이다.
49세 丁酉대운은 대운천간 丁火편관은 시지午火의
지시신이 되어 午火편관 도화의 움직임이 된다.

따라서 바람을 피우게 될 여지가 많게 된다는 것이다.
辛金일간 酉金비견 대운 역시 기신 홍염에 해당하고
월지寅木 정재 처 길신을 원진하니
처가 보기 싫고 폭행까지 일삼게 되는 것이다.
2007丁亥년 여름 시외에서 부인이 상담하러 온 사주로서
상기 사항들을 종합하여 추단한 연후
丁亥년은 午火편관 도화 천을 귀인이 움직이게 되어
본 사주가 바람이 더욱 불게 된다.
亥水상관은 월지寅木과 寅亥합하여 월지寅木 정재가
亥水와 연애하고 놀기 위하여 빠져 나가면서
연지亥水가 일지 처궁 巳火를 巳亥충하게 된다.
따라서 부부간의 문제가 있는 것으로 판단하게 된 것이다.

○ 남편과 문제가 있는 것으로 판단됩니다.
● 지금 선생님이 말한 대로 남편 문제로 왔는데 이혼이 잘되겠습니까?
○ 남편사주와 운은 추리하여 대부분 이야기를 했는데
　지금 나이도 들었고 재산도 가지고 있는데 이혼을 해야 하겠습니까?
● 지금까지 참고 살아왔는데 이제는 도저히 견디어 낼 수가 없습니다.
　예전부터 지금까지 폭행과 폭언이 너무나 심해서
　지금 변호사 선임하여 이혼청구 소송하기 전에 소개받아 왔습니다.
　나는 지금까지 농장에서 뼈 빠지도록 일만 해왔는데
　자기는 일도 하지 않으면서 바람만 피우고
　여차하면 구타와 폭언을 당하면서 지금까지 살아왔습니다.
　재산문제로 이혼을 해주지 않아 이혼청구 소송해야 겠습니다.

59세 丙申대운으로 본사주의 운은 하락상태에 있게 된다.
丙申대운에 일지巳火 처 궁이 움직이게 되어
처의 일이 발생하게 되고 종재 격이자 용신인 월지寅木 정재를
충 극하여 연지亥水가 일지巳火 길신을 巳亥충 극한다.
월지甲木 정재 용신은 대운申金 겁재 절지 기신에 임하니
아주 나쁘게 작용한다.
따라서 丁亥년에 처와 이혼할 것으로 통변 추단한다.
사주는 괜찮으나 대운에서 문제를 발생하게 되어 있다.
甲寅木 정재가 천을 귀인 용신되어 재산은 있으며
처의 내조가 많은 사주이나 대운과 세운에 따라서
부부간은 좋지 못하게 잠재되어 있는 사주라 하겠다.

통변방법으로 일부이지만 사주팔자가 대운과 세운에 따라서
오고가는 것을 잘 찾아서 통변하게 되면 될 것으로 생각한다.
앞전사주 마지막 부분에 합과 충을 풀고 해소하는 것을
참고하면 통변이 될 것이다.
사주팔자 감정하는데 있어서 본 필자는 용신 격 국 통변
3분야로 크게 줄기를 잡아서 풀이하게 되면 된다고 생각한다.
역학인 중에 자기가 사용하지 않으면 사법이다.
자기가 사용하고 있는 것은 정법으로 생각하는 일부 역학인이 있다.
그러나 추명명리에서 정법과 사법을 논하는
역학인 자체가 아직 깨우치지 못하고 학문이
아직 많이 부족한 역학인으로 생각한다.
음양과 오행 육신 12신살 12운성 지장 간 일반신살 등
여러 가지가 일정한 법칙에 의해서 생성되게 된 것이다.

우주의 법칙에 의하여 사계절이 돌아가는 것과 마찬가지로
추명명리의 여러 사항은 일정한 법칙과 약속에 의하여 돌아가게 된다.
원소기호 역시 산소=O 질소=N 등을 기호로 약속 된 것과 마찬가지이다.
추명명리 역시 천간 甲木 乙木 丙火 - 등
지지 子水 丑土 寅木 - 등 역시 기호로 추명명리 역시
인간 길흉화복을 추단하는 약속된 과학적인 학문이 되는 것으로
생각한다. 觀

76) 18세 어린나이에 자식 낳다

癸 甲 壬 庚　여
酉 子 午 午

27　17　 7
己　庚　辛
卯　辰　巳

본 사주 모친이 丙戌년에 상담하였다.
甲木일간 5월 출생으로 월지午火 상관 격이다.
용신은 통관용신으로 월지 午중己土 정재로 용신한다.
甲木일간 午월 한여름이지만 일지 子중壬癸水 인성 투출하고
천간으로 살인 상생이며 시주 또한 관인 상생되고 있다.
甲木일간 불 약하며 여명에 관성이 소중하므로
土재성으로 火金상쟁을 통관시키게 되는 土재성으로 용신한다.
여름에 甲木일간 水인성이 필요로 하는 것은 사실이다.
그러나 甲木일간이 바라고 원하는 것이 무엇인가가 중요하다.
甲木일간 일지 子중壬水가 월간에 투출하여
월지午火 상관에 좌하고 午火에 암장한 己土와 일간甲木은
甲己합을 원한다.
따라서 午火상관과 午중己土 재성을 찾게 되고 좋아하며
본 사주 자신의 것이 된다.
또한 子중癸水가 시간에 투출하여 酉金정관 남자 도화 역시
찾게 되고 좋아하며 본 사주 자신의 것이 된다.

따라서 본 사주 甲木일간은 월지午火 상관 생각은
土재성 돈을 원하게 된다.
또한 시지酉金 정관 남자와 도화를 찾게 되고 원하게 된다.
상기 통변은 지시신의 영향으로 해석하면 될 것으로 생각한다.
17세庚辰 대운은 시지 酉중庚金 편관이 투출하여
시지酉金 정관 도화와 연간庚金 편관의 움직임이 된다.
庚金편관 대운 중 丙戌년17세에 연지와 월지午火 상관이
움직이게 되니 생각과 생식기의 움직임으로 된다.
庚金대운은 시지酉金 정관 도화와 연간庚金 편관 남자가
움직이고 연운은 연 월지 午火상관 생식기 생각이 움직이게 되어
남자한테 바람기가 불게 되어 학교도 그만두고 이성에 눈을 뜨게 된다.
시지酉金 정관 도화가 움직이었으며 午火상관으로
공부보다 예능을 좋아하게 된다.

○ 딸이 마음에 혼란이 일어나서 공부하지 않는 것 같습니다.
● 학교를 그만두고 직장도 나가지 않고 가수하겠다고 하면서
　머슴아만 달고 다니고 있습니다.
　노래는 좀 잘하는 것 같습니다만 가수가 그리 쉽습니까?
○ 가수까지 되기는 부족한 것 같습니다.
● 아직 천지도 모르니까 저리 날뛰고 안 있습니까?

인기와 끼는 갖춘 사주이나 午火상관이 움직이지 않고
대운 역시 길하지 못하여 가수가 되기는 부족한 사주이다.
丁亥년 18세 본 사주 모친이 딸 신수를 보기 위하여
다시 찾아오게 되었다.

丁亥년 18세 연 월지 午火상관 생식기와 생각이 움직이게 되며
일간甲木의 丁火상관과 庚金편관 남자의 亥中壬水 상관
생식기와 생각이 丁壬합하게 된다.
따라서 각자의 생식기의 합으로 남자와 합정하게 되는 것이다.
午火상관 자식의 발동이 된다.

○ 딸이 현재 남자와 같이 있습니까?
● 뭐 저거끼리 같이 있는 것 같습니다.
○ 다 일어나는 것은 아니지만 혹시 자식은 가지지 않도록
  해야 하겠습니다.
● 아직 나이가 너무 어린데 그런 일이 생기겠습니까?

午火상관 자식이 丁亥년에 움직이고 丁壬합을 보아서
예상하게 된 것이며 午火상관 자식은
연간 庚金편관 남자와 낳은 자식이 되는 것으로 예상 추단한 것이다.
앞전에 말하였지만 여자 상관과 남자의 상관이 합하면
연애가 이루어지게 되므로 자식도 가지게 되는 것이다.
또한 연주庚午가 편관과 상관으로 남자와 자식이
일찍 들어오게 되는 사주로 예상 추단하게 된 것이다.
그해 丁亥년 18세에 딸이 아들을 낳았다고
외손자 이름을 지으려고 찾아오게 되어 알게 되었다.
연주庚午 연간庚金 편관 남자는 자좌 午火정관
재살(수옥살)에 좌하고 움직이게 되어 丁亥년 午火재살이
극 庚金편관하므로 자식을 돌보지 않고 가까이 하지도 않으면서
구치소에 수감되었다.

본 사주 子酉귀문이 완전히 발동되어 있으므로
본 마음 아니게 관성남자를 찾으며
子水인성 공부도 되지 않아서
정서 불안, 신경쇠약을 가지고 있게 되며
관성 도화 귀문 발동이라 끼도 있고
예능계통에 소질이 있으며 인기가 있다.
27세 己卯 대운 역시 남자와 관계가 빈번할 것으로 추단한다.
己卯대운은 천간 甲己합과 지지 子卯刑하여 곤랑도화가 되어
자궁질환, 신장·방광질환에 주의해야 할 것이다.
또한 곤랑도화 대운으로 남자를 많이 찾게 될 것이다.
여성 사주에 子午酉 3도화가 있는 중에
또 다시 卯대운을 맞이하게 되면
子午卯酉도화를 전부 갖추게 되어
가정생활이 극히 어렵게 되고 남자로 고통이 있게 될 것으로 예상한다.
본 사주 부친은 午中己土 정재이며 모친은 壬水편인이 된다.
본 사주 태어난 후 부친인 己土정재는 午火재살에 해당하여
본 사주 부친은 관재가 빈번하게 되어
모친과 부친은 이혼하게 되었다.
일월 子午충되어 부모와의 인연이 박하게 되어
癸酉년 4세에 부친과 이별하게 되었다.

본사주가 18세 일찍 이성에 눈을 뜨고 자식을 두게 된 원인은
- 본 사주팔자 내에서 자기의 상관과 남자의 상관이 丁壬합이
  되어 있어서 혼인 전에 연애하여 자식을 낳게 된다는 점
  즉 壬午월주가 午중丁火 상관과 庚金편관의 식신인 壬水가

합이 된 원인이다.
- 사주 내에서 시지酉金 정관 도화가 연간에 庚金을 투출시켜
  酉金정관 도화가 연간 庚金으로 지시신이 되며 움직이게 되었다는 점
- 사주 내에서 일지子水 정인과 子酉귀문을 이루어
  본 사주 생각이 酉金정관 도화의 지시신인 庚金편관
  남자에게 이끌려가게 된다는 점
- 庚辰대운은 시지酉金 정관 도화가 움직이게 된 점
- 丁亥년은 본인의 午火상관 생식기가 丁火로 움직이게 되어
  남자의 亥중壬水 상관 생식기와 합하여
  18세 어린나이에 자식을 가지게 되었다.

육친과 신살의 움직임 지시신 합 등을 종합적으로
풀이 추단하여 통변하게 된 것이다.
역학계의 무명인인 본 저자가 다시 덧붙여 설명하게 되면
사주팔자 내에서 일간이 바라고 원하는 바가 무엇이며
격국 용신 음양오행 육신 육친 12신살 12운성 기타 살 공망 등이
움직이고 오고가고 죽고 살고 내 것과 남의 것 지시 신 행동신 등을
종합하여 잘 살펴서 예측추리 추단하여 통변하면 될 것으로 생각한다.
본 저서와 인연되신 분은 저자의 생각이 조금이나마
공부에 도움이 되었으면 한다. 觀

다음 사주는 상기 사주 모친의 사주이다.

77) 신체가 비대하면 건강에 이상

```
壬 戊 丙 壬   여
戌 寅 午 寅
   申酉
```

51	41	31	21	11	1
庚	辛	壬	癸	甲	乙
子	丑	寅	卯	辰	巳

앞 사주 모친 본인의 사주이다.
戊土일간 5월 출생으로 월지 午중丙火 투출하고
寅午戌삼합 火국하여 편인 격이다.
용신은 壬水편재로 용신한다.
戊土일간 5월 한여름 출생으로 열기와 빛으로
뜨거운 사주가 되며 여명에 일간戊土와 寅木편관이
水기를 간절히 원하게 된다.
태 월이 전년도 辛丑년丁酉월이 되어
조후가 시급하여 壬水편재로 조후용신하게 된다.
성격은 戊土일간이 월간丙火 편인을 투출시키고
일지寅木 편관 지살이 움직여 활발하고 순발력과 지혜가 있다.
건강은 火기가 태과하여 심장 질병을 주의해야 하며
혈압과 풍 신장 방광질병을 주의해야 한다.
일지가 寅午戌삼합 火국하고 일지寅木이 움직여
암과 염증 발생이 있으니 특히 주의해야 한다.

金식상이 없어 배설구가 협소하므로
신체가 비대하지 않아야 건강을 지키게 되겠다.
본 사주 같은 경우 몸에 살이 많이 찌게 되므로
건강관리를 잘해야 되는 사주이다.
건강은 여러 가지로 좋지 못할 것으로 추단된다.
재산은 壬水편관이 천간에 투출하였으나
金식상이 없으므로 돈의 어려움은 있게 되는 사주로 예상된다.
직업은 寅午戌삼합으로 지지 전부 시주 壬戌백호 戌土묘 고에
입고되므로 戌土고 속으로 갇히는 형상이 되어
병원에서 간병인으로 일하고 있다.
남편은 53辛丑생 소띠, 65己亥생 돼지띠 중에 인연배필로 추단한다.
辛丑생 소띠는 연지寅木과 丑寅합이고 일지 寅중丙火가 월간에
투출하여 辛金과 丙辛합이며 丑土천을 귀인으로
辛丑생 소띠를 응하게 된 것이다.
己亥생 돼지띠는 연지寅木과 寅亥합과 壬水편관 용신의
亥水 건록으로 己亥생 돼지띠를 응하게 된 것이다.
결혼은 癸卯대운 일간戊土가 癸水와 戊癸합하고
卯木정관 도화 되어 일찍 연애결혼한 것으로 추단된다.
그러나 水대운을 만나지 못하여 寅木남편은 마르고
시들게 되므로 남편은 본 사주를 떠나게 되는 것이다.
따라서 본 사주남편은 능력이 부족하며 남편 보다
자기 자신은 재물과 자식에 마음이 많이 가게 되어
남편과 이혼하게 되었던 것으로 추단한다.
申酉식상 자식 공망으로 딸 둘만 키우게 되었다.
31세 壬寅 기신대운에 가장으로 가정을 꾸려나가게 되어

여러 가지 일을 하면서 고생이 많게 된 것이다.
41세 辛丑대운 辛金상관과 丑습土 운을 만나
간병인으로 수입이 나아진 생활이 된다.
51세 庚子대운 庚金식상은 길운으로 안정된 생활이
될 것으로 예상되나 子水대운은 寅午戌삼합 火국의 왕신인
午火를 子午충하게 되면 火기가 폭발하여 노하게 된다.
午火양인이 子水에 절지가 되어
건강에 이상이 일어나게 될 것으로 예상 추단하게 된다.
건강과 사고 수명을 대단히 주의해야 할 것으로 생각하며
건강에 이상 없기를 바라는 마음이다. 觀

78) 남자의 고통, 부전자전, 종교에 심취

```
甲 甲 己 己  여
戌 寅 巳 亥
      辰巳
```

```
52  42  32  22  12  2
乙  甲  癸  壬  辛  庚
亥  戌  酉  申  未  午
```

甲木일간 4월 출생으로 월지巳火 식신 격에서
월간己土 정재 격이다.
용신은 연지亥水로 용신한다.
甲木일간 연지亥水 편인 일지寅木 비견으로 여명에 불 약하나
연지亥水 편인은 巳亥충으로 깨어져 있으며 일간과 거리가 멀어서
亥水편인의 도움은 바라기가 어렵게 되었다.
그러나 지지 寅巳戌중에 火土식상과 재성이 왕하므로
연지亥水 편인을 용신하게 된다.
희신은 金관성으로 한다.
성격은 甲寅일주 간여지동으로 고집과 주장이 강하면서
자기 생각대로 하려는 성격이다.
일간甲木이 甲己합土로 변하려하나 일지寅木 비견의 방해로
변하지 않게 되면 마음이 일정하지 않으면서
동요와 변덕이 있게 된다.
또한 巳戌귀문 원진까지 더하게 되어 까다로우며

마음의 변덕이 많게 된다.
역마 지살이 중중하니 활동적이면서 집안에 있으면
속이 답답하여 밖으로 나가야 마음이 풀리게 된다.
일지寅木 비견이 시간에 甲木 비견 투출하고
시지戌土 편재와 寅戌합하고 연지亥水와
시지戌土 戌亥천문을 놓아 종교에 강한 집착 있게 된다.
火土 식신생재를 하나 식신巳火가 巳亥충으로 깨어져 있으며
亥水편인 역시 깨어져 있어서 마음이 혼란스럽고
마음의 중심잡기가 쉽지를 아니하겠다.
통상적으로 월지식상을 충하면 직장을 오래유지 못하게 된다.
특히 오행 중 火는 마음이 된다.
巳火마음이 巳亥충으로 마음에 손상을 받았으며
巳火식신 망신이 巳戌귀문 원진까지 이루었으니
자기 스스로나 타인에 의하여 마음이 상하는 일은
한번씩 겪을 수가 있는 사주이다.
戌중辛金 관성 남편과 巳중丙火 식신 자식이 巳戌원진 귀문으로
인하여 속이 상하게 되는 사주이다.
또한 巳戌귀문 원진이 움직이게 되면 巳중庚金 남자로 인하여
마음의 고통을 당하게 되는 사주이다.
남편은 巳중庚金으로 보지 않고 戌중辛金 정관으로 보게 된다.
자식은 寅巳중丙火 식신과 戌중丁火 상관으로 보게 된다.
결혼은 壬申대운 중 甲子년에 결혼하게 되었으니
일지 寅中甲木이 연운에 투출하여 배우자의 일이 되며
연운 子水정인은 도화가 되어 도화 문서가 된다.
따라서 일지 배우자궁이 움직이고 연운子水 도화 문서는

결혼하여 혼인 신고하게 되는 혼인문서가 된다.
남편 궁이 움직이고 연지에서 子水정인 도화 문서가 되어서
조상이 돌보아서 결혼을 생각하게 되었다고 본다.
그러나 대운과 寅巳申 삼형이 되어
편안한 결혼생활이 되지 않고 갈등이 있게 되었겠다.
남편은 86戊戌생 개띠, 87丁酉생 닭띠 중에 인연배필이다.
戊戌생 개띠는 시지 戌중辛金 정관이 암장되고
지시 신을 보아 戊戌생 개띠를 응하게 된 것이다.
丁酉생 닭띠는 酉金정관으로 丁酉생 닭띠를 응하게 된 것이다.
戊戌생 개띠는 土재성의 고지가 되어 재산을 만드는데
도움이 되어 丁酉생 닭띠보다 재산을 만드는데 도움이 된다.
戊戌생 개띠가 남편이다.
22세 이전 남방 火식상 기신 운되어
학생시기에 공부는 하기가 싫으며
노는데 관심을 가지게 되었을 것으로 생각한다.
사주 자체가 甲己합하여 己土정재 돈은 가깝고 좋아하게 되나
亥水편인 공부는 멀고 巳亥충 되어 손상 받았다.
따라서 사주와 대운을 참작하면 火식상 기신 운이 되어서
공부를 하지 않아서 부모 속이나 썩히게 되었다.
32세 이전 壬申대운에 亥水용신이 움직이며
대운申金의 생을 얻어서 편안하고 안정된 생활이었다.
대운申金은 일지 배우자궁을 寅申충하고
申金편관 역마가 시지戌土와 申戌로 합하여
본 사주 남편이 해외에 근무하게 되었다고 본다.
42세 이전 癸酉대운 월지와 대운이 巳酉합으로

월지 巳중丙火 식신 마음과 몸이 대운지지 酉중辛金 정관 남자와
丙辛합하게 된다.
따라서 丙火식신 마음과 몸이 辛金남자에게 몸과 마음이
가게 되어 애인을 만나게 되는 것이다.
대운酉金 관성이 재살에 해당하며 壬水용신의 욕 페지가 된다.
따라서 애인인 酉金남자는 관재구설까지 가게 된다.
壬水용신에 酉金정관은 申金편관 보다 희 신으로
도움이 되지 않는 것인데 金관성 희신 되니까 좋아 보이게 되나
지나고 보면 착각을 하게 된 것을 알게 되는 것이다.
따라서 본 사주는 辛酉金정관 운보다
庚申金편관 운이 더 길하게 작용하며
편관인 애인과 같은 남편을 만나야 편안하고
즐겁고 정다운 가정생활을 할 수가 있는 사주이다.
52세 이전 甲戌대운 역시 월지巳火 식신과
대운지지 戌土 편재가 巳戌귀문 원진하여
巳중丙火 식신과 戌중辛金 정관이 丙辛합하여
본의 아니게 戌土화개 종교에 연관 있는 남자와
인연이 있게 되는 것이다.
월지 집과 안방인 巳火식신과 원진을 이루어
남편과 자식으로 갈등 불화가 생기게 된다.
52세乙亥대운 일간甲木이 정재인 己土와
甲己합을 대운乙木이 木극土하여 甲己합에서 풀리게 되면
금전에 손실이 많이 따르게 된다.
따라서 乙木겁재 대운 중에 보증, 금전거래, 투기, 동업하지 않아야
손재를 당하지 않겠다.

亥水천문으로 절에 다니면서 몸과 마음을 수양하게 되면
편안한 생활이 될 것이다.
亥水편인 대운 중에 남편은 戌土인 농촌생활로
각자 생활하게 될 것으로 예상한다.
사주팔자와 대운 세운에 따라서 살게 되는 것이
우리네 인생인가 예상해 본다.
남편 辛金정관은 戌중辛金으로 융통성이 부족하고
고지식한 성품과 까다로운 성격을 가지게 되는 것이다.
아들 상관丁火는 戌중丁火이므로 戌중辛金과 같이 동 궁하여
남편의 성격을 그대로 유전 받아서 융통성이 부족하고
고지식하고 까다로운 성품을 가지게 된다.
본 사주와 같은 경우를 부전자전이라는 말이
이치에 맞는 말이라고 생각한다.
연지 亥중甲木 형제는 巳亥충하나 亥중壬水의 도움으로
살아남을 수가 있으나 일지 寅중甲木 자신이나
여동생은 寅巳刑하면 巳중庚金이 寅중甲木을 극상하게 된다.
亥水의 생함을 받기가 힘들게 된다.
따라서 여동생은 질병으로 일찍 사망하게 되는 것이다.
여동생이 아니면 자기 자신이 되었을 것으로 통변한다. 觀

79) 남편 사별 후 재물이 생기지 않는 사주

戊 癸 乙 戊　여
午 未 丑 申
　　申酉

51	41	31	21	11	1
己	庚	辛	壬	癸	甲
未	申	酉	戌	亥	子

癸水일간 12월에 연 시간 戊土와 丑未土로 관살혼잡 격이다.
용신은 연지 申金 정인으로 용신한다.
관살혼잡은 되어 있으나 시간 戊土 정관과 戊癸합으로
남편을 따르고 가정생활은 정답게 지내는 잉꼬부부 사주이다.
그러나 성격은 마음의 갈등과 변덕스러움은 있다고 보아야 하겠다.
癸水일간 12월 한겨울이지만 관살혼잡에 乙木식신이 미약하여
식신제살은 하지 못하고 관살혼잡을 살인상생으로
金인성으로 용신한다.
木火식상과 재성 운이 기신 운이 되겠으며
특히 戊土정관 운과 寅木상관 운이 나쁘게 작용하게 된다.
子水비견 운 역시 길운이 되지 못한다.
본 사주는 길흉을 천간과 지지 운을 가려서 사용해야 하겠다.
건강은 간담이 약하여 음주를 가까이 하지 않아야 하겠다.
남편은 65戊申생 원숭이띠, 86丁未생 양띠,
104己酉생 닭띠 중에 인연배필로 추단한다.

戊申생 원숭이띠는 戊土정관이며 申金은 일지未土와 未申합과
일지 배우자궁 未중乙木 식신과 申중庚金이 乙庚합으로
戊申생 원숭이띠를 응하게 된 것이다.
丁未생 양띠는 일지未土로 丁未생 양띠를 응하게 된 것이다.
己酉생 닭띠는 서로가 마음에 들게 되어
己酉생 닭띠를 응하게 된 것이다.
길한 띠 배우자를 만나기는 어려운 사주로 추단한다.
일지 배우자궁에 未土편관 과숙 화개가 움직여 있으면서
관살혼잡으로 남편의 액화는 면하기가 어렵겠다고 본다.
또한 한 남편으로 종사하기도 힘든 사주이다.
乙木식신 딸이 출생하게 되면 더욱 남편의 액화는 있을 수가 있겠다.
戊土정관 대운지에 일지와 월지가 丑戌未삼형살을 이룬다.
戊土 정관이 움직이고 대운戊土에 입묘 운이며
午戌합을 이루어 연지申金 인수 용신을 극하여 기신 운이 된다.
관살혼잡에 다시 戊土정관 운을 만나
戊土 정관이 움직이게 되었으니 남편의 일이 일어나게
되겠다고 추단하게 된다.
본 사주를 처음 상담한 해가 丁丑년 봄에
사별하고 해마다 신수를 보러 오는 손님이 데리고 오게 된 사주이다.
남편의 일로 판단하고 상담을 시작하게 되었다.
상기 사항들을 참작하여 상담을 하게 된다.
신혼정도로 생각하고 마음에 충격적이고
극단적인 표현을 하기가 쉽지 않는 나이이므로 조심스러웠다.

○ 남편의 일로 온 것 같습니다.

● 예.

○ 이혼하려고 합니까?

● 아닙니다.

　남편이 6개월 전에 산에서 행방불명으로 사망된 것 같은데

　언제쯤 사체라도 찾아질 것 같습니까?

○ 올해 찾아질 것 같습니다.

● 자살인 것 같습니까?

　타살인 것 같습니까?

○ 아무래도 실족으로 인한 것 같습니다.

　잉꼬부부로 생활한 것 같은데 마음이 많이 아프겠습니다.

　행불로 경찰에 신고하여 수색은 하였습니까?

● 경찰이 여러 번 수색은 하였으나 시신을 찾지 못하였습니다.

　저 사주에 이런 일이 있습니까?

　남편과는 해로하기가 어려움이 있겠다고 지금 이야기하지 않았습니까?

옆에서 같이 온 이웃 언니가 자기도 사별 이야기를 들었으나
믿지를 않았다고 한다.
본 사주를 볼 적에 남편의 일로 단정을 내리게 되었던 것이다.
그 해에 산에서 남편의 시신을 찾았다고 소식을 듣게 되었다.
실족사 결론이 난 걸로 알고 있다.
본 사주는 남편을 잃고 보상도 없는 경우의 사주라 하겠다.
데리고 같이 온 乙巳생 사주는 甲戌년에 남편 잃고
보상이 있는 경우의 사주이다.
남편 잃고 보상이 있는 사주와 없는 사주를 가지고 원인 분석하여 보았다.
본 사주 남편인 戊土정관은 申중壬水와 丑중癸水 재성이 되며
본 사주의 재성은 午未 중에 丁火가 본사주의 재성이 된다.
남편의 재물이 있는 월지 丑중癸水 남편의 재성과

나의 재물인 일지 未중丁火 재성이 丑未충한다.
丑未충으로 丑중癸水 남편의 정재 재물이
나에게 오지 않게 되며 연지 申중壬水 남편의 편재 재산은
공망으로 남편의 재산은 없는 것으로 추단하게 된다.
丑午원진 귀문 해살하여 丑중癸水 남편의 재물에
대한 원망이 생기게 된다.
이런 경우는 보상이나 상속도 없게 된다.
음양오행 육친 육신 합 충 형 파 해 신살 운성 공망 등으로
오고가고 움직이고 내 것과 남의 것을 구별하게 되면
알 수가 있게 될 것이다.
먼저출판 된 〈핵심통변 상담실례〉에 있으나 보충하여
부족한 부분을 다시 쓰기로 하였다.
이전 4권의 서적을 보면 통변, 표현 부족, 오자 등
여러 가지로 부족한 점을 많이 느끼면서 자책도 많이 하게 된다.

다음 사주는 데리고 온 이웃언니 사주와 비교한다.

80) 남편 사별 후 재물이 생기는 사주

丙 戊 乙 乙　여
辰 辰 酉 巳

49　39　29　19　9
庚　己　戊　丁　丙
寅　丑　子　亥　戌

戊土 일간 8월 출생으로 월지酉金 상관 격이다.
용신은 시간丙火 편인으로 용신한다.
월지酉金 상관이 일지辰土와 辰酉합金하고
연지巳火 편인과 巳酉합金하여 상관이 태왕하다.
상관 격에 戊辰백호 일주가 되어 고집과 집착이 있는 성격이다.
일지 辰중乙木 정관을 연 월간에 투출시켜
편인과 상관 백호의 작용이 함께 나타나게 된다.
戊土일간 연지巳火 편인은 巳酉金으로 반합하고
일시지 辰土 역시 辰酉로 합金하여 연지巳火 편인은
믿을 수가 없게 되었다.
지지의 기운은 전부 金상관으로 이루어져 있게 되었다.
결국 戊土일간 상관견관 사주에 상관金의 병이 깊어
시간의 丙火편인으로 용신하게 된다.
연 월간 乙木정관이 金상관에 좌하여 丙火편인 용신이나
지지 水재성 운은 길운으로 작용하게 된다.
연간乙木 정관은 지지가 巳酉로 돌아가서 연간乙木은

불안한 상태이며 월간 乙木 정관 또한 자좌 절지에 앉아 있고
일주 戊辰 백호와 일지 辰土 과숙이 움직이고 있다.
또한 시지 辰土 과숙이 역시 움직이고 있으니
乙木정관 남편의 액화는 이미 본 사주에 암시되어 있다고 보아야한다.
편인이 본 사주에 작용을 하므로 공부에 관심을 가지게 된다.
편인은 모친성이 되므로 본 사주 출생 후에 모친의 액화도 나타나게 된다.

본 사주의 특징적인 것은
1) 상관이 왕 한 가운데 상관견관 하였다는 점
2) 일주 戊辰백호가 움직여 있다는 것
3) 일시지 辰土과숙이 움직여 있다는 것
4) 연 월간 乙木정관이 겁살과 절지에 앉아 있다는 것
5) 乙木정관이 심히 허약하다는 점

상기 사항들로 미루어 보면 남편의 액화는 있게 되겠다고
추단하게 되는 것이다.
건강에는 물혹(암)이 있게 된다고 추단하게 된다.
巳酉로 합하여 丙辛합水하니 물혹(암)은 생기게 된다.
본 사주 모친 巳火편인 역시 巳酉합하면서
巳火편인 모친은 酉金사지로 들어가게 된다.
巳酉합함으로 丙辛水하여 모친은 암으로 돌아가시게 되었다.
본 사주가 태어난 후 얼마 되지 않아서
모친이 돌아가시게 되어있는 사주와 대운이 된다.
일주는 자기 자신이며 일지 辰土 중에 乙木을 연간에 투출시켜
지시신이 된 원인이다.

투출한 지지신의 영향이 크게 된다는 것이다.
일반적으로 丙火편인이 용신이면 모친의 덕이 있고
일찍이 모친이 사망하지 않아야 하는 것이다.
이것은 용신에 있는 것이 아니라 통변에 있는 것이다.
여러 형제가 있으면 대다수의 형제도 모친이
암으로 사망하게 되는 것이 나타나야 추명명리가
확률이 있다고 믿게 되지 않겠는가.
바로 위 언니의 사주에도 역시 모친이 암으로 일찍이
사망하게 되는 것으로 나타나 있다.
언니의 사주는 壬寅년, 丙午월, 丁酉일, 庚子시이다.
체질이나 질병이 부모의 유전적인 면도 있게 되나
그 유전이 되어 있는지 없는지 사주를 보고 추단하게 된다.
여러 형제 중에 대다수 사주는 유전이 되어 있으며
어떤 사주는 그렇지 않더라는 것이다.
막내의 사주에 부모의 생사는 잘 나타나게 되어 있다.
불신하는 생각이 먼저 생기게 되면 어떠한 공부도 이루기가
힘들 것이다.
본 사주는 甲戌년 양력 12월 25일에 본 사주 언니와 같이 왔었다.
올해 남편의 액화를 주의해야 되겠다고 하게 되었으나
믿지를 않게 되었으며
다음해 양력 乙亥년 1월에 남편이 교통사고로 사망하게 되었다.
그때 육 효가 乙酉일진으로 5효의 정관 백호로 괘가 나오게 되어
더욱 확신을 가지게 되었던 것이다.
당시 나이가 30세 戊子대운이었다.
30세 戊子대운은 일주 戊辰백호와 과숙이 움직이게 되며

甲戌년은 일시지 辰土 백호 과숙을 충 하여 움직이게 되고
乙木정관 남편이 甲戌년 戌土에 입묘 운이 된다.
辰戌충 함으로 辰중乙木이 튀어나와
戌중辛金과 酉金에 극상 당하게 되었던 것이다.
충 하면 움직이게 되고 움직인 오행 육신의 일은
일어나게 되고 크게 작게 일어나는 것이 음양오행의 원리인 것이다.
백호나 과숙이 있다고 다 일어나는 것은 아니며
음양오행 생 극 움직임 나의 것 지시신 죽고 살고 관계를
잘 추리하면 알 수가 있을 것이다.

상극과 상생에 대하여 보게 되면
양대양과 음대음의 극관계는 극이 심하게 일어나는
것이 음양의 이치인 것이다.(진극)
양대양 극은 남자와 남자가 코피 나게 극렬하게 싸우는
것과 같은 것이며
음대음 극은 여자와 여자가 머리카락 뜯으면서 싸우는 것과
같은 것이 되어서 극하는 것이 크다는 것이다.

양대음 음대양 극관계는 남자와 여자, 여자와 남자가
싸우는 것과 같은 형상이므로
극렬하게 싸우지를 못하게 되는 것이다.(가극)

양대음 음대양 상생은 진생이 되며
양대양 음대음 상생은 가생이 된다.
상극과 같은 방법으로 생각하게 되면 될 것이다.

합 충 형 파 해 12운성 12신살 살 등도 음양오행에 기반을 두고
존재하게 되었으니 무시하고 폐기처분하지 말고
갈고 닦아 더욱더 발전시키기를 바라는 마음이다.
그 후 子水정재 대운지에 金상관을 통관시키고
子水정재 운으로 장사를 시작하여 수입에는 어려움 없이
아들 둘 데리고 근면 성실하게 생활하고 있다.
39세己丑 대운천간 己土겁재운은 천간 순세로 순조로운 운이 된다.
그러나 대운지 丑土에 남자와 살림만하지 않으면 어려움은 없으리라.
丑土대운에 재혼만큼은 하지 않아야 하겠다.
54세 이후 寅木편관 대운이 되어서
남자를 만나면 무난한 생활이 될 것이다.
巳火편인이 움직여 있어서 학문에 연관이 있는 사주로서
己土대운에 4년째 대학을 우수한 성적으로
무난히 늦은 나이에 졸업하였던 것이다.
용신이 丙火편인이라서 공부를 하게 되었다고 볼 수도 있겠으나
지시신의 작용과 움직임의 영향이 크다고 보게 된다.
앞 戊申생 사주는 남편 잃고 재산이 생기지 않았으나
본 사주는 남편을 잃고 재물이 생기게 되었다.
이유는 본 사주의 남편 乙木재성은 巳酉합 辰酉합 辰巳합하여
일지 辰중戊土와 연지 巳중戊土가 乙木남편의 재성이 되어
일주 자신까지 합하여 오게 된다.
자기 자신 일간戊土의 재성水는 일지 辰중癸水가 된다.
결국 남편乙木의 재성戊土와 일간戊土의 재성癸水는
일지辰土에 같이 있게 되고 戊癸합하고 일주 戊辰백호로
남편의 불상사로 인한 것이지만 돈은 들어오게 되는 사주이다.

각 사주팔자를 분야별로 뜯어서 살피게 되면
어떠한 희열과 전율을 느끼게 될 것으로 생각하게 된다.
상속이나 다른 문제들도 깊이 생각하고 통변을 하게 되면
방법을 알 수가 있으며 손님한테 명확한 결론을 말할 수가 있게 된다.
필자의 제자들한테 가르쳐 주어도 이해하여 통변을 잘하는
제자가 있는가하면 이해가 가지 않는 사람도 있게 되고
무시하고 불신하고 자만심만 가지고 있는 사람도 있게 되나
잘 이해하고 잘 다듬으면 사주팔자 통변으로
여러 분야 여러 손님 상담 과정에서 도움이 될 것으로 생각한다.
자신감과 하심은 가지되 자만심은 득이 없고 독만 될 뿐이니
항상 겸손한 마음으로 상대하면 자기의 발전이 많을 것이다.
자만심과 불신하고 의심하는 마음을 가진 사람에게는
전달하지 않는 것이 본 필자의 생각이다.
믿고 배우고자 노력하는 사람에게는 어느 누구든 전달하라.
어떤 사주와 어떠한 손님이 올 지 모르는 일이기에
모든 분야별로 실력을 쌓아두어야 제자들이나 손님들한테
좀 본다는 소리와 좀 안다는 소리를 듣게 된다.
내방객의 목적점사로 보는 방법이 여러 가지가 있으나
추명명리로 내방객의 목적점사를
어느 정도는 알 수가 있는 것이라 생각한다.
부디 가치가 적은 것이라도 존재의 가치가 있는 것이니
소홀히 생각 않기를 바라는 마음이다.
적은 것이 모여서 큰 것이 되는 것이다.
공부의 진전이 빠르지 않더라도 다음에 결실을 보기 위해서는
하나하나 실력을 쌓아나가야 하는 것이다.

노력하지 않으면서 비법이나 있는가 하는 생각은 버리고
오직 노력하게 되면 어느 수준까지 도달할 수가 있다고 생각한다.
본 필자 역시 독학으로 너무나 많은 어려움을 수없이
당하였던 것이 사실이며 평생가도 남들처럼 못할 것으로 생각하였다.
지금 많이 알아서가 아니라 본 필자가 독학으로
너무 많은 어려움을 당한 결과 인연되는 역술인 중에
조금이나마 도움이 되었으면 하는 생각이다. 觀

81) 庚戌대운 흉, 남편 고위공직자, 未土대운 부친 조사

甲 戊 丙 丁　여
寅 辰 午 亥
　　戌亥

57　47　37　27　17　7
壬　辛　庚　己　戊　丁
子　亥　戌　酉　申　未

본 사주는 전에 감명한 사주가 자료가
어느 메모지에서 나오게 되어 요점만 통변한다.
戊土일간 여름午월 출생하여 火인성 격이다.
용신은 시간甲木 편관으로 용신한다.
戊土일간 丙丁 火인성으로 신강하며 조열한 사주이다.
여명에 관성 또한 甲寅시를 얻어 관왕신왕이 된다.
여명이므로 관성을 중히 여기며 여름에 水재성으로
木관성을 생하고 조후하므로 水재성을 희 신으로 한다.
시간甲木 편관 용신은 시지寅木에 건록을 얻었으며
시지寅木은 일지진토에 寅卯辰으로 뿌리를 잘 내리고 있다.
7세 丁未대운에 火土가 왕하게 되어 亥中壬水 편재부친이
상하게 되고 대운지 겁재未土가 월지午火 인수와 합하여
亥中壬水 편재 부친이 일지辰土 비견에 입묘하고
辰亥원진 귀문이 이루어지게 된다.
부친인 壬水가 辰土에 입묘되어 일찍 부친 사별하게 되었다.

37세 庚戌대운 중 戌土비견 대운지에 寅午戌삼합 火국하여
亥水편재를 극하고 일지辰土 비견을 辰戌충하여
辰중癸水 정재가 극을 당하여 돈관계가 발생하여
손재수를 많이 보게 되는 운이었다.
47세 辛亥대운과 57세 壬子대운 水대운에 재물이 일어나고
재산을 많이 가지게 되었다.
현재까지 안정된 생활을 하고 있는 사주이다.
앞으로 77세 癸丑대운까지 복된 생활이 될 것으로 예상한다.
결론적으로 사주와 대운의 흐름이 좋아서
일생동안 복된 생활이 된다.
남편이 훌륭한 고위 공직자인 것은
甲木편관이 寅木자좌 건록에 좌하고
일지辰土에 甲木편관이 뿌리를 내리게 되므로
寅辰으로 일지辰土의 덕이라 하겠다.
가령 일지辰土가 아니었다면 木관성은
여름 火기에 견디어 내기가 어려움이 있었을 것이다.
이런 경우에 일주 戊辰백호가 흉으로 작용하는 것이 아니라
오히려 길하게 작용하여 辰土가 덕이 되는 것이다.
또한 戊辰백호 일주자체가 흉신의 작용이 아니고 길신이 된다.
남편은 71乙酉생 닭띠, 99丙戌생 개띠 중에 남편으로 추단한다.
乙酉생 닭띠는 乙木정관이고 일지辰土와 辰酉합으로
乙酉생 닭띠를 응하게 된 것이다.
丙戌생 개띠는 戌亥가 공망이며 길한 띠가 되지 아니하므로
乙酉생 닭띠가 남편이다. 觀

82) 丁亥년 선박사고로 남편 사별

辛 庚 戊 癸 여
巳 子 午 卯
   辰巳   辰巳

44 34 24 14 4
癸 壬 辛 庚 己
亥 戌 酉 申 未

철학관하고 있는 여성제자 중에 본 사주를
어떠한 문제로 보내 본 필자를 찾아오게 된 사주이다.
庚金일간 5월에 출생하여 월지午火 정관 격이다.
용신은 戊土인성으로 용신한다.
일 월지 子午충하여 월지午火 정관 격이 한번 손상을 받았다.
庚金일간 일지 子中癸水 상관이 투출하고
巳午火관성과 卯木재성이 있으므로 극설 교과로 신약하여
戊土편인으로 용신한다.
戊土편인 또한 합을 하여 용신이 합으로 묶이어
좋은 현상으로 볼 수가 없다.
남편성은 午中丁火 정관을 남편 성으로 해야 하나
일 월지 子午충으로 손상되어 시지 巳중戊土가
일지 子중癸水와 戊癸암합하여 巳中丙火 편관이 남편이 된다.
또한 庚金일간 시지 巳중庚金과 戊土에 의지하게 되고
戊土용신 역시 巳火건록으로 巳火편관을 남편으로 한다.

巳中戊土 편인이 투간하여 남편의 행동신이 된다.
일지 子中癸水 상관이 연간에 투출하여
남편의 행동신인 戊土편인이 연간癸水 상관을 戊癸합하여
본 사주의 말과 행동을 묶어두게 되니 간섭이 많은 남편이 된다.
또한 의처증도 발생할 수가 있는 여지가 있다하겠다.
남편은 巳火역마성이 되어 남편巳火의 戊土식신이 癸水와 합하니
외국을 왔다 갔다 하는 선박항해사이다.
일지 子中癸水 상관과 낙정살이 투출하여
본 사주의 행동신이 되어 관성을 극하게 된다.
또한 시지巳火 편관 남편은 겁살이 되어서 남편의 액화는
水상관 운에 일어나게 될 것으로 잠재되어 있는 사주이다.
44세 癸亥대운 중 癸水대운은 일지 배우자궁
子水상관이 움직이게 되어 남편의 일이 발생할 수 있겠다는 것을
예측할 수 있다.
2007년 丁亥년에 정관이 발동이 되고 火土 관성과 인성은
대운지 亥水식신에 절지가 되며 시지巳火 관성을 巳亥충하고
연운지 亥水식신 또한 巳亥충을 함께 하게 된다.
巳중丙火 남편은 대운과 연운지 亥水에 절지에 임하게 된다.
癸水상관 대운이 丁亥년 연운천간 丁火정관을 보게 되어
상관 견관이 완전히 성립하게 되어 선박사고로 사망하게 되었다.
癸水상관은 아들이 되므로 아들 1명이며 늦둥이 딸 1명이다.
배우자궁인 일지子水 상관 낙정살에 좌하면서
子水가 癸水상관을 투출하여 상관과 낙정살이
완전히 움직이게 되어 관성남편을 극하게 되니
남편이 수액을 당하게 되는 것이다.

딸 출생 후 丙火관성은 상하게 된다.
월지午火 정관은 子午충되고 시지巳火 편관은
공망 되어서 남편이 있는 것 같으면서 남편이 없는 사주라 하겠다.

남편이 선박사고로 사별하게 된 것을 정리요약하면
• 일지子水 상관이 낙정 살로 움직이게 된 점
• 일지子水 상관 낙정 살이 월지午火 정관을 子午충하게 된 점
• 시지巳火 편관이 공망 되어있는 점
• 시지巳火 편관이 시간辛金과 丙辛합水하여 회두 극 된 점
• 癸亥식상 대운을 만나게 되어 일지子水 상관이 움직이고
  水식상이 왕하여 火관성을 충 극하게 된 점
• 丁亥년을 만나 월지午火 정관이 움직여 대운癸水와
  丁癸충하고 시지巳火와 巳亥충 극하게 된 점
• 사주火 관성이 대운과 연운 亥水식신 절지에 임하게 된 점

등으로 남편이 선박사고로 사별하게 된 것이다.
앞으로 亥水 甲子 乙丑 식상대운으로 흘러가게 되므로
남자와 가정생활은 절대하지 않아야 하겠다.
亥水식신 대운은 연지卯木 정재와 亥卯합甲木 편재하여
본 사주가 자영업으로 수입을 만들게 되어
생활은 안정 될 것으로 예상한다.
직업은 음식 중에 분식, 돼지고기, 수산물, 어류 등에 인연있다.

83) 일찍 이성에 눈뜨게 된다

甲 甲 戊 乙   여
子 午 子 丑

45　35　25　15　5
癸　壬　辛　庚　己
巳　辰　卯　寅　丑

丁亥년 여름에 전날 남자를 만나고 내방한 아가씨 사주이다.
甲木일간 11월에 출생으로 월지子水 인수 격이다.
용신은 土재성으로 용신한다.
甲木일간 동짓달에 춥고 한기가 심하여서 火식상이 요구되나
일지午火 상관이 子午충되어 일지午火 상관 길신이 충 극을
받게 되었다.
지지는 寅木비견이 일시 子午충을 통관하게 되어
길운으로 작용하며 火土식상과 재성이 길운으로 작용하게 된다.
천간은 甲乙 木비겁이 월간戊土 편재를 극함이 심하므로
火식상이 길하게 작용하며 金관성이 길운으로 작용하게 된다.
일간甲木은 일지 午中己土 정재와 甲己합을 하고자하여
금전에 마음이 가게 되며 기신인 子水인수 공부에
마음이 가는 것은 아니다.
일지午火 상관이 도화와 홍염되어 항상 상관도화에
마음이 끌리게 된다는 것은 본 사주에 이미 암시되어 있다.
연월 子丑합하면서 연지丑土 정재와 일지午火 상관이 丑午

귀문 살을 이루게 되어 도화 홍염 귀문이라 정신없는 짓하고
바람기가 불게 되어 있는 사주이다.
15세 庚金편관 대운 중 壬午년 18세 고등학교 2학년 시기에
일지午火 상관 생식기가 도화 홍염으로 움직이게 되고
丁火상관 도화 홍염이 다시 庚金남자 식신壬水와 丁壬합하니
연애와 합정하게 된다.
壬午년에 월지와 시지子水 기신이 움직이게 되어
나쁜 기운을 더욱 부채질하게 된다.
壬午년에 子午충하여 월지 가정궁을 충하니
바람나 가출하여 귀가하게 되었다.
현재는 寅木비견 길신대운으로 午火상관 따라
전문기술직인 제과기술을 배워 제과점에 근무 중이다.
寅木대운 20세~24세 까지 5년간 길운이 되어
직장에서 인정받고 안정된 생활이 된다.
2007년丁亥년에 일지午火 상관, 도화, 홍염이 움직이게 되는 해이며
丁火와 壬水가 합하여 이성 간에 교제가 있는 해이다.
亥水는 역마가 되어 해수욕장, 수영장, 대중교통 중에서
이성을 만나게 되겠다고 신수를 봐주니
어제 총각을 우연히 만났다고 하는 것이다.
丁亥년 丙午월 酉일에 대중교통에서 해운대 사는 사람을 만나고
그 다음날 내방하게 된 사주이다.
결혼은 25세 辛卯 대운 중 27세 辛卯년 29세 癸巳년 중에
1살 연하인 丙寅생 범띠, 동갑인 乙丑생 소띠,
辛酉생 닭띠 중에 결혼할 것으로 예상한다.
1-丙寅생 범띠 3-乙丑생 소띠 2-辛酉생 닭띠 중에

인연배필로 예상 추단한다.

丙寅생 범띠는 甲木일간 寅木건록과 통관으로

丙寅생 범띠를 응하게 될 것이다.

乙丑생 소띠는 일시 子午충을 시지丑土와 子丑합하므로

일시 子午충을 해소하게 되고 천을 귀인으로

乙丑생 소띠를 응하게 될 것이다.

辛酉생 닭띠는 일간甲木의 辛金정관과 酉丑합으로

辛酉생 닭띠를 응하게 될 것이다.

丙寅생 범띠가 乙丑생 소띠와 辛酉생 닭띠 보다

길한 띠가 되나 연지 丑중辛金 정관 묘 고지로

길한 띠를 만나기는 어려울 것으로 예상 추단한다.

25세 辛卯 대운은 동방 지지卯木 운으로 안정된 생활되겠다.

35세 壬辰대운 중 35세 己亥년과 36세 庚子년에 매매와

계약은 성사하지 않아야 손해를 보지 않게 된다.

또한 壬水편인 대운 중에 자영업은 절대하지 않아야하겠다.

45세 이전 辰土편재 대운 중에 남편의 건강과 사고는

주의해야 할 것으로 예상되며 부부풍파를 주의해야 하겠다.

45세 癸巳 대운부터 오래도록 길운이 돌아오게 되어

본 사주가 자영업으로 수입이 증대되어 안정된 생활이 된다.

55세 이전 巳火식신 대운 역시 남편의 건강과 사고는

주의해야 할 것으로 예상되며 부부풍파를 주의해야 하겠다.

본인은 안정된 생활이 될 것이나 남편풍파를 주의해야 한다.

84) 격국 용신, 수입가전제품 사업, 부친 암 투병

```
辛 壬 甲 戊    남
丑 寅 寅 午
       子丑
```

```
48  38  28  18   8
己   戊   丁   丙   乙
未   午   巳   辰   卯
```

본 사주는 戊子년 상호를 짓기 위해 모친과 내방한 사주이다.
壬水일간 1월 출생으로 월지 寅중甲木이 월간에 투출하여
식신이 왕하여 식신 격이 변하여 상관 격이다.
용신은 일간壬水가 木식상으로 신약하여
시간辛金 인수가 용신이 되겠으나
본 필자는 격국 용신으로 火재성으로 용신한다.
길신은 일간壬水가 火재성을 더욱 바라고 원하게 된다.
1월 상관 격은 火재성의 동태를 보아야
상관생재로 어려움이 없게 되며 무난한 사주가 되는 것이다.
火재성은 金인성과 가까이 붙지 않아서 金인성을 극하지 않고
상관과 가까이 붙어 있는 午火정재를 상관생재로 좋게 본다.
본 사주는 시간辛金 인수에서 金水木火土로
오행상생을 이루고 오행구비를 하였다.
일간壬水가 신약한 것은 사실이나
1월에는 격국 용신인 火재성을 더 바라며

火재성이 용신으로 더 길하게 작용한다.
본 사주는 일간과 격국 용신의 차이로서
용신의 대입은 차이가 나게 되며 운의 길흉관계 역시
차이가 나게 풀이되는 사주가 된다.
본 필자는 지시 신으로 일간이 바라는 격국용신으로 진행한다.
성격은 金生水 水生木 木生火 火生土로 상생부절 되어
사람이 시원하고 악의가 없으며 왕신 木식신으로 배려하고
인자함을 가지고 있는 성격이다.
남한테 뒤떨어지는 것을 싫어하게 된다.
건강은 오행이 상생불절 되어 건강에는 이상 없게 되겠으나
상골을 주의해야 하겠으며 물혹(암)과 염증을 주의해야겠다.
재산은 27세 이후 火재성 운으로 흘러가게 되어
火재성 대운에 재산 가지고 생활이 된다.
직업은 일 월지寅木 식신 역마가 움직이고 지시하여
연지午火 정재로 식신생재 되어 전자, 전기, 무역, 유통업 등에
인연이 있으며 원하게 된다.
일지寅木 상관이 움직여 월간甲木과 연간戊土가 투출하여
월지寅木과 연지午火를 지시하게 된다.
일지寅木 식신이 연지午火 정재와 寅午戌삼합하게 된다.
따라서 일간壬水가 연지 午중丁火 정재와 丁壬합하고
지시하게 되어 시간辛金 인수 공부보다 돈을 좋아하게 된다.
또한 1월에 일간壬水는 적은 金인성은 필요하지만
많은 金인성은 바라지 않는 것이 자연의 이치가 된다.
처는 44戊午생 말띠, 43己未생 양띠 중에 인연배필이다.
戊午생 말띠는 일지 寅중戊土의 지시 길신으로

연지午火로 戊午생 말띠를 응하게 된 것이다.
己未생 양띠는 연지午火와 午未합이며
길신 재성의 진신인 未土양띠로 己未생 양띠를 응하게 된 것이다.
동갑인 戊午생 말띠가 처로 인연이 더 좋으며 가깝게 된다.
종합적으로 추단하면 본 사주 戊午생 말띠 인연배필 처는
지시신의 영향으로 戊午생 말띠를 만나게 된 것이다.
연지午火 정재 처가 길신 되어 처의 덕이 있는 사주가 된다.
따라서 처의 조언을 귀담아 듣게 되면 이로움이 있게 된다.
부친은 寅중丙火 편재가 부친이 된다.
寅중丙火 부친은 寅木편인이 장생 학문이며
寅중戊土 식신 제자가 투출하고 시지 丑중辛金 정재가 투출하였다.
寅木은 시지丑土와 丑寅합하면서 寅중丙火 부친은
丑중辛金 정재와 丙辛합하고 寅중甲木 편인 학문은
丑중己土 상관 제자와 합하여 부친은 전직교사이다.
또한 연간戊土는 부친의 행동신이 되므로
연간戊土는 연지午火 정인에 좌하고
월간甲木 편관은 寅木건록에 좌하여 寅午합으로
연지午火에 들어오게 된다.
시간辛金 제자는 丑土에 좌하여 丑寅합하고 寅午합하여
지지는 전부 한 원안에 있게 되어 시간辛金 역시 戊土와
가깝게 되어 교사로 추단해도 무리가 없게 된다.
寅木과 丑土가 움직이고 寅木은 시지丑土와 丑寅합하면서
寅중丙火 부친은 丑중辛金과 丙辛합하여 암이 발생하여
항암치료를 받게 되었다.
또한 寅木은 연지午火와 寅午戌삼합으로 戊土를 불러들인다.

따라서 丙火부친은 戌중辛金과 丙辛합水하여 암 발생이 되는 것이다.

부친의 행동신인 戊土가 戌土에 입묘하며

寅중丙火 역시 戌土에 입묘하게 된다.

辰土대운에 丙火부친은 암이 발생하게 되어

부친은 교직도 그만 두게 되었다.

부친은 암 전위가 많이 되었으나

현재까지 위험한 고비를 몇 번 넘기면서 생존하고 있으며

己丑년과 壬辰년은 위험할 것으로 예상 추단한다.

28세 丁巳대운은 희신 운이며 연지午火 정재가 움직이게 되어

월급생활이 된다.

그러나 甲木식신이 태과하여 월급생활은 힘든 사주이며

자영업을 하게 되는 사주가 된다.

戊子년 일지寅木 식신 길신이 움직이게 되고

연지午火 정재를 충하여 월급에서 자영업으로 변화가

일어나게 되는 것이다.

戊子년에 길신 木장인이 운영하는 사업을 본 사주가

물려받아 자영업을 하게 되었다.

상호를 지어주면서 丁巳재성 대운은 길운으로 판단하여

장사는 잘되게 되겠다고 상담하여 주게 되었다.

38세 이전 丁巳대운은 巳火편재 길신 천을 귀인으로

사업에 길하게 작용한다.

또한 巳火편재는 巳酉丑삼합 金국으로 일간을 돕게 된다.

따라서 丁巳대운은 장사가 잘 될 것으로 추단하게 된다.

38세 이후 戊午대운 역시 일지寅木 식신과

연지午火 정재가 움직이게 되어 장사는 잘 될 것이다.

시지 자식 궁이 공망으로 자식은 아직 두지 못하였으나
자식은 좀 늦게 두게 될 것으로 예상하며
아들딸은 있게 될 것으로 예상 추단한다.
자식은 己丑년 辛卯년 癸巳년 중에
자식이 있게 될 것으로 예상한다.
가족관계는 조모 2분에 부친에게 이복형제가 있다고 추단한다. 觀

다음은 본 사주 모친의 사주이다.

85) 남편 암 투병

壬 癸 丙 庚　여
戌 卯 戌 寅

59	49	39	29	19	9
庚	辛	壬	癸	甲	乙
辰	巳	午	未	申	酉

상기 사주 모친의 사주이다.
癸水일간 9월 출생으로 寅午戌삼합으로 월간丙火가 투출하여
월간丙火 정재 격이다.
용신은 정재격인 월간丙火 정재로 용신한다.
癸水일간 9월 출생으로 10월水진기 한다하나
일지卯木 식신에 설기되고 연간庚金 정인은
자좌寅木 절지에 좌하고 월간丙火에 극상당하고
시간壬水 겁재는 戌土에 극상 당하였다.
일지卯木 식신은 월지와 시지戌土와 卯戌합하여
戌土정관을 따르고자하며 戌中戊土와 戊癸합을 원하게 된다.
연간庚金 인수와 시간壬水 겁재는 뿌리가 없으며
입태 월 또한 寅월이 된다.
따라서 丙火정재로 용신하며 寅木상관과 戌土정관이
길신으로 작용하게 된다.
대운이 火재성 용신 운으로 지나오게 되어 생활에 어려움은 없겠다.
재산은 알뜰하고 야물어 돈과 부동산은 좀 가지고 있겠다.

건강은 대장 디스크 관절염 암을 주의해야 한다.
癸卯일주 卯木식신 도화 문창으로 예쁘게 생겼으며 지혜와 재치가 있다.
남편은 86己丑생 소띠, 21乙酉생 닭띠 중에 인연배필이다.
己丑생소띠는 연간庚金의 천을 귀인과
연지寅木과 丑寅합으로 己丑생소띠가 남편이 되었다.
월지戌土 정관 남편은 일지卯木과 卯戌합으로
본인이나 남편이 암이 발생하게 되고 寅午戌삼합 역시
암이 발생하게 되는 것으로 추단한다.
연 월간 형혹성과 태백성인 丙庚살이 질병을 더욱 부채질한다.
따라서 본인이나 남편과 자식 중에 암에 노출되어 있는 사주가 된다.
윗대로부터 암 질병이 유전되어 내려오게 되었다고 추단한다.
49세 辛巳 대운은 월지戌土 정관이 움직이게 되어
남편의 일이 발생하는 운이 된다.
49세 辛巳 대운은 월간丙火와 丙辛합하면서
월지戌土와 巳戌원진 귀문하게 된다.
따라서 辛巳대운이 시주壬戌이 아닌 월간丙火와
丙辛합하므로 남편이 암 발생하게 된 것으로 추단하게 된다.
辛巳대운 간지가 어디에 합하여 어느 궁과 어느 육친에
영향을 미치는가를 추단하면 통변이 될 것이다.
천간이 합이나 충 하면 지지 역시 천간을 따라붙게 되는 것이
사주나 사람생활의 이치가 된다.
지지가 합이나 충하면 천간 역시 지지를 따라가게 된다.
천간이 가게 되면 지지가 따라가게 되고
지지가 가게 되면 천간이 따라가게 되는 것이
인간이나 사주팔자나 다 같은 이치인 것이다.

◇ 남편 암 발생을 추단하여 정리요약하면
- 월지戌土 정관 남편은 卯戌합과 寅午戌삼합으로
  사주에서 암 발생으로 보게 되며
- 연 월간 형혹성과 태백성은 질액 환란 살기가 투출되어 있고
- 49세 辛巳 대운은 월지戌土 정관이 움직이게 되어
  남편의 일로 추단하며
- 49세 辛巳 대운은 월간丙火와 丙辛합하면서
  월지戌土와 巳戌원진 귀문하여 암이 생기게 된다.

따라서 남편이 암이 생겨 고생하게 된 것이다.
남편은 己丑년과 壬辰년을 넘기기가 어려울 것으로 예상한다.
59세 庚辰 대운은 흉운으로 시지戌土를 辰戌충하여
본 사주의 암과 자식의 건강과 사고가 염려되는 것으로 예상 추단한다.
아래 사주는 남편의 사주로 己丑년, 壬辰년이 위험하다.

?	庚	戊	己	남
?	寅	辰	丑	

58	48	38	28	18	8
壬	癸	甲	乙	丙	丁
戌	亥	子	丑	寅	卯

86) 귀문 원진작용, 조모2, 부친 이복형제

```
癸 丙 乙 庚   남
巳 戌 酉 午
```

```
47  37  27  17   7
庚   己   戊   丁   丙
寅   丑   子   亥   戌
```

본 사주의 부친과 모친을 혜심철학관에서
다른 일로 보내 상담한 사주이다.
丙火일간 8월 출생으로 월지 酉중庚金 편재가 연간에
투출하고 일지戌土와 酉戌방합으로 재성 격이다.
용신은 재성격인 金재성으로 용신한다.
8월에 丙火일간 실령하였으나 연지午火가 일지戌土와
午戌합하고 巳시에 출생하여 丙火일간 불 약하다.
따라서 남명에 金재성으로 용신한다.
성격은 고집과 자존심 주장이 강한 성격이다.
건강은 巳戌귀문으로 신경성 질병과 암을 주의해야 하며
일지戌土 급각살로 상골 디스크를 주의해야 한다.
월간乙木이 연간庚金 편재와 乙庚합하여 두통을 주의해야 한다.
재산은 편재성이 용신이고 월일지 酉戌합하여 酉戌중
辛金정재와 일간丙火가 丙辛합이며 酉金정재 천을 귀인으로
재물을 좋아하게 되고 집착하게 된다.
그러나 재산을 지키려면 금전대차 보증 투기 동업은

평생에 하지 않아야 재산을 유지할 수가 있는 사주이다.
또한 재산을 지키는데 많은 노력이 필요한 사주이다.
월간乙木 정인은 연간庚金 편재와 乙庚합金하여
乙木정인은 金재성으로 돌아가게 되어 乙木정인 공부보다
金재성을 더욱 좋아하게 되는 사주가 된다.
학과는 이과가 좋겠으며 기계 토건에 길하며
문과는 상대에 인연이 좋다.
17세丁亥대운 중 丁火겁재 대운은 연지午火 겁재 양인과
일지 戌土 식신이 움직이게 된다.
사주에 일시지 巳戌원진 귀문이 잠재되어 있다가
丁亥대운에 巳戌원진 귀문이 움직이게 된다.
따라서 본 마음 아닌 행동과 생각을 하게 되며
학생이 공부에 관심이 없는 것으로 추단하게 된다.

○ 아들이 작년戊子년에 대학에 못 들어간 것 같습니다.
● 작년에 부산과 수도권에 응시하여 떨어졌습니다.
○ 22살까지 대운이 부족하여 마음과 뜻대로 이루기가 어려운 운이 됩니다.
　올해己丑년 연운이 그나마 조금 나으나 하향 지원해야 하겠습니다.
　이과이면 기계 조선공학이 좋으며
　문과이면 상대에 응시하는 것이 좋겠습니다.
　부산지역 보다는 수도권이나 충청권지역 대학이 좋겠습니다.
● 지금까지 방안에만 들어앉아 컴퓨터만 하면서
　집밖에는 나가지를 않으면서 말을 하면
　부모한테 신경질만 내고 있습니다.
　수능시험 접수도 하지 않으면서
　신체검사 날짜도 10월로 연기하여 잡아두고 있습니다.

공부도 하기 싫고 군대도 가기가 싫은 것 같습니다.
다 큰 자식을 강압적으로 하려도 문제가 있을 것 같고
그냥 기다리고 있자니 속에 천불만 납니다.
어떻게 좋은 방법이 없겠습니까?
○ 조금 전에 신경성 질병을 주의해야 한다고 이야기했지만
다시 말하면 신경 예민 과민 쇠약 우울증 불면증
나쁘게는 정신이상 등을 내포하고 있으며
본 마음 아닌 행동과 생각을 하게 되는 것입니다.
다른 방향으로 좋게 말하면 총명영리하다 할 수가 있는 것입니다.
따라서 본 마음 아닌 행동과 생각을 하게 되는 것입니다.
지금 음력 8월이니 음력 10월이 되면 아들 마음에 변화가
일어나게 될 것으로 생각하니 강압적으로 하지 않는 것이
좋겠으며 기다려보는 것이 좋겠습니다.
● 올해 지난 4월에 굿도 해보았습니다.
굿을 했는데도 여전히 달라진 것 없이 똑같습니다.
○ 집에 애완용 개를 키우고 있습니까?
● 예,
전에 알고 지내는 사람이 한 마리를 줘서 키우고 있습니다.
그 강아지와 무슨 관계가 있습니까?
○ 그 강아지를 애완견 판매소에 보내는 것이 아들한테
도움이 될 것으로 생각합니다.
● 그 강아지가 재롱을 너무 많이 떨어 정이 들어서
보내기는 좀 어렵습니다만…….
○ 정 그러시다면 개 인형을 한개 구입하여
집에서 서북간 산에 가서 묻도록 하십시오.
● 집에 강아지가 가지고 노는 강아지인형이 있는데

그것을 물어도 되겠습니까?

○ 꼭 그 강아지 인형을 서북간에 가서 묻도록 하고
제가 보관하고 있는 것을 한개 줄 테니 가지고 가서
그것을 아들 방안에 두면 좋겠으나 아들이 싫어할 것이니
현관 입구에 두면 음력 10월 정도 되면 아들이 달라질 것입니다.
저도 다니다가 그냥가지고 왔으니 돈은 받지 않는 것입니다.
변화가 일어나면 한번 찾아오도록 하이소.

● 돈도 받지 않고 이렇게 자세하게 방침을 가르쳐주어서 고맙습니다.
아들이 달라지면 꼭 찾아오도록 하겠습니다.

丁亥대운에 巳戌귀문 원진이 움직이게 되어 잠재되어 있던
巳戌귀문 원진 기신이 나쁘게 작용하게 되는 것이다.
일반적으로 본 사주 같은 경우는 본 사주나 식구 중에
보신탕을 먹지 않는 것이 해로움이 없게 된다.
다행히 본 사주 가족은 보신탕을 먹지 않는다고 한다.
보신탕 역시 음식이 틀림없으나 본 사주 같이
일지戌土 화개가 巳戌귀문 원진하고 있는 경우는
보신탕과 애완견 개를 가까이하지 않는 것이 좋다.
본 필자 역시 예전에 여러 보양 식 음식을 많이 즐긴 한 사람이다.
午戌巳중 戊己土 식상이 각각 金재성을 생하고 있다.
연지 午중己土 상관은 연간庚金 편재를 생하고
일시 巳戌중 戊土는 酉戌중 辛金정재를 생하게 된다.
巳火 戌土 午火는 각각 움직여 있으며 월지酉金 역시 움직여 있다.
따라서 움직임과 각각의 사항을 추리판단 통변하면
할머니 두 분에 부친 이복형제가 있는 것으로 추단하게 된다.

○ 아들의 할머니가 두 분인 것으로 보입니다.
  다시 말하면 본인의 모친이 두 분입니까?
● 예,
  아버지께서 전에 부인(큰엄마)이 돌아가시고
  저희 엄마가 처녀로 부친한테 시집와서 저희를 낳았습니다.
  나쁜 것이 있습니까?
○ 저는 점하는 사람이 아니나 아들 사주에 그렇게 나타나 있습니다.
  본인 생모는 살아계십니까?
● 아닙니다. 돌아가셨습니다.
○ 아들의 할머니인 본인 큰엄마나 생모 중에 앞으로
  돌아오는 기일 제사에 마음을 정갈하게 내게 되면
  아들한테 도움이 될 것입니다.
  그리고 아들한테 돼지고기를 먹도록 하는 것이 도움이 될 것입니다.
  아들의 엄마가 타이르게 되면 아들이 신경질을 많이 내게 되므로
  변화가 보이거든 아버지가 말을 하도록 하고
  음력 10월까지 기다리도록 하이소.

23세 이후 亥水편관 대운은 시지巳火를 巳亥충하게 된다.
시지巳火를 巳亥충하게 되면 巳戌귀문 원진에서 풀리게 되는 것이다.
따라서 亥水편관 대운 중 壬辰년 23세에 정상적인 생각과
행동하게 될 것으로 예상 추단한다.
27세 戊子대운 중 29세 戊戌년 삼재시기에
심신과 직장에 어려움이 있을 것으로 예상 추단한다.
庚金편재 대운 50여세까지 안정된 생활이 될 것으로 예상 추단한다.
결혼은 28세, 32세 중에 壬申생 원숭이띠, 辛未생 양띠 중에
결혼할 것으로 예상 추단한다.

38壬申생 원숭이띠, 19辛未생 양띠 중에 인연배필로
결혼하게 될 것으로 예상한다.
壬申생 원숭이띠는 월일酉戌에 申酉戌방합을 이루게 되어
壬申생 원숭이띠를 응하게 된 것이다.
辛未생 양띠는 일간丙辛합과 연지午未합으로
辛未생 양띠를 응하게 된 것이다.
본 사주는 통변 상담하였으나 모친의 사주에
자식의 동태를 보아야하겠기에 가족인 모친의 사주에서
자식의 사항을 참고자료로 보아주기로 했다.
다음 사주는 본 사주 모친의 사주이다. 観

87) 水식상태과 자식 기신, 교사

癸 庚 辛 丁　여
未 子 亥 酉

54　44　34　24　14　4
丁　丙　乙　甲　癸　壬
巳　辰　卯　寅　丑　子

庚金일간 10월 출생으로 癸亥子水 식상이 태과하여
金水상관 격이다.
용신은 연간丁火 정관으로 용신한다.
10월 庚金일간 연지酉金 겁재 양인이 움직이고
월간辛金 겁재 양인과 시지未土 정인 천을 귀인이 도우니
불 약하다.
金水상관으로 한랭하여 연간丁火 정관이 木재성이 없어서
허약하나 시지未土 정인에 뿌리를 두고 태 월이 寅월이다.
따라서 여명에 관성이 중요하므로 연간丁火 정관으로 용신하며
木재성이 희 신이고 건土인성이 약 신으로 작용하게 된다.
金비겁과 水식상이 기신으로 작용하게 된다.
성격은 金水상관 격으로 청렴결백하고 子未원진과
子酉귀문으로 까다로우며 총명영리하고
酉金겁재 양인으로 주장이 강한 성격을 가지고 있다.
재산은 시지未土 정인이 길신이고 未중乙木 정재가
천을 귀인에 암장이다.

재물은 未土 고중에 재성으로 알뜰하여 재산을 가지게 된다.
직업은 金水상관 격에 水식상 제자가 움직이고
시지未土 정인 천을 귀인의 움직임 작용으로 교직이 천직이다.

○ 직업을 교사로 생각합니다.
● 예, 그렇습니다.

남편은 乙未생 양띠, 壬辰생 용띠 중에 남편으로 추단한다.
49乙未생 양띠, 103壬辰생 용띠 중에 배필인연이 된다.
乙未생 양띠는 시지未土 천을 귀인 길신을 응하여
乙未생 양띠를 응하게 된 것이다.
壬辰생 용띠는 연주丁酉와 천지합인 丁壬합과 辰酉합으로
壬辰생 용띠를 응하게 된 것이다.
乙未생 양띠가 壬辰생 용띠보다 배우자 인연으로
더 좋은 것으로 통변한다.

○ 남편이 乙未생 양띠나 壬辰생 용띠 중에 봅니다.
● 예, 양띠가 맞습니다.
   남편 띠가 나오는 것이 처음입니다.
○ 그렇습니까?
   운이 양호하여 재산을 좀 가지고 있겠습니다.

돈만 꼬박꼬박 모아서 집사람이 재산을 꽤 많이 가지고
있다고 남편이 거들어준다.
己丑년 53세는 辰土편인 기신대운에 머물고 있다.

辰土편인 기신대운은 격인 水식상 왕신 입묘 운이 된다.
본인이나 가족 중 남편과 자식한테 나쁜 대운으로
작용하게 되는 것으로 추단한다.
따라서 水식상 자식이 창고 속에 들어가 있는
형상으로 보면 될 것으로 생각하여 추리판단 통변한다.
본 사주 역시 자식의 근심은 있는 대운이 된다.
辰土편인 기신대운 중 작년 戊子년은 본인이나 자식
그리고 남편의 어려움이 많은 연운으로 추단하게 된다.
따라서 자식문제로 현재까지 남편과 다툼이 많게 되었다.
24세 이후 木火대운으로 흘러오게 되어
재산은 마음과 뜻대로 이루게 되었겠으며
편안한 직장생활이 된 것으로 추단한다.
54세 丁巳관성 대운은 역시 길운이 되나
巳火편관 대운은 월지亥水 식신과 巳亥충하면
직장의 변화가 있게 되고 남편과 갈등이며
자식의 근심이 있게 될 것으로 예상한다.
본 사주는 火관성이 용신이지만
희신 木재성과 土인성이 더 길한 운으로 작용하게 되는 사주이다.

필자가 경험한 바에 의하면
용신 운보다 희신 운이 길하게 작용되는 것을
사주에 따라서 여러 번 경험하게 된 것이 사실이다.
기신 운 역시 기신으로 작용하지 않는 경우를 경험하게 되었다.
여러 요인이 있지만 한 신의 역할과 오행의 변화와
오고가고 내 것과 남의 것 죽고 살고 움직이고 등

여러 가지가 복합적인 요인에 의하여 일어나게 되더라는 것이다.
따라서 본 필자가 생각하는 것은 좋은 것이 좋은 것이 아니며
나쁜 것이 나쁜 것이 아니라 오행육신의 변화를 잘 살피는 것이
사주와 운의 통변이라 생각한다.
용신과 희 신만 길신이 아니며 기신과 구신만 흉신이 아니더라는 것이다.
어떤 사람은 용신을 잘못 잡아서 그렇다고 할 것이나
궁극적으로 변화를 추단하는 것이 역학이라 생각한다.
필자는 추명명리를 독학으로 열심히 밤낮 생각하고
익히고 공부하였지만 용신과 기신이란 놈이
내가 용신이고 내가 기신이다 하면서 드러나 주면
얼마나 좋겠는가.
통변 역시 마찬가지로 이러 이러해서 이렇게 변화가 되므로
이 사주는 이러 이러하니 이렇게 통변하면 된다고
공식적인 정답으로 나타나면 얼마나 좋겠는가.
모든 세상만사가 백퍼센트로 성립되는 것은 아니나
확률을 가깝게 하기 위하여 본 필자 역시 지금도 노력하는 것이다.
한때는 기문둔갑 하락이수를 독학으로 공부하여
뭔가를 찾아보려고 하였으나 능력이 부족하여
아직까지 추명명리 기문둔갑 하락이수 중에
하나도 이룬 것이 없다고 생각한다.
단지 먼저 일부 조금 알고 있는 것으로
부끄럽게 역학서를 쓰며 수강생한테 강의하고 있는 것이다.
그러나 오직 책 속에서 열심히 깨달아야 한다고
필자의 경험으로 말하고 싶다.
어떤 이는 비법을 배우기 위하여 집 한 채를 없앴다고 하나

비법을 주는 곳이 없더라는 사실을
오랫동안 철학관을 한 어느 사람과
재수강하는 수강생한테 듣게 되었다.
공부가 어느 정도 되었으면 풀리지 않는 몇 개의 매듭만 풀게 되면
단수를 높일 수가 있다고 본 필자는 생각한다.
이전 4권의 책을 출간하면서 독자들의 용기와 격려의
전화를 여러 번 받아 본 저서와 차후에 저서를 출간할 생각이다.
역술인은 마음을 열고 모든 것을 받아들이려는
자세가 되어야 자기 자신의 발전이 많을 것으로 생각한다.

88) 재혼이혼, 크게 화상 흉터, 이용원

庚 甲 癸 丁　여
午 辰 卯 酉
　寅卯　辰巳

51　41　31　21　11　1
己　戊　丁　丙　乙　甲
酉　申　未　午　巳　辰

동업종에 있는 분이 소개하여 己丑년에 상담한 사주이다.
甲木일간 2월 출생으로 월지卯木 양인 격이다.
용신은 월간癸水 정인으로 용신한다.
卯酉충으로 파격이 될 것 같으나 일지辰土가 卯辰으로
뿌리내리게 되어 양인 격이다.
일반적으로 양인을 충 하게 되면 흉화가 적지 않는 법이다.
癸水정인 용신이지만 일지辰土 편재는 길하게 작용한다.
2월 卯木양인 월의 甲木일간은 庚金편관을
희 하게 되는 것은 사실이나 卯酉충 되었다.
시간庚金 편관은 시지午火 상관에 火극金을 받고 있는 상태이며
연지酉金 정관 역시 卯酉충과 연간丁火의 극을 받아
정관과 편관이 있으나 남편과 아름답지는 못한 사주이다.
2월에 甲木은 金水火가 요구되어 여명에 火金과
金木의 상쟁을 통관 중화시키는 癸水인수로 통관하며
金관성을 보호하기 위하여 癸水인수를 용신한다.

성격은 활발하여 인기가 있겠으며
남에게 지기를 싫어하고 고집과 자존심이 있는 성격이다.
건강은 金木의 질병인 대장과 간의 질병을 주의해야 하겠다.
일시지 辰午가 움직여 있으니 평생에 수액을 주의해야 하며
월일지 卯辰이 움직여 있으니 평생에 화재와 화상을 주의해야 한다.
재산은 오직 일지辰土 부동산에 있게 되니
현금은 땅이나 건물에 투자해 두어야 돈이 없어지지 않게 된다.
직업은 子午卯酉도화 중 午卯酉 3개의 도화를 갖추고
午卯酉도화가 전부 움직이고 辰중癸水가 투출하여 유흥업의 직업이 된다.

○ 직업이 남자를 상대로 장사하는 유흥업하고 있습니까?

● 이용원하고 있습니다.

직업도 다양하여 맞추기가 여간 어려운 것이 아니다.
월지卯木 양인 털을 연지酉金 가위 칼이 卯酉충으로
자르게 되는 형상으로 이용사, 미용사 등이 맞는 직업이 된다.
하나의 사주로 직업, 배우자, 자식, 가족, 질병 등 여러 분야를
대운과 연운을 대입하여 모든 것을 찾아내기란
필자 역시 여간 어려운 것이 아니며 일부 확률만 조금 있게 된다.
소개 받아온 어떤 손님은 잘 맞춘다고 가보라고
소개해서 왔는데 간혹 그렇지 않는다는 느낌도 받게 된다.
정말로 사주팔자 보기가 여간 어려움이 많은 것이 사실이다.

○ 수액이나 화액을 주의해야 한다고 했는데
  수액이나 화액이 있었습니까?

● 어릴 적에 뜨거운 물에 다리에 화상을 아주 크게 입어

아직까지 다리에 화상흉터가 다리에 크게 남아있습니다.
선생님은 화상 입은 것까지 몸에서 보입니까?
○ 사주에 화상이나 수액이 나타나 있는 사주입니다.
그리고 평생에 화재는 주의해야 합니다.
11세 이후 乙木겁재 대운 중으로 생각합니다.

남편은 丙申생 원숭이띠, 甲午생 말띠 중에 남편으로 추단한다.
18丙申생 원숭이띠, 21甲午생 말띠 중에 인연배필이 된다.
丙申생 원숭이띠는 일지와 申子辰삼합으로
丙申생 잔나비띠를 응하게 된 것이다.
丙申생 잔나비띠는 처음 만났을 당시에 본 사주가 좋아하게 된다.
甲午생 말띠는 시지午火로 甲午생 말띠를 응하게 된 것이다.

● 한살 많은 원숭이띠가 남편이었는데 이혼했습니다.
말띠와 결혼했으면 이혼을 안했겠습니까?
소개한 사람이 띠를 잘 본다고 하더니만 참말이네요.
여기 선생님은 화상 입은 것도 알고 남편 띠도 맞추는 것 보니
신기로 보이는 것입니까?
○ 본인 사주는 어느 띠를 만나도 사주와 운에서 잘 살 수가 없습니다.
배우자 띠를 알아내기 위하여 혼자서 주야로 공부를 좀 많이 했다고
생각합니다.
사람마다 배우자 인연 띠를 다 맞추어내는 것은 아닙니다.
배우자 중에 양쪽 다 같이 맞는 경우도 있고
어느 한 쪽만 맞는 경우도 있습니다.

여명에 월 일 시지 공망이고 관성이 충 극으로

자기 자신의 잘못과 전생의 업으로 어느 띠를 만나 결혼하여도
초혼의 남편과 평생 해로하기는 극히 어려운 사주로
부부풍파는 겪게 되는 사주이다.
子午卯酉 도화가 움직이고 있으니
바람기가 다분하여 여러 남자와 생활하게 되는 것이다.

○ 이혼한 뒤에 다른 사람과 살았던 것으로 생각합니다.
● 1살 어린 남자와 살다가 헤어졌습니다.
　이제는 재혼하고 싶은 생각이 없습니다.
　돈이나 좀 벌고 싶은데 언제 쯤 벌어지겠습니까?
　얼마 전에 이용원을 인수했는데 장사가 안 되고 있습니다.
　장사가 괜찮아지겠습니까?
○ 남자와 살지는 말고 57세 이후로 수입은 괜찮아질 것입니다.
　2009년 올해 10월부터 수입이 조금 나아질 것입니다.

두 번째 남편은 86)戊戌생 개띠를 만나서 헤어지게 된 것이다.
戊戌생 개띠는 월지卯木 겁재 양인을 卯戌합하게 된다.
따라서 연월 卯酉충이 해소되고 연지酉金 정관 도화가 일지辰土와
辰酉합하게 되어 戊戌생 개띠가 재혼 인연이 된 것으로 추단한다.
본 필자는 배우자 인연 띠를 사주에서 어느 정도 찾을 수가 있으나
최면으로 그 사람의 전생으로 들어가 확인하여 보니
역시 선연이던 악연이던 이승에서 만나게 된다는 것을
임상을 통하여 본 경험이 있다.
전생요법으로 아직 많이 확인 해보지는 않았지만
전생의 인연으로 부모, 형제, 배우자, 자식을 만나게도 되더라.

89) 수술 후 다리 장애, 공인회계사 원

庚 丁 丙 乙　남
戌 酉 戌 丑

46　36　26　16　6
辛　壬　癸　甲　乙
巳　午　未　申　酉

본 사주는 모친이 상담한 사주이다.
丁火일간 9월 출생으로 월지戌土 상관 격에서
월일시 酉戌합 중 庚金정재가 시간에 투출하여 정재 격이다.
용신은 정재격인 시간庚金 정재로 용신한다.
甲木인성을 행운에서 바라며 甲木정인을
제일 길하게 작용하는 사주이다.
9월에 丁火일간이지만 戌시 밤에 출생하여 태 약은 아니며
丁火는 庚金정재를 성기해야 丁火일간의 본분을 다하게 된다.
또한 丁火일간은 金水시간을 만나야 빛을 발하게 되어
金水를 좋아하게 되므로 시간庚金 정재 격을 용신한다.
甲木정인은 丁火일간의 기름 역할을 하게 되고 庚金정재는
甲木정인을 벽갑 인정함으로 길운으로 작용하게 된다.
丁火일간은 건土 실내에 들어가 있으면 불이 흔들리지 않고
보존되는 이치로 건土 역시 희 하게 된다.
그러나 丙火와 巳午火 비겁은 꺼리는 경우가 많은 것이 丁火일간이다.
지지 水관성은 희 하는 경우가 많으며

천간癸水 편관을 꺼리는 경우가 많게 된다.
오행 중에 丁火일간은 희 기신 간지를 구별 대입하여
통변하면 확률이 높게 된다.
임상 경험한 결과 음양오행의 자성과 자연의 이치라 생각한다.
사주를 추단하면 공부목적은 명예보다
차후에 돈을 잘 벌기위하여 공부를 열심히 하고자 한다.
성격은 결단성이 있고 부모 형제를 생각하는
마음이 강하고 배려하며 총명영리하다.
건강은 월주丙戌 백호와 시주庚戌 괴강이며
월시 양 戌土 급각이 일지酉金과 申酉戌합하여
상골, 디스크를 특히 주의해야 한다.
물혹(암)과 염증, 신경성 질병 또한 주의해야 한다.

○ 혹시 아들이 팔다리를 다쳤습니까?
● 아들이 고등학교 다닐 때 다리 수술한 후 오래도록 걷지 못하다가
   요즘은 걸음을 걷는데 완쾌되겠습니까?
   군대도 면제받아 못 갔습니다.
○ 아들의 사주에 상골이란 뼈를 상하게 되는 것으로
   나쁘게 말하면 팔다리에 이상 오게 되는 기운이
   사주에 내재되어 있습니다.
   병원에서 무엇 때문에 그렇다고 합니까?
● 병원에서는 균이 감염되어 간혹 일어나는 경우라 하면서
   오래 전부터 자비로 치료를 받고 있습니다.
○ 사주와 운을 본 결과 완전히 완쾌되겠다고 말하기는 좀 힘들겠습니다.
   그러나 완쾌되기를 바랍니다.

월 시지 戌土급각에서 일간丁火가 투출하고 일월과
일시 申酉戌합으로 戌土급각이 丁火일간 자기 자신의 것이 된다.
따라서 월 시지 戌土상관 급각의 작용을 받게 된다.
급각 살은 팔다리 이상, 소아마비, 절름발이, 상골, 디스크, 신경통,
관절염, 유마치스, 꼽추 등의 질병이 내포되어 있는 것이다.
16세 甲申대운은 甲木정인이 申金정재를 대동하고
시간庚金은 대운甲木을 쪼개어 벽갑 인정하게 되어
공부를 잘하게 되어 괜찮은 대학에서 공부하게 된다.
학과는 일지酉金 편재가 월 시 양戌土와 申酉戌방합으로
金재성을 이루게 된다.
따라서 상대에 인연이 있게 된다.

○ 공부가 좀 우수하였던 것 같은데 아들이 상대에 다닙니까?
● 경영학과 4학년인데 교수님이 공인회계사 시험보라고 해서
  준비하고 있습니다.
  언제 합격이 되겠습니까?
○ 공인회계사는 어려운 고시이나 빠르면 26세, 27세, 28세 중에
  합격 운이 있습니다.
  아들한테 열심히 공부하라 하세요.
● 그렇게 하겠습니다.

결혼은 28세 壬辰년, 30세 甲午년 중에 결혼할 것으로 예상한다.
처는 35丙寅생 범띠, 32己巳생 뱀띠, 43戊辰생 용띠 중에 인연배필이다.
丙寅생 범띠는 寅木정인 길신이고 寅午戌합과 丑寅합으로
丙寅생 범띠를 응하게 된 것이다.

己巳생 뱀띠는 연일지 巳酉丑삼합 金국재성으로 己巳생 뱀띠를
응하게 된 것이다.
戊辰생 용띠는 월시지 戌중戊土와 일지酉金과 辰酉합으로
戊辰생 용띠를 응하게 된 것이다.
午火비견 대운만 꺼리게 되며 46세 辛巳대운은 길운으로 작용하며
56세 庚辰대운 역시 길운으로 작용된다.
66세까지 재산가지고 안정된 생활이 될 것으로 예상 추단한다.
午火비견 대운 중에 재산 손재를 주의해야 하겠다. 觀

90) 申金용, 유흥, 이복형제, 부모 형제한테 지출

甲 己 戊 壬   여
戌 丑 申 戌

49	39	29	19	9
癸	甲	乙	丙	丁
卯	辰	巳	午	未

己土일간 7월 출생으로 월지 申중壬水 정재가 연간에 투출하여
정재 격이다.
용신은 월지申金상관으로 용신한다.
연간壬水 정재가 戊土와 戌土 겁재의 극이 태과하여
월지申金 상관으로 연간壬水 정재 격을 보호하고 통관하여
식자약재로 월지申金 상관을 용신하게 된다.
천간 金水木식상과 재성 관성이 길운으로 작용하게 되며
火인성과 土비겁이 흉운으로 작용하게 된다.
지지 金水식상과 재성이 길운으로 작용하게 되며
火인성과 土비겁이 역시 흉운으로 작용하게 된다.
시간甲木 정관이 일간己土와 甲己합하여 土겁재로 변하게 되어
남편은 마음에 동요가 종종 있게 되며
본인은 남자에 집착하고 연연하는 면이 있게 된다.
火인성 기신으로 공부에 관심이 적었겠으며
상관생재 격으로 돈버는 데 관심이 많은 사주이다.
본 사주 戌土 丑土 申金 戌土 지지전부가 움직이고 있으므로

각 지지의 속성은 발휘하고 있다.

일시 곤랑도화이며 시간 甲木 정관이 허약하다.

19세 丙午인성 대운은 기신대운이며 午火편인 도화가 움직여

일지 丑土와 丑午원진 귀문한다.

대운 午火 편인 도화의 마음이 움직여 연 시지 戌土와 寅午戌 합하게 된다.

따라서 남자를 상대로 돈버는 직업이 된다.

19세 丙午인성 대운은 길운이 아니므로

수입은 가지게 되나 돈이 모이지 않고 돈이 모자라게 된다.

29세 乙巳대운부터 조금 나아진 생활이 될 것으로 예상한다.

39세 甲辰대운은 甲木이 월간 戊土 겁재를 극하고

辰土는 월지 申金과 申子辰삼합 水국하여 연간 壬水 정재를 돕게 된다.

따라서 39세 甲辰대운은 최 길운으로 재산가지고

생활이며 월세 또는 일정한 수입이 있을 것으로 예상 추단한다.

부부관계는 남편과 갈등 풍파가 있는 사주이므로

이해하고 참으면서 고집과 자존심을 세우지 말고

생활해야 풍파를 면할 수가 있게 된다.

결혼 후에 자기 자신이 수입을 가지게 되는 사주로 추단한다.

○ 아직 미혼인 것 같습니다.

● 아직 결혼 안했습니다.

○ 직업이 남자 손님을 상대하는 직업입니까?

● 예, 그렇습니다.

결혼은 29세, 32세, 33세 중에 庚申생 원숭이띠, 丁巳생 뱀띠 중에
결혼할 것으로 예상 추단한다.

남편은 62庚申생 원숭이띠, 65丁巳생 뱀띠, 87甲子생 쥐띠 중에
인연배필이 될 것으로 예상 추단한다.
庚申생 원숭이띠는 월지申金 용신과 申金천을 귀인으로
庚申생 원숭이띠를 응하게 된 것이다.
丁巳생 뱀띠는 일지丑土와 巳丑합하고 연간壬水 정재의
천을 귀인으로 丁巳생 뱀띠를 응하게 된 것이다.
甲子생 쥐띠는 일주己丑이 甲木정관과 甲己합과 子丑합이며
子水천을 귀인으로 2살 연하인 甲子생 쥐띠를 응하게 된 것이다.
甲子생 쥐띠와 庚申생 원숭이띠가 丁巳생 뱀띠 보다 더 좋은 띠가 된다.

- 2살 많은 원숭이띠 오빠가 결혼하자며
  내일 가구를 들여 놓는다고 합니다.
  남편이 원숭이띠가 나오던데 원숭이띠 오빠와 잘 살겠습니까?
○ 예, 그렇습니다.
  궁합을 보니 괜찮습니다.
  아가씨는 누구와 결혼해도 결혼 후에 참고 이해하면서 살도록 해야 합니다.

지지 戌土 丑土 申金 戌土 비겁전부가 움직이고 있으며
戌土중에 丁火편인이 암장되어 있다.
가족사항은 연간壬水는 연지 戌중丁火와 丁壬합하고
연시지 양 戌土가 움직이었다.
연지 戌중丁火 편인은 연간壬水 정재 부친의 첫 부인이 되며
戌土겁재 형제를 생산하게 된다.
시지 戌중丁火가 연간壬水 정재 부친의 두 번째 부인이 되며
戌중戊土 겁재 형제와 己土일간을 생산하게 된다.

일간己土는 시간甲木과 甲己합하여 土로 변하여
戊土겁재 형제가 되며 연시지 戌土가 움직인 것이
중요한 원인으로 추단한다.
따라서 모친 2분에 이복형제가 있는 사주가 된다.

○ 모친 2분에 이복형제가 있습니까?
● 전에 엄마가 돌아가시고 저의 엄마가 오빠와 저를 낳았습니다.
　그런데 오빠가 사고를 쳐서 교도소에 수감 중입니다.
　엄마와 형제도 제 사주에서 알 수 있습니까?

형제인 오빠 戌중戊土는 甲己합에 丑戌형하여
곤랑도화와 군겁쟁재로 여자관계나 돈 문제이거나
甲戌과 己丑은 백호로 폭행으로 수감되었을 것이다.
戊土겁재 오빠의 뿌리는 戌土이며 戌土는 戊土겁재
오빠의 묘지이므로 묘 고지는 입원 수감 사망 창고 등으로 통변된다.
오빠의 사주를 상담하지 않아 차후에 오면 물어서 통변하도록 하겠다.
28세 己丑년은 복음 기신 연으로 자중하고
관재구설과 손재를 많이 주의해야 한다.

● 지금까지 일을 해도 관재는 한번도 없었는데
　멍청한 주인 여자가 잘못하여 나까지 관재가 있었습니다.
　또 있겠습니까?
○ 올해 운이 좋지 못하여 조심하는 것이 좋겠습니다.
　(丑土비견 기신의 천살로 자기 잘못이 아닌데
　　생각하지도 못하게 당하게 되는 것이다.)

戌중丁火 모친은 기신으로 丁火모친의 돈은 丑중辛金이며
己土일간의 돈 역시 丑중癸水로 일시丑戌 형으로
본인의 돈을 축내게 된다.
월간戊土는 모친의 행동 신으로 보아도 월간戊土는
연간壬水 나의 정재 돈을 파재하게 되는 것이다.
戊土형제 역시 壬水정재를 군겁 쟁재하므로
역시 己土일간의 돈은 戊土형제에게 나가게 된다.
따라서 부모와 형제한테 돈 지출할 일이 많이 생기는 사주이다. 觀

91) 움직임으로 수액고비, 이복형제, 이혼

```
己 戊 戊 己    여
未 午 辰 酉
       寅卯
```

```
48  38  28  18   8
癸   壬   辛   庚   己
酉   申   未   午   巳
```

己丑년에 자주 오는 손님과 동행하여 상담한 사주이다.
戊土일간 3월 출생으로 연 월지 辰酉합금하여
연지酉金 상관이 유정하여 상관 격이다.
용신은 상관격인 연지酉金 상관으로 용신한다.
戊土일간 土비겁 태과하고 일지午火 인수 양인이 생부하여
신강하고 木관성이 없으므로 설기하는 酉金상관으로 용신한다.
희 신은 水재성이 되나 천간 水재성은 길하게 작용하지 않으며
지지 水재성이 길하게 작용한다.
웬만한 일은 잘 믿지 않으며 흔들리지 않고
자기 주장이 강하고 고집과 자존심이 강한 성격을 가지고 있다.
월일辰午 수액 살이 움직여 수액을 특히 주의해야 한다.
가족관계는 월 일 시지 辰午未가 움직여 있으므로
월지 午중丁火 정인과 未중丁火 辰중火 인성이 다 같이 움직인다.
따라서 월지辰중火 인성이 戊土를 생산하고
일시지 午未합한 일시지 午未중丁火 정인이

일간戊土와 己土를 생산하게 된다.
따라서 모친 두 분에 이복형제가 있게 된다.
일지午火 정인 도화가 움직여 연지酉金 상관 술잔 찻잔으로
유흥업에 직업을 가지게 된다.

보통 상기와 같은 사주는 감정할 적에 족집게로
찍어주지 않으면 별로라 생각하는 사람이 많다.
필자의 사주는 결단력과 용기가 부족하여
극단적인 표현은 잘 못하는 사람 중에 한 사람이다.
사주감정으로 수입을 만드는 것 보다
수강생 지도가 맞는 것을 많이 느끼고 있다.

손님도 많고 돈도 잘 벌려면
1) 역학지식은 많이 갖추고 있어야 하며
2) 지 용 덕을 갖추고 있어야하고
3) 운 역시 좋아야 한다고 생각한다.
4) 용기와 과감성으로 손님을 압도할 수 있는 기운이 있어야 하고
5) 통변의 표현 기법 등을 갖추고 있어야 한다고 생각한다.

상기의 사항들을 어느 정도 모두 갖추어야 잘 본다고
손님과 수입이 증가하게 된다고 생각한다.

○ 친정 모친이 두 분으로 생각합니다.
● 예, 엄마가 두 사람입니다.
○ 이복 형제도 있는 것으로 보입니다.
● 그렇습니다.

남편은 71癸卯생 토끼띠, 36丁未생 양띠, 54己酉생 닭띠 중에
인연배필이다.
癸卯생 토끼띠는 일간戊土와 戊癸합하고
남자가 본 사주를 좋아하게 되므로 癸卯생 토끼띠를 응하게 된 것이다.
丁未생 양띠는 시지 未중乙木 정관이 암장되고
未土천을 귀인으로 丁未생 양띠를 응하게 된 것이다.
己酉생 닭띠는 연지酉金 용신과 지시 신으로
己酉생 닭띠를 응하게 된 것이다.
丁未생 양띠가 확률이 제일 높을 것으로 추단한다.
어느 띠를 만나 결혼하여도 평생 해로 하기는 어려운 사주로
이혼이나 사별의 기운이 있는 사주이다.
여명이 연주에서 寅卯관성이 공망되고
비겁태과에 상관용신이기 때문이다.
월지 辰중乙木 정관 남편은 辰酉합으로 酉중辛金 상관에
乙辛충 당하고 辰土과숙과 戊辰백호에 암장되었다.
시지 未중乙木 정관은 묘 고중에
乙木정관이며 未土과숙에 암장되었다.
따라서 한 남편으로 종사하기는 극히 어려운 사주이며
사별의 기운이 많다하겠다.
28세 辛未대운 중에 이혼하였을 것으로 추단한다.
土비겁이 중중하며 화개가 움직이고 일지午火 탕화가
辰土를 보아 움직여 비관하는 생각과 신기로
고통이 있는 것으로 추단한다.
현재 41세 壬水편재 대운은 군겁쟁재로
금전에 많은 어려움이 있을 것으로 추단한다.

돈을 벌어도 많이 새어나가는 구멍이 생기게 되며
손재가 따르고 돈을 빌려주어 받지 못하였을 것으로 예상 추단한다.
申金식신 대운 중 44세, 45세에 어려움에서 풀리게 될 것으로
예상 추단한다.

○ 남편과 이혼이나 사별하였던 것으로 봅니다.
● 오래전에 이혼했습니다.
　선생님이 말한 띠 중에 맞는데 생각하기도 싫습니다.
○ 어릴 적에 물에 빠져서 죽을 고비를 넘겼다고 봅니다.
● 물에 빠져서 죽다가 살아난 일이 있습니다.
○ 43세까지는 운이 부족하여 생활에 어려움이 많은 것으로 생각합니다.
　노력을 많이 해야 하겠습니다.
● 선생님 말한 대로 돈도 다 잃었습니다.
○ 44살, 45살 되면 돈의 어려움에서 풀리게 됩니다.
　자신과 세상을 비관하는 마음이 있었던 것으로 생각합니다.
● 여태껏 대답만 하다가 그렇다면서 그냥 눈물을 흘리기 시작한다.
　약을 먹고 죽으려고 하였으나 그것마저도 잘 되지 않았습니다.

가진 것은 없고 신기는 있어서 그 서러움이 오직하겠는가?
모든 것이 마음대로 되지는 않고 본 마음 아닌 생각은
자꾸 들고 심신이 얼마나 고달프겠으면
같이 온 사람도 옆에 있는데 눈물을 흘리는가 싶다.
손님을 받다보면 간혹 있었던 일로서
이럴 때 마음에 아픔을 많이 느끼게 된다.
이 세상에 태어나기가 그리 쉬운 일이 아닌데

어려움 없이 다 같이 잘 살아가는 세상이 되었으면 하는 마음이다.
많이 가진 사람과 적게 가진 사람은 있을지언정
최소한 배고픈 사람이 없는 세상과
잠잘 자리 있는 세상은 되어야 하지 않겠는가?
己丑년은 丑午원진과 묘지의 작용으로
병원에 입원이나 관재를 주의해야 하겠다.
丑午귀문 탕화로 자기 자신이 흔들리게 되고
비관하는 마음이 생기게 되나 마음을 굳건히 하여
마음에 중심만 가지게 되면
음력 7월부터 수입은 무난할 것으로 예상 추단한다.
출생 후 己巳 庚午 辛未 남방화 기신 운을 지나오게 되어
어릴 적부터 고생하면서 성장하였겠다.
이복형제 속에서 자라게 되었으니 어릴 적부터 고생하였으나
성장하여 지금은 어려움이 없어야 할 것인데
그렇지 못하니 서러움이 얼마나 많았겠는가싶다.
본 사주 생모는 돌아가신 것으로 예상하며 새
엄마 밑에서 자랐을 것으로 추단한다.

92) 처 바람으로 이혼, 이용원, 아들 신기

```
丁 辛 辛 丙   남
酉 丑 卯 申
```

```
51  41  31  21  11  1
丁  丙  乙  甲  癸  壬
酉  申  未  午  巳  辰
```

본 사주의 부탁으로 동업하고 있는 여성분이 상담한 사주이다.
辛金일간 2월 출생으로 월지卯木 편재 격이다.
용신은 편재격인 월지卯木 편재로 용신한다.
辛金일간 비겁이 태과하고 水식상이 없어서 卯木편재가
용신이 안 될 것 같으나 연간丙火가 월간辛金을 丙辛합하여
월지卯木 편재를 金극木 못하게 묶어두어 卯木편재로 용신한다.
천간 木재성과 火관성운이 길운으로 작용하고
水식상 운이 흉운으로 작용하게 된다.
지지는 水식상과 火관성운이 길운으로 작용하고 金비겁운이
흉운으로 작용하게 된다.
간지의 오행을 구분하여 대입 통변해야 할 것으로 생각한다.
사주구성에 따라서 용신보다 천간과 지지의 각 오행육신이
더욱 길흉으로 작용하는 경우가 있게 된다.
金비겁 태과에 辛丑자생 일주로 총명하고 자수성가하게 되며
자립심이 강하여 남의 밑에 일하기는 어려운 사주로 추단한다.
위장 질병과 신경성 질병, 두통을 주의해야 하겠다.

辛金일간 2월 봄에 초목의 싹이 땅 표면 밖으로 솟아
자라나는 卯木편재를 천간과 지지가 자르려는 형상이 된다.
卯木편재는 인체 외부로 털, 머리카락, 팔다리 등으로 보게 되며
인체내부로 간, 담 등으로 보게 된다.
자연에서 별, 청룡, 도화, 꽃, 싹, 잡초, 넝쿨나무, 식물, 채소 등으로
보게 되며 글 쓰는 붓으로도 보게 된다.
따라서 卯木편재 직업은 기술직인 목각, 목공예, 목탁,
이용사, 미용사 등이 맞는 직업이 된다.
본처와 해로하기는 극히 어려운 사주이다.
처는 51癸卯생 토끼띠, 44庚子생 쥐띠 중에 인연배필이다.
癸卯생 토끼띠는 卯申원진 띠이나 월지卯木 편재로
癸卯생 토끼띠를 응하게 된 것이다.
庚子생 쥐띠는 申子辰삼합 띠인 庚子생 쥐띠를 응하게 된 것이다.
추명명리와 종합적으로 배우자를 추단하면
癸卯생 토끼띠가 확률이 높게 된다.
월지卯木 편재가 본 사주의 부인이 틀림없으며
연 월간 丙辛합하고 월지卯木 편재는 연지申金 겁재와 원진 귀문한다.
원진 귀문으로 월지 卯중乙木 편재 처는
연지 申중庚金 겁재와 乙庚합하게 된다.
월지 卯중乙木 편재 처는 일지丑土와 격각 되고
丑土중에는 辛金이 있으며 일지丑土는 酉丑金국하여
월지 卯중乙木 편재 처는 일지丑土에 뿌리를 내리기가 거북하다.
월지 卯중乙木 편재 처는 연 월간 丙辛합한
申중庚金 겁재와 乙庚합을 원하게 된다.
따라서 월지卯木 처는 연지申金 망신 지살 남자와

바람나서 집을 나가게 되어 이혼하게 되는 사주이다.

● 예전부터 이용원하고 있는데 직업이 잘 맞는 것 같네요.

손님이 직업을 먼저 말해주므로 풀어나가기가 쉬울 것 같은 생각을 한다.

○ 예, 사주대로 직업을 잘 택한 것 같습니다.
　이 분의 부인이 없는 것 같습니다.
● 예, 이혼했습니다.
○ 이 분의 처가 바람나서 이혼한 것으로 보입니다.
　혹시 처가 토끼띠로 알고 있습니까?
● 전에 마누라가 토끼띠가 맞습니다.
　처가 바람나서 이혼한 것으로 들었습니다.

11세 癸巳대운은 기신 癸水식신이 길신인 丁火관성을 극하고
길신인 巳火정관은 일시지 酉丑과 巳酉丑삼합 金국으로
겁재로 변하게 되었다.
따라서 巳火정관 길신이 배임하여 사정상 공부는
많이 못하였을 것으로 추단한다.
21세 甲午대운에 甲木정재 천을 귀인이 火관성을 생하여
길운으로 작용이며 午火편관 천을 귀인은 丙丁 火관성이
힘을 얻어 길하게 작용되어 직업에 안정이며 수입도 좋았을 것이다.
21세 甲午정재와 편관 도화 대운 중에 월지卯木 편재가
움직이게 되어 결혼하였을 것이다.
31세 乙未대운 남방 운과 41세 丙火정관 대운까지

길운으로 수입은 괜찮으며 안정된 생활이다.
41세 丙申대운 중 申金겁재 대운부터 서방 金비겁 기신 운으로
진행하여 월지卯木 편재와 卯申원진 귀문한다.
申金대운은 월지卯木 편재를 탈재하고 극하여
돈에 어려움이 따르며 수입이 줄어지게 되는 대운이다.
丙申대운 중에 처가 바람나 이혼하게 되었던 것으로 추단한다.
51세 丁酉대운 중 丁火편관이 월간辛金 비견을 극하면
연간 丙火정관이 길신으로 작용하여 수입은 조금 나아지나
丁火가 酉金을 달고 들어와 월지卯木 편재를 卯酉충 극하게 된다.
따라서 51세 丁酉대운은 재산이 모이지 않고 지출이 많게 되며
51세 丁酉대운 중 건강에 이상이 오게 되므로
건강을 많이 주의해야 하겠다.
酉金비견 대운은 길운이 아니므로 어려움을 당하게 되겠으며
암을 특히 주의해야 할 것으로 생각한다.
61세 환갑과 62세에 건강을 많이 주의해야 할 것으로 예상한다.
자식은 연 시간 火관성이 자식이 된다.
연간丙火 정관 자식은 申金병지에 좌하였으며
월간辛金과 丙辛합水하여 회두 극 당하고 연지申金은
월지卯木과 원진 귀문한다.
연간丙火 정관 아들자식은 신기나 빙의로
본 마음 아닌 행동과 표현을 하게 된다.
본 사주에서 자식의 사항을 어느 정도 예측 추리
판단할 수가 있게 되겠다.
부모의 사주에 자식의 결점이 나타나 있으면
자식 또한 결점이 있는 사주가 되어야 하지 않겠는가?

바꾸어 말하면 자식의 사주에 부모의 결점이 나타나 있으면
부모 또한 결점이 있는 사주가 되어야 하지 않겠는가?
그렇게 되어야 추명명리가 확률이 있다고 할 수가 있게 되고
열심히 공부할 가치가 있지 않겠는가싶다.
다음 사주는 본 사주 아들의 사주이다. 観

93) 빙의 현상과 모친사항 통변

辛 甲 辛 壬 남
未 辰 亥 戌

37　27　17　7
乙　甲　癸　壬
卯　寅　丑　子

상기 사주가 차후에 내방하여 아들의 결혼택일로 상담하게 된 사주이다.
甲木일간 10월 출생으로 월지 亥중 壬水 편인이 연간에 투출하여
편인 격이다.
용신은 土재성으로 용신한다.
10월에 甲木일간이 편인 격으로 한 습하여 火식상이 요구되나
火식상이 없으며 남명에 土재성으로 용신한다.
일 월지 辰亥귀문 원진이 움직여 있으므로 신경이 예민하고
짜증스러우며 신경성 질병에 노출되어 있는 사주이다.
일지 辰土로 상골을 주의해야 하며 비관하는 마음도 있게 된다.
7세 壬子 인성 기신대운은 월지 亥水가 움직이게 되어
잠재되어 있던 일 월지 辰亥귀문 원진이 다시 움직이게 되어
17세 이전에 신경성 질병을 앓게 되는 것이다.
土재성 화개와 戌亥천문이 움직여 종교에 인연이 있다.

○ 본인과 아들의 사주를 보면 예전에 아들이 정신적으로

좀 고생을 하였습니까?
● 중학교 때부터 종종 바닥을 긁고 동물소리를 내며
귀신들린 행동을 하게 되었습니다.
지금까지 걱정이 이만저만이 아닙니다.
○ 여러 방법을 많이 강구해 보았습니까?
● 그 동안 굿과 사찰에서 천도재도 여러 번 지냈습니다.
28세 현재까지 가끔 술을 먹게 되면 그런 현상이 나타나고
자기 스스로 자해도 여러 번 있었으면 술만 먹지 않으면
요즘에는 그러한 현상이 나타나지 않습니다.

본 사주 부친의 이야기를 들어 본 결과
예전부터 잡기인 동물의 빙의현상이 있었다고 추단한다.
甲木대운까지는 빙의현상이 가끔 나타날 것으로 예상하나
본 필자의 경험으로 돈 들지 않는 방법을 가르쳐주었으니
차후에 확인해 볼 생각이다.
모친은 월지 亥중壬水 편인은 연간에 壬水투출하여
연지戌土 편재에 좌하였다.
월지亥水 편인은 일지辰土 편재와 辰亥귀문 원진을
이루고 움직여 있으며 일지辰土는 亥水편인의 묘지가 된다.
월지 亥水편인은 연지戌土와 戌亥합하게 된다.
따라서 壬水편인은 일지辰土에 辰亥귀문 원진 입묘되는 것보다
연지戌土 남자와 戌亥합을 원하게 되어 亥水편인 모친은
바람나 부친과 이혼하게 되는 것이다.
본 사주 결혼은 28세, 30세에 38癸亥생 돼지띠,
19壬戌생 개띠 중에 결혼할 것으로 예상 추단한다.

- 다행히 한 살 적은 돼지띠하고 자식하나 두고 현재 살고 있는데
  올해 결혼시켜 주어도 괜찮겠습니까?
○ 癸亥생 돼지띠나 壬戌생 개띠 중에 아들 인연배필이 됩니다.
  처녀 부모를 만나 보았습니까?
- 사돈 될 사람하고 서로 만나고 있습니다.
  결혼시킬 날짜를 빼주세요.
○ 사주 다 이야기하고 결혼택일을 하겠습니다.
  학교 다닐 때 운이 안 좋아 공부는 하지 않은 것 같습니다.
- 고등학교만 졸업하고 직장은 잘 다니고 있습니다.
  다음에 장사나 사업하면 되겠습니까?
○ 운을 보면 앞으로 자영업은 절대하지 않아야 하겠습니다.
  장사해서 돈 벌기는 어려움이 있으니 직장생활이 길합니다.
  그리고 말씀드린 것을 아들 방에 갖다두는 걸 잊지 마십시오.
  아들이 효험을 보게 될 것입니다.
- 선생님께서 말씀하신 대로 지금 바로 하겠습니다.
  효험을 보면 꼭 연락하겠습니다.

앞전 부친의 사주에서 처 관계와 자식관계 상황과
본 사주와 부친의 가족 통변사항은 유사하게 나타나게 된다.

94) 처의 건강 사고우려

```
丙 庚 辛 乙  남
戌 辰 巳 巳
       辰巳
```

```
47  37  27  17   7
丙  丁  戊  己  庚
子  丑  寅  卯  辰
```

본 사주는 己丑년에 고정 고객인 본 사주 누나가 상담한 사주이다.
庚金일간 4월 출생으로 월지 巳중丙火 편관이 투출하여 편관 격이다.
용신은 木재성으로 용신한다.
사주가 火土金순생 삼상으로 잘 구성되어 사주는 좋게 보인다.
사주지지 전부 움직여 제각각의 길흉역할은 나타나고 있는 사주이다.
천간 水식상 운과 木재성 운 火관성 운이 길운으로 작용하고
천간 土인성 운과 金비겁 운이 흉운으로 작용한다.
지지 木재성 운과 水식상 운이 길운으로 작용하게 되고
지지 丑戌土인성 운과 金비겁 운이 흉운으로 작용한다.
4월 여름에 일지 辰중乙木 정재가 연간에 투출하여
허약하고 水식상이 없는 것이 최대 결점이 있는 사주이다.
성격은 庚辰괴강 백호와 시주丙辰 백호로 고집과
자존심 주관이 강한 성격이다.
직업은 일지 辰중乙木 정재와 乙庚합하고 乙木정재가
연간에 투출하고 巳火편관이 일지辰土 편인과 辰巳합한다.

따라서 재 관 인이 일주와 합하는 형상으로
금융계, 세무원, 재무, 무역회사 등에 직업으로 추단한다.

○ 금융계나 회사 재무 무역회사에 근무하고 있습니까?
● 동생이 회사 경리사무원으로 있습니다.

37세 丁丑대운 중 48세 이전 丑土인수 대운은
흉운으로 손재 그리고 처와 풍파 건강 사고를 주의해야 하겠다.
또한 매매 계약 업무상 손재를 주의해야 한다.
47세 丙子대운은 길운으로 직장에서
진급과 부동산을 가지게 되겠으며 안정된 생활과
무난하게 생활이 될 것으로 예상 추단한다.
57세 乙亥대운 역시 길운으로 부동산 가지게 되겠으며
고정적인 수입으로 안정된 생활과 무난한 생활이
될 것으로 예상 추단한다.
庚金일간의 연간乙木 정재 처는 庚金일간의 처가 틀림없다.
乙木정재의 묘지인 시지戌土 편인이 움직이고
월간辛金 겁재와 乙辛충 극하는 것 역시
크나큰 결점으로 나타나게 된다.
연간乙木 정재 처가 좌한 연지 巳火고신 겁살이
움직여 있는 것 역시 좋지 못하다.
또한 일시辰戌 충으로 辰중乙木 정재 처가
戌중辛金에 충 극 당하는 것 역시 좋지 못하다.
처는 51壬子생 쥐띠, 19甲辰생 용띠 중에 처 인연배필로 추단한다.
壬子생 쥐띠는 일지 辰중癸水로 壬子생 쥐띠를 응하게 될 것이다.

甲辰생 용띠는 연지 辰巳합과 일지辰土로
甲辰생 용띠를 응하게 된 것이다.

○ 동생 나이 48세까지는 운이 좋지 못하여 자영업하지 말고
  직장 생활해야 하겠습니다.
  또한 매매 계약 업무상 주의해야 하고 재산에 손재와
  처의 사고 건강 풍파를 주의해야 하겠습니다.
● 매매는 하지 않도록 시키겠습니다.
  올케하고는 아주 잉꼬부부로 잘살고 있습니다.
○ 올케가 쥐띠나 용띠 입니까?
● 닭띠입니다.
○ 배우자 띠가 어긋나게 되었습니다.

己丑년 45세 매매 계약 업무에 도움이 될 것 같으나
월간辛金 겁재가 움직이니 손재와 처의 건강 사고를 많이 주의해야 한다.
음력 8월, 9월, 10월, 12월에 손재와 처의 질병과 사고를 주의하라.

95) 종관 격, 공무원, 부부갈등

丁 癸 戊 戊　여
巳 亥 午 午

48　38　28　18　8
癸　甲　乙　丙　丁
丑　寅　卯　辰　巳

고객인 본 사주 이모와 동행하여 己丑년에 상담한 사주이다.
癸水일간 5월 출생으로 월지 午중丁火 투출하여 편재 격이나
월간戊土 종관 격이다.
戊癸합화土격으로 하려하나 연 월간 양 戊土정관으로 인하여
戊癸합화土격으로 되지 않고 戊土종관 격이 된다.
용신은 戊土정관으로 용신한다.
午월에 癸水일간 火재성은 戊土정관을 생하여
재살 태과하여 극 신약하다.
癸水일간 일지亥水 겁재에 좌하여 간여지동으로
일지亥水 겁재를 용신하고자 하나 일시巳亥 충으로
일지 亥중壬水는 시지 巳중戊土에 토극수로 극상 당하였다.
사주오행 기운은 火생土로 戊土정관에 기운이 집결되었다.
따라서 癸水일간 金水인성과 비겁에 의지할 곳이 없게 되었다.
음중에 음인 癸水일간 戊土와 戊癸합으로 왕신인
戊土정관을 따르고자 하여 戊土정관으로 용신한다.
통상적으로 5월에 癸水일간 신약하여 일지亥水 겁재를

용신할 것 같으나 가뭄이 들어 땅이 갈라진 곳에
한 바가지 물로 가뭄을 해소하지는 못하게 된다.
지지 亥子 水비겁은 왕신인 火재성과 극전만 일으키게 되며
일간癸水가 水비겁의 조력을 얻어 火재성에 대항하고자 하나
火재성만 노하게 만들어 흉하게 작용하게 된다.
천간 壬癸 水비겁은 火土와 극전만 일으키게 되어
역시 흉하게 작용하게 된다.
기신은 천간과 지지 水비겁이 흉운으로 작용하게 된다.
불타고 있는 초가삼간에 한 바가지 물로 불을 끌 수 없는
이치와 같은 것이 된다.
지지 木식상은 왕신인 火재성을 생하며 지지에 土관성이 없고
일지亥水 겁재 기신을 통관하여 길하게 작용한다.
천간 木식상은 戊土정관 용신을 극하므로 흉하게 작용한다.
따라서 木식상은 천간과 지지를 구별하여
길신과 흉신으로 작용하게 된다.
천간과 지지 金인성은 흉운으로 작용한다.
길흉운을 다시 종합 정리하면
길운은 천간과 지지 火土재관 운과 지지 木식상 운이
길운으로 작용하게 된다.
흉운은 천간과 지지 水비겁 운과 金인성 운이며
천간 木식상 운이 흉운으로 작용한다.
격과 용신 결정하기가 어려운 것이 추명명리라 생각한다.
癸亥일주 간여지동으로 일지亥水가 기신되고
일시巳亥 충으로 남편과는 고집과 자존심 주장을 세우지 않아야 한다.
건강은 심장질환과 혈압 신장 신경성 질병을 주의해야 한다.

직업은 癸水일간 戊癸합하여 戊土로 종관하고
戊土정관은 午火양인 장성에 좌하여 생살지권인
법조계, 경찰관, 의사 직업에 인연이 있다.
일반직종으로는 전자, 컴퓨터, 토건에 인연이 있게 된다.
8세丁巳 대운과 18세丙辰 대운으로 용신에 적합한
길운을 지나오게 되어 학업과 직장을 마음과 뜻대로
이루게 되었던 것으로 추단한다.

○ 직업이 생살지권을 가지겠다고 하였는데 무슨 직업입니까?
● 선생님께서 말씀하신 대로 현재 경찰관하고 있는데
  직장은 마음에 드는 것 같습니다.

결혼은 乙卯木 식신대운은 식신도화로 30세 丁亥년이나
31세 戊子년 중에 결혼하였을 것으로 추단한다.
남편은 연간戊土 정관이 되므로 나이 차이가 좀 나게 되는
99癸丑생 소띠, 62辛亥생 돼지띠 중에 남편으로 추단한다.
癸丑생 소띠는 연간戊土와 戊癸합과 연간戊土 천을 귀인으로
癸丑생 소띠를 응하게 된 것이다.
辛亥생 돼지띠는 일지亥水로 辛亥생 돼지띠를 응하게 된 것이다.
남편 戊土정관은 午火양인 장성에 좌하여 남편 역시 생살지권인
법조계, 경찰관, 의사 등이나 무역, 영업, 유통업 등
직업에 인연이 있다.
그러나 戊土로 종관한 사주이지만 연 월간 양 戊土정관이
투간하고 일시巳亥 충한 것이 여명사주에 꺼리게 되어
부부간에는 좋지 못할 것으로 예상한다.

그리고 지지 巳午午 중에 戊己土 관성을 암장하여
부부간에 갈등 풍파가 예상되는 사주로
서로가 고집과 자존심을 세우지 말고 참고 이해해야
부부풍파를 면할 수가 있겠다.
부부간 결점이 있는 사주에 대운이 乙木식신 기신 운으로
남편과 어려움이 더욱 따르게 된다.

○ 남편이 소띠나 돼지띠입니까?
● 돼지띠입니다.
○ 남편직장도 같은 경찰관으로 생각합니다.
● 돼지띠 남편과 결혼하고 직장도 같은 경찰관이 맞는데
　여기 있는 질녀가 남편과 다투고 아들 데리고 남편과 안 살겠다고
　친정에 와서 자기 집에 안 들어가려고 합니다.
　어떻게 하면 좋겠습니까?
　남편이라는 사람이 싸우고 나서 친정에 와서 있어도
　지금까지 전화 한번하지 않는 사람입니다.
○ 전화하고 들어가는 것이 좋겠습니다.

乙木식신 대운 중에 32세 己丑년은 천간乙木 식신 기신이
종관한 戊土를 극하고 己丑년은 남편이 좌한 연지午火 인수와
丑午원진 귀문하게 된다.
본 사주 남편의 戊土입장에서는 金식상 운이 길하게 작용하는데
본인의 운은 木운이 되어 남편戊土는 癸水정재 처가
마음에 들지 않게 되는 것이다.
따라서 부부갈등을 서로 간에 겪게 되는 것이다.

아무래도 남편과 이혼하지 않겠는가 생각한다.
乙木식신 대운 중 올해 己丑년에 아무래도
남편과 편안하지 않을 것으로 예상한다.
卯木식신 대운 지지 卯木은 水火를 통관시켜
무난하게 될 것으로 추단한다.
38세 甲寅대운 중 천간甲木 상관 운 중에 남편과
또다시 갈등 풍파를 조심해야 하겠으며
직장 자리보존을 잘해야 할 것이다.
寅木식신 대운은 일지亥水를 통관시켜 午火를 상생한다.
직업과 생활에 안정이 될 것으로 예상 추단한다.
42세와 43세 역시 손재와 직장갈등이 따르게 되나
2년을 잘 넘기게 되면 寅木상관 대운은 길하게 작용하므로
48세 癸水대운 이전까지 안정된 생활이 될 것으로 예상한다.
중년에 火土재관 운만 만났다면 발전이 크게 되었을 것인데
사주에 비하여 부족한 운이라 생각하게 된다.

96) 미혼, 외국여성 결혼 가, 큰 화상 흉터

庚 辛 庚 丙　남
寅 丑 寅 午
　辰巳　寅卯

48 38 28 18 8
乙 甲 癸 壬 辛
未 午 巳 辰 卯

소개받아 온 본 사주 모친이 己丑년에 상담한 사주이다.
辛金일간 1월 출생으로 월지 寅중丙火 정관 투출하여 정관 격이다.
용신은 정관 격인 火정관으로 용신한다.
1월초에 辛金일간 어린나무가 땅속 씨앗에서
어린나무가 싹이 몸 밖으로 나오는 형상으로 火관성으로 용신한다.
길운은 천간 火관성 운이 길운으로 작용하며
지지 土인성 운과 火관성 水식상 木재성 운이 길운으로
작용하게 된다.
기신은 천간 水식상과 金비겁이며 지지 金비겁이 흉신으로
작용하게 된다.
요약하면 천간 水식상운과 木재성운 천간과
지지 金비겁운이 흉운으로 작용하게 된다.
월 시간 양 庚金겁재가 월 시지 양寅木 정재 천을 귀인에
각각 개두하여 탈재하므로 평생에 투기 금전거래 보증은
하지 않아야 손재를 당하지 않는다.

건강은 물혹(암과 염증)과 일지 월지 연지 탕화가
움직여 있으므로 화재, 화상, 약물중독, 우울증을 평생에 주의해야 한다.
상골, 디스크, 신경성 질병을 역시 주의해야 한다.
재산은 월 시지 양寅木 정재 천을 귀인이 재물이 된다.
1월 봄에 재성은 시간이 많이 소요하게 되는 것이
자연의 이치이므로 조급하게 돈을 만들려하면
손해를 보게 되니 많은 노력이 필요하게 된다.
38세 甲木정재 대운은 월 시지 양寅木 정재 천을
귀인이 움직이게 되어 돈이 될 것으로 생각하게 되었겠다.
그러나 월 시간 양 庚金이 甲庚충으로 탈재하게 되므로
손재는 조금 보게 되었다고 추단한다.
결혼은 월 시지 양寅木 정재 천을 귀인이 寅卯공망이며
양庚金 겁재가 개두하여 결혼을 늦게 하던지 조혼하게 되면
부부풍파를 만나게 되어 두 처를 맞이하게 되는 사주이다.
처는 己酉생 닭띠, 庚戌생 개띠 중에 인연배필로 추단한다.
44己酉생 닭띠, 43庚戌생 개띠 중에 인연배필이다.
己酉생 닭띠는 일간辛金의 건록으로
己酉생 닭띠를 응하게 된 것이다.
庚戌생 개띠는 寅午戌삼합 궁합으로
庚戌생 개띠를 응하게 된 것이다.
43세 이후 아주 늦게 결혼하던지 두 번 결혼하게 되면
외국여성으로 나이 차이가 많이 나는 戊午생 말띠,
己未 생양띠 중에 처가 될 것으로 예상 추단한다.
결혼 후에 寅木정재 처는 庚金겁재가 개두하고
겁살과 지살에 임하여 처는 외출이 심하게 되겠으며

다른 남자한테 눈을 돌릴 수가 있겠다.
직업은 寅木지살이 일지丑土와 丑寅합하여
토건, 전자, 전기 계통에 직업에 인연이 있다.

○ 아들이 일찍 결혼하면 부부풍파가 있는 사주라 하였는데
   나이로 보아서 며느리와 살고 있습니까?
● 아직 결혼 안했습니다.
   언제쯤 결혼하겠습니까?
○ 45살, 46살에 己酉생 닭띠, 庚戌생 개띠 중에 결혼하게 되겠습니다.
● 올해 조선족 29살 닭띠 아가씨와 결혼하고 집에 데리고 왔는데
   아가씨가 살림할 여자가 아니라서 중국으로 보내게 되었습니다.
   결혼소개소에서 네팔 아가씨를 보라고 합니다.
   소개한 사람이 띠를 잘 본다고 하던데
   무슨 띠 아가씨를 데리고 오면 되겠습니까?
○ 32살 戊午생 말띠나 31살 己未생 양띠 중에 데리고 오면 좋겠습니다.
   지금 무슨 일하고 있습니까?
● 건설회사 현장소장하고 있습니다.
○ 40살 안팎에 돈 손해를 보았겠다고 하였는데 어떠하였습니까?
● 전에 건설회사 다니면서 좀 벌어 모아둔 돈을 주식한다고
   돈을 전부 없애고 회사도 그만두고 지금 다시 건설회사에
   다니고 있으면서 짜증만 내서 제가 죽겠습니다.
○ 올해 음력10월부터 나아지게 됩니다.
   내년 庚寅년에 결혼하고 나면 좀 나아질 것입니다.
● 조금 전에 아들이 화재를 주의하라고 하던데 화상 입어서
   큰 흉터가 몸에 있는데도 앞으로 또 화상을 입겠습니까?
○ 사주에 있는 것은 잠재되어 있어서 50살까지 주의하는 것이 좋겠습니다.

아주머니 남편의 불상사가 있었던 것으로 아들의 사주에
좀 나타나 있는데 남편이 계십니까?
● 남편이 나쁘게 돌아가셨습니다.

午火편관 천을 귀인 도화 대운은
직장에서 인정받고 안정된 생활이 될 것이다.
그러나 화재와 암, 신경성 질병, 처의 근심이 따를 것으로 예상된다.

97) 음력 8월, 9월에 횟집 매도, 모 2, 이복형제

庚	庚	己	壬	남
辰	辰	酉	辰	

52	42	32	22	12	2
乙	甲	癸	壬	辛	庚
卯	寅	丑	子	亥	戌

본 사주가 처와 동행하여 己丑년 초에 상담한 사주이다.
庚金일간 8월 출생으로 월지酉金 양인 격이다.
용신은 金왕신을 설기하는 연간壬水 식신으로 용신한다.
金종강격이 될 것 같으나 酉월 출생으로 태 월이
전년도 庚子월로 연간壬水 식신으로 용신한다.
천간 水식상 木재성 金비겁 운이 길운으로 작용하고
土인성 火관성 운이 흉운으로 작용하게 된다.
지지 金비겁 水식상 운이 길운으로 작용하고
火관성 土인성 卯木정재가 흉운으로 작용하게 된다.
성격은 庚辰괴강 백호 자생일주이며 양인 격으로
남아적이고 화끈한 성격이면서 외강 내강인 성격을 소유하고 있다.
건강은 결석 담석을 주의하고 심장질병과 풍을 주의해야 한다.
직업은 壬水식신 격과 용신으로 어업, 수산업, 횟집, 해물, 닭고기 등에
인연이 좋다.
庚金일간 양인 격이면서 극 신강사주로 남 밑에서
월급생활은 어려울 것이며 자영업하는 것으로 예상한다.

처는 일지 辰중乙木 정재가 처가 된다.
처는 19乙未생 양띠 77丁酉생 닭띠 중에 인연배필이다.
乙未생 양띠는 庚金일간 乙庚합과 未土천을 귀인으로
乙未생 양띠를 응하게 된 것이다.
丁酉생 닭띠는 연간壬水와 丁壬합과 연지辰土와 辰酉합 천지
합으로 丁酉생 닭띠를 응하게 된 것이다.
양인 격으로 처를 가까이에 두고 꼼짝 못하게 붙잡아 두고자 하게 된다.
庚金일간의 일지 辰중癸水 상관이고 辰중乙木이 정재가 된다.
처인 乙木은 辰중火가 상관이 되고 재성은 辰중戊土가 정재가 된다.
따라서 본 사주와 처는 같이 일을 하는 것으로 추단한다.

- 마누라가 인연인가 봅니다.
  마누라 띠가 양띠 맞습니다.
  선생님은 마누라 띠도 맞추어 냅니까?
○ 다 맞게 나오는 것은 아니나 배우자 어느 한쪽이라도
  거의 70~80% 맞게 나오게 됩니다.

이런 말을 들으면 필자의 기분이 좋은 것은 사실이다.
손님은 사주대로 시원시원한 성격이다.

- 선생님 제가 횟집하고 있는데 이제는 팔아야 하겠는데
  언제쯤 팔리겠습니까?
○ 올해 음력 8월이나 9월에 팔리겠습니다.
  부인하고 같이 일하는 것으로 이야기했는데 같이 일하고 있습니까?
- 같이 일하고 있습니다.
  집사람이 어깨가 아파서 팔려고 하는데

요즘 워낙 매도가 잘되지 않아 안 팔리게 될까 신경이 쓰입니다.
음력 8월, 9월에 팔리면 꼭 연락하겠습니다.
내가 아는 사람이 자기가 여기에서 보고 난 후에
선생님이 언제 팔리겠다고 하여 반신반의하였는데
그달에 팔리게 되어 한번 가서 보라고 하여 찾아왔습니다.

○ 45살 이전에 돈을 좀 벌었겠습니다.

● 그 나이 정도 이전에 수산업하여 돈을 많이 벌어서
동생들 시집도 보냈습니다.
한 50대 초반까지 괜찮게 벌었습니다.
그런데 요즘 와서 그렇게 많이 벌지는 못하고 있습니다.

가족관계 부모 형제가 본 사주에서 나타나게 된다.
연지辰土와 월지酉金이 辰酉합하면서 연지辰土 편인이
월지 酉金겁재를 생산하고 일시지辰土 편인이
일 시간 庚金나와 시간庚金 비견을 생산하게 된다.
따라서 모친 두 분에 이복형제가 있는 사주로 추단한다.
월지酉金 겁재는 연지辰土 편인과 辰酉합하여
연지辰土 편인 모친이 키우게 된다.
부친은 연지 辰중乙木 정재가 부친이 된다.
연지辰土는 월지酉金과 辰酉합으로 辰중乙木 부친은
월지酉金 절지에 들어가게 되며 辰중乙木 부친은
酉중辛金에 乙辛충 당하게 된다.
따라서 부친의 액화가 잠재되어 있는 사주가 된다.
12세 이전 庚戌대운 중에 부친이 사망한 것으로 추단한다.
庚戌대운은 연지辰土를 대운戌土가 辰戌충하면
辰중乙木 부친이 충발되어 나온 乙木부친은

戌中辛金에 乙辛충 당하게 되고 乙木은 대운戌土에 입묘하게 된다.
따라서 庚戌대운 중에 부친의 액화가 있었던 것으로 추단한다.

○ 모친이 두 분입니까?
● 그런 것도 사주에 나옵니까?
　총각 때 부친이 엄마와 결혼하기 전에 자식을 낳았다고 들었습니다.
　아버지께서 총각 때 낳은 자식은 그 엄마가 데리고 가서
　소식을 모르고 있습니다.
　선생님은 사주로 모르는 것이 없는 것 같습니다.
○ 그렇다고 다 아는 것은 아닙니다.
　사주에 확실한 부분은 맞는 확률이 높게 될 뿐입니다.

다음은 본 사주 처의 사주이다.

98) 己丑년 음력 8월, 9월에 횟집 매도

甲 丁 癸 乙　여
辰 丑 未 未

48　38　28　18　8
戊　丁　丙　乙　甲
子　亥　戌　酉　申

앞전 사주 처의 사주로 남편과 공통적인 점을 간략하게 풀이한다.
丁火일간 6월 출생으로 월지 未중乙木 편인이 투출하여 잡기인성 격이다.
용신은 인성격인 木인성으로 용신한다.
지지 전부 丑土 辰土 양 未土 식상을 깔아두었다.
다행한 것은 土식상이 천간에 투출하지 않았다는 것이 다행이라 하겠다.
천간 길운은 水관성과 木인성 운이 길운으로 작용하게 되며
천간 흉운은 土식상 火비겁 金재성 운이 흉운으로 작용하게 된다.
지지 길운은 木인성 金재성 水관성 운이 길운으로 작용한다.
지지 흉운은 土식상 火비겁운이 흉운으로 작용하게 된다.
金재성운은 천간과 지지를 가려서 길흉을 판단해야 한다.
본 필자는 천간과 지지 간지를 각각 구분하여
길흉을 대입 통변하는 것을 즐겨 사용하는 편이다.
건강은 허리 다리 어깨가 아프고 대장 기관지가 좋지 못하다.
남편은 53壬辰생 용띠, 21甲午생 말띠 중에 인연배필이다.
壬辰생 용띠는 일간丁火가 丁壬합으로 壬辰생 용띠를 응하게 된 것이다.
甲午생 말띠는 연지未土와 午未합과 丁火일간 午火건록으로

甲午생 말띠를 응하게 된 것이다.
앞전 사주와 부부이므로 壬辰생 용띠가 남편이다.
남편은 처와 같이 일을 하는 사주로 통변이 되나
본 사주는 남편과 같이 일하는 것이 반가운 사주가 아니다.
단 水오행이 부부 다같이 길신으로 작용하여
같은 일을 하게 된다고 통변할 수가 있다.
대운이 水관성 운을 지나오게 되어 남편과 함께
같은 일인 횟집을 하게 되었다.
본 사주 역시 己丑년 음력 8월, 9월에 횟집이 매도되는 것으로 추단한다.
친정 할머니가 2분이고 남편 이복형제가 역시 비치어 있는 사주이다.
58세 이후 己丑대운 중에 본 사주 또는 남편의 사고, 건강에
이상이 오게 될 것으로 예상 추단한다.
추명명리의 용신 희신 기신과 격을 찾아 통변하기가 태어나서
밤낮으로 죽을 때까지 찾아 헤매어도 어렵겠다고 생각한다.
격과 용신 통변이 각각 50%정도 비중이 된다고 본 필자는 생각한다.
용신은 성패양단이며
통변은 인사의 세세한 길흉화복을 알아낼 수가 있는 것이다.
본 필자 역시 격과 용신 그리고 통변에 오류가
나타날 수가 있다고 생각한다.
용신 역시 기존용신 외에 생활용신 자연용신 기운용신을
참작하여 용신 대입하는 것을 사용하고 있다.
아무쪼록 사용해보고 난 후 확률이 있으면 사용하고
확률이 없으면 버리면 되는 것이다.
실력을 높이려면 필자의 경험으로는 인사에 맞고
인사에 가까운 것을 열성적으로 노력하고 공부하면

실력을 높일 수가 있다고 필자의 경험으로 피력한다.
아집과 자만심을 버리고 자세는 낮추고 귀는 열고
눈은 크게 뜨고 입은 자주 열지 말고 지 용 덕을 갖추어야 한다.
공부를 열심히 해야 하며 추명명리의 격국 용신 음양오행
육신 육친 12운성 12신살 여러 가지 살 등의 종합적인 통변으로
흔히 말하는 나만의 비법이 생겨서 입력 저장되는 것이다.

99) 辛金대운 戊辰년에 남편 사별

```
戊 己 乙 丙   여
辰 酉 未 戌
   寅卯   午未
```

```
69  59  49  39  29  19  9
戊  己  庚  辛  壬  癸  甲
子  丑  寅  卯  辰  巳  午
```

추명명리를 수강 중인 총명한 여성의 친정모친 사주로
공부자료로 통변하게 된 사주이다.
己土일간 6월 출생으로 월지 未중乙木 편관 투출하여 편관 격이다.
용신은 일지酉金 식신으로 용신한다.
6월에 己土일간 土비겁 태과하여 여명에
월간乙木 편관으로 용신해야 하나 월간乙木 편관이
너무 허약하고 水재성이 없으므로 일지酉金 식신으로 용신한다.
성격은 己土일간 일지酉金 문창에 좌하여 이상이 높고
언변이 뛰어나며 남에게 지기를 싫어하고 재치가 있다.
일지酉金으로 인하여 화려함을 좋아하고
감각적인 면이 있으며 잡기를 좋아하게 된다.
연주 丙戌백호 월주 乙未백호 시주 戊辰백호가 움직여
남아적인 성격을 가지고 있다.
재물은 시지 辰중癸水 고중에 편재가 되어 야물고
알뜰하며 금전에 연연하고 집착하게 된다.

그러나 비겁태과로 손재가 따르는 사주이니
보증 금전거래 투기로 손해가 있게 되는 사주이다.
재산을 만드는데 노력을 많이 하나 재산을 지키는데
부족한 점이 있는 사주이니 재산 지키는데 노력해야 한다.
월간乙木 편관 남편은 6월에서 7월 가을金으로 진기한다.
월간乙木 편관 남편이 좌한 월지 未중乙木은
연지戌土와 戌未형하여 戌중辛金과 乙辛충으로
월간乙木 편관 남편의 뿌리인 未중乙木은 손상 받게 되었다.
시지 辰중乙木 편관 남자 역시 일지酉金과 辰酉합으로
辰중乙木은 酉중辛金과 庚金으로 역시 乙辛충과 乙庚합 당하게 되었다.
월간乙木 편관 남편은 乙未백호이고 월지未土에 과숙과 고지이며
乙木편관의 연지戌土 묘지가 움직이고 일지酉金에 절지가 된다.
사주에 식신과 편관을 통관시킬 水재성이 없는 사주이다.
寅卯관성 남편이 공망이며 午未가 공망으로 집안인 월지未土가
공망으로 월간乙木 편관 남편 역시 공망이 된다.
따라서 본 사주 乙木정관 남편의 액화는 잠재되어 있는 사주이며
남편이 없는 사주로 추단하게 된다.
여명 사주에 남편의 이별 사별은 여러 가지 요인이 있겠지만
남편의 액화가 있게 되는 경우는
식상태과에 관성이 허약한 사주로 재성이 없는 경우는
그의 대운과 세운에 따라 남편과 이혼이 아닌
남편의 액화로 추단하게 된다.
따라서 본 사주는 남편의 액화로 추단하게 되는 것이다.
39세辛卯 대운에는 일지酉金이 움직이게 되어
움직인 일지酉金은 월간乙木 편관 남편의 절지가 된다.

또한 월간乙木 편관 남편의 묘지인 연지戌土 역시
辛金식신 대운에 움직이게 된다.
대운辛金 식신은 월간乙木 편관 남편을 乙辛충하게 된다.
따라서 辛金식신 대운 중에 사주와 대운을 참작하게 되면
남편의 불상사로 추단하게 된다.
43세 戊辰년은 월간乙木 편관 남편의 묘지인
연지戌土를 辰戌충하여 월간乙木 편관 남편의 묘지를 열리게 한다.
따라서 43세 戊辰년에 남편의 사망으로 추단하게 된다.
남편은 71乙酉생 닭띠, 12甲申생 원숭이띠 중에 남편으로
인연배필이다.
乙酉생 닭띠는 일지酉金 식신 용신으로 乙酉생 닭띠를
응하게 된 것이다.
甲申생 원숭이띠는 己土일간과 甲己합으로
甲申생 잔나비띠를 응하게 된 것이다.
본 사주는 어느 띠를 만나도 남편과 일찍 사별할 기운은
많은 사주이다.

이번 〈핵심종합통변 上〉은 이것으로 마치고 다음 기회에
만나 뵙기로 하겠다. 〈끝〉

초판 1쇄 발행   2010년 1월 31일

지은이 김재근
주소. 부산광역시 동래구 수안동 광덕빌딩 9층
       운관철학관 (동래경찰서 정문옆)
전화. 051-553-6958   핸드폰. 019-501-6958
E-mail. jk4951@naver.com

펴낸곳 도서출판 천지인
주소. 부산광역시 연제구 연산동 연산O/T 603호
전화. 051-782-4984, 553-6958 (운관철학관)
출판신고번호 제 14-80호

만든곳 보안기획
부산광역시 해운대구 재송동 1209 센텀IS 1009호
전화. 051-255-5675   팩스. 051-255-5676
E-mail. boan21@korea.com

값 40,000원

ISBN   978-89-962429-2-5   04140
ISBN   978-89-962429-1-8   04140(세트)